AF427487

ספר
עץ חיים
לרבינו
חיים ויטאל ז"ל
שקיבל ממרן האר"י זלה"ה
שער טנת"א
שער ה' פרק *
דכ"ב ע"ד – דכ"ג ע"ד
תש"פ
SimchatChaim.com
בהוצאת
שמחת חיים

בס"ד

הקדמה

ירפא **ה**מאציל **ו**יושיע **ה**בורא את כל חולי בני ישראל, וישלח להם רפואה שלימה, רפואת הנפש ורפואת הגוף, בכל אבריהם ובכל גידיהם לעבודתו יתברך.

בי"ב במנחם אב תשס"ה, הובהלתי לבית החולים, הרופאים לא נתנו לי סיכוי לחיות יותר מכמה שעות בגלל מספר תסבוכות. עם כל זאת בזכות התפילות של בני ישראל הקדושים, ברחמיו הרבים, ריחם עלי הקדוש ברוך הוא, ונשארתי בחיים.

עם כל זאת, הובחנה אצלי מחלה קשה בכליות, ונאמר לי שהוצטרך למכונת דיאליזה. בשבילי זה היה שוק!!! אף פעם לא הייתי אצל רופא, או בבית חולים. כך בעל כרחי התחברתי למכונת דיאליזה, ומכונה זאת הייתי[1] קשורה בי ככלב במשך שמונים חודשים בדיוק, כמניין **יסוד**, במשך 10-12 שעות ביום.

בשבת פרשת **ויחי יעקב** י"ב טבת תשע"ב, בזכות בני ישראל, שכולם אהובים כולם ברורים כולם גיבורים כולם קדושים... וכולם פותחים את פיהם באהבה שלוש פעמים ביום, ואומרים - **ברוך אתה... רופא חולי עמו ישראל**, וכללותם כל האברכים, תלמידי הישיבות, רבנים וחכמים, חסידים, מקובלים עם תינוקות של בית רבן, זקנים עם נערים, בחורים וגם בתולות, בארץ הקודש ובעולם. ומצד שני בנות ישראל היקרות מפז, שהתפללו וקבלו עליהם כל מיני קבלות, מהפרשת חלה עד צניעות וכיסוי הראש, עם הרבנים, המנהלים, המורים, המורות **והתלמידות של בית יעקב דטורונטו** שכל יום התפללו, וכללו בתפילתם שבקעה את כל הרקיעים אותי, ונושעתי אני הקטן. הושתלה בי כליה. והתנתקתי ממכונת הדיאליזה.

אמר המלך דוד - לולי[2] תורתך שעשעי אז אבדתי בעניי. מה שנתן לי חיות היא התורה הקדושה, בשעות הרבות שהייתי מחובר למכונת הדיאליזה)כ-12 שעות ביום(, ערכתי סדרתי וכתבתי במחשב את הקונטרסים שלמדתי במשך שנים. וקונטרסים אלו הפכו לחיבור, ואחרי התלבטויות ובקשות מבני גילי, החלטתי בעזרתו יתברך להדפיס קונטרסים אלו.

ידוע הוא כי כל דברי האר"י זלל"ה ותלמידו נאמן ביתו, רבינו חיים ויטאל הם סתומים וחתומים באלפי שרשראות ומנעולים, והרב ז"ל גלה טפח וכיסה אלפים אמה, וכלל דבריהם הוא משלים, עם כל זאת העוסק במשל פועל בעלמות העליונים בנמשל. לכן צריך זהירות גדולה לא להגשים את המשלים, בסוד המבואר בספר הזוהר הקדוש - **ועלייהו אתמר** ועליהם נאמר - **ארור האיש אשר יעשה פסל ומסכה וגומר, ושם בסתר, מאי בסתר** מהו בסתר - **בסתרו דעלמא** בסתר העולם. ובגין דא אמר קודשא בריך הוא לא **תעשון אתי** ומפני זה אמר הקדוש ברוך הוא לא תעשון אתי **אלה**"י כסף **ואלה**"י זהב, והכי **אוקמוה חבריא לא תעשון אתי כדמות שמשי שמשמשין אותי** וכך העמידוהו החברים לא תעשון אתי כדמות שמשי שמשמשים אותי במרום, **לצייר בסתר דילי שום ציור או דמיון** לצייר בסתר שלי שום ציור או דמיון, **דכל מאן דצייר לעיל לקודשא בריך הוא** שכל מי שמצייר למעלה לקדוש ברוך הוא, **בסתר**)**דאיהי שכינתיה, כלילא מעשר**

גמרא סוטה ד"ג ע"ב - גמרא סוטה ד"ג ע"ב – רבי אלעזר אומר, **קשורה בו ככלב**, שנאמר - ולא שמע אליה לשכב אצלה להיות. עמה לשכב אצלה בעולם הזה. להיות עמה לעולם הבא.

תהלים קי"ט צ"ב

ספיראן שהיא שכינתו, כלולה מעשר ספירות(, **שום ציור, וצלם, ודמות,** כגוונא דמציירין בשמשין דיליה שמצייירים בשמשים שלו, **נשמתיה אתלבשא בההוא צלמא** נשמתו מתלבשת באותו צלם.....

וכן הוא בסוף ענף ד' דשער ד' בספר עץ חיים שער ההקדמות, וז"ל הטהור - ואמנם דבר גלוי הוא כי אין למעלה גוף ולא כח גוף חלילה. וכל הדמיונות והציורים אלו לא מפני שהם כך חס ושלום. אמנם **לשכך את האוזן** לכשיוכל האדם להבין הדברים העליונים, הרוחנים, בלתי נתפסים, ונרשמים בשכל האנושי. לכן ניתן רשות לדבר בבחינת ציורים ודמיונים, כאשר הוא פשוט בכל ספרי הזוהר. וגם בפסוקי התורה עצמה כולם כאחד עונים ואומרים בדבר הזה, כמו שאמר הכתוב עיני הוי"ה המה משוטטים בכל הארץ. עיני הוי"ה אל צדיקים. וישמע הוי"ה. וירח הוי"ה. וידבר הוי"ה. וכאלה רבות. וגדולה מכולם מה שאמר הכתוב - ויברא אלהי"ם את האדם בצלמו בצלם אלהי"ם ברא אותו זכר ונקבה וגו'. **ואם התורה עצמה דברה כך** גם אנחנו נוכל לדבר כלשון הזה, עם היות שפשוטו הוא למעלה שם אין שם אלא אורות דקים בתכלית הרוחניות, בלתי נתפשים שם כלל, וכמו שאמר הכתוב - כי לא ראיתם כל תמונה, וכאלה רבות. ואמנם יש עוד דרך אחרת כדי להמשיך ולצייר בה הדברים העליונים, והם בחינת כתיבת צורת אותיות, כי כל אות ואות מורה על אור פרטי עליון, וגם תמונת זו דבר פשוט הוא כי אין למעלה לא אות ולא נקודה, **וגם זה דרך משל וציור לשכך את האוזן** כנזכר.....

ולכן כל המבואר כאן בחיבור זה הוא כדי **לשכך את האוזן**. והתרשימים שבסוף החיבור הם כדי **לשבר את העין**, לכן אין שום ביאור והסבר שלם, ואין שום תרשים שלם בתכלית השלמות.

ידוע כי[3] דברי תורה עניים במקומן ועשירים במקום אחר, **ועל אחת כמה וכמה** בדברי הרב ז"ל, שכל סוגיה חסרה[4] במקומה, וחלקיה מפוזרים במקומות אחרים. **זאת ועוד** הרב ז"ל מערבב בדרוש אחד כמה וכמה סוגיות, כאשר בפשטות דבריו נראה שכל הדרוש הוא דרוש אחד, ולא מחולק לסוגיות שונות, ושמועות שונות, **ביאור** דברי הרב ז"ל כאן הם **בעומק, והוא בעצם ליקוט** עד איפה שידי הקצרה הגיעה, מכל חלקי ספר עץ חיים, ושמונה השערים המצוינים לרב ז"ל, מבוא שערים ושאר ספרי הרב ז"ל, והוא גם על פי הקדמת רחובות הנהר למרן הרש"ש, דרושי פנימיות וחיצוניות, דרוש הדעת, סוגיות ערכין, סוגיות דכללות והתכללות, פרטות וכללות, וסוגיות עובי ואורך, ועל פי ביאור גדולי רבותינו חכמי המקובלים לדורותם זלה"ה זי"ע.

ידוע כי[5] אין בר בלי תבן, כך אין ספר בלי טעויות, ועוד יודע אני כי ועני אני, **ואין[6] עני אלא בדעה**. לכן מבקש אני בכל לשון של בקשה אם יש לכל אחד שאלות, הערות, הארות, תיקונים, נא לשלוח ל - book@simchatchaim.com והשתדל לענות, ולתקן את הצריך תיקון.

בברכה והצלחה בלימוד התורה הקדושה

ובעיקר בפנימיות התורה, תורת האר"י הח"י.

ורפואה שלימה לכל חולי ישראל.

אח"י

---

[3]

גמרא ירושלמי, ראש השנה פ"ג הלכה ה' די"ז ע"א – דברי תורה עניים במקומן, ועשירים במקום אחר.

[4]

תורת חכם דע"ב ע"ב – חסר לשון הוא, כמו שיראה המעיין.

[5]

גמרא ברכות נ"ה א' - מה לתבן את הבר נאם ה', וכי מה ענין בר ותבן אצל חלום, אלא אמר ר' יוחנן משום ר' שמעון בן יוחאי ,כשם שאי אפשר לבר בלא תבן, כך אי אפשר לחלום בלא דברים בטלים.

[6]

גמרא נדרים מ"א ע"א – אין עני אלא בדעה .

ב"ה

הקדמה קצרה לחיוב לימוד תורת הקבלה

ישמחו **ה**שמים **ו**תגל **ה**ארץ ירעם הים ומלאו. שזכינו בדור שלנו שפנימיות התורה, שהיא היא תורת הקבלה, מתפשטת לכל, וכל מקום בעולם היום לומדים בתורת הח"ן. הדור שלנו יש הרבה התעוררות ללמוד סתרי התורה הקדושה, הנקראת חכמת הקבלה. בירושלים של המאה ה18 בישיבת **בית אל** היו בקושי מנין של מקובלים, והיום תורת הקבלה מופצת בכל מקום בארץ ובעולם. לעניות דעתי אחת הסיבות העיקריות לשינוי זה הוא רצונם של בני התורה, החוזרים בתשובה ועמך לדעת את סוד החיים, למה ברא הקדוש ברוך הוא את העולם, ואת טעמי המצות, ר"ל אי אפשר היום בדור שלנו, להסביר על פי הפשט את הסיבה מדוע אסור לאכול בשר וחלב, מדוע צריך להניח תפילין, למה לשמור דווקא שבת ולא יום שלישי, אי אפשר להגיד כל הזמן **זאת גזרת הכתוב, כך רוצה הקדוש ברוך הוא**, האנשים מחפשים הסברים למצות, לסיפורי התנ"ך, לגלגולי נשמות, ועוד. ורק על ידי עסק בפנימיות התורה, אדם מסיג את ההסברים לקושיות שיש לו. **זאת ועוד** חיים אנחנו בדור של חומריות, והאנשים מחפשים את רוחניות שבחיים, אז מה עושים, נוסעים למזרח, להודו, סין, תאילנד למצוא רוחניות, ולא יודעים **שׁשׁורש כל הרוחניות בעולם נמצאת בתורה הקדושה**, עם כל זאת כאשר הלומד את פשט התורה, **הוא לא מכיר** את הקדוש ברוך הוא, והוא בלי יראת שמים ושמחה אמתית. כותב הרב המקובל האלוה"י רבינו יהודה פתייה בפרושו הנפלא על עץ חיים - כי לימוד עץ חיים הוא עמוק מאד מאד, כי הוא **מים שאין להם סוף**, והוא קשה מאד גם לחכמים ההוגים בו תמיד, וכל שכן למתחילים. כי הוא חזק מצור, וקשה מברזל, שאי אפשר לחצוב ממנו מאומה, אם לא על ידי כלי מחצב חזקים כציפורן שמיר. וכל המתחיל בלימוד עץ חיים, אם לא יהיה לו רב, או לפחות איזה מפרש המפרש לו כוונת הפרק ההוא לפי פשוטו, נבול יבול, ואינו יכול לעמוד על הפרק כי אם לאחר יגיעה רבה, ושקידה עצומה, וכולי האי ואולי. כי הרבה פעמים יסבור המעיין שהבין העניין ההוא כראוי, ואחר שילמוד עוד איזה פרקים אחרים, ירגיש כעצמו שלא הבין את פרקים הקודמים, והניסיון יעיד על זה, עד כאן דברי קודשו. עם כל זאת חייב כל אדם לעסוק בתורת החיים.

צדיק אתה הוי"ה וישר משפטיך. כתב הרב רבינו חיים ויטאל ז"ל בהקדמה לשער ההקדמות - והנה מה שכתב בתחילת דבריו, ואפילו כל אינון דמשתדלי באורייתא כל חסד דעבדי לגרמייהו וכו', עם היות שפשטו מבואר ובפרט בזמנינו זה, בעוונותינו היום אשר התורה נעשית קרדום לחתוך בה אצל קצת בעלי תורה, אשר עסקם בתורה על מנת לקבל פרס, והספקות יתירות, וגם להיותם מכלל ראשי ישיבות, ודיני סנהדראות, להיות שמם וריחם נודף בכל הארץ, **ודומים במעשיהם לאנשי דור הפלגה הבונים מגדל וראשו בשמים**, ועיקר סיבת מעשיהם היא מה שאמר אחר כך הכתוב - **ונעשה לנו שם**... והנה על הכת הזאת אמרו בגמרא כל העוסק בתורה שלא לשמה, נוח לו שנהפכה שליתו על פניו, ולא יצא לאויר העולם. ואמנם האנשים האלה מראים תימה וענוה באמרם כי כל עסקם בתורה הוא לשמה. והנה החכם הגדול התנא רבי מאיר ע"ה העיד עליהם שלא כך הוא, באומרו לשון כללות - כל העוסק בתורה לשמה זוכה לדברים הרבה וכו', **ומגלים לו רזי תורה, ונעשה כנהר שאינו פוסק**, והולך

וכמעיין המתגבר מאליו, בלתי הצטרכו לטרוח ולעיין בה, ולהוציא טיפין טיפין של מימי התורה מן הסלע, הנה זה יורה שאינו עוסק בתורה לשמה כהלכתה, ומי זה האיש אשר לא יזלו עיניו דמעות בראותו המשנה הזאת, **ורואה חסרונו ופחיתותו**, עד כאן לשונו. לכן כל אחד צריך לטעום מעץ החיים.

חצות לילה אקום להודות לך על משפטי צדקך. כתב רבינו אליהו מני זצ"ל רבו של הרי"ח הטוב, בספרו הקדוש כסא אליהו שער ד' וז"ל - ואם זיכך הוי"ה ללמוד בחכמת האמת, הנה עצה היעוצה היא שכל סדר הלימוד בנגלה תתנהג בו ביום דווקא. **אבל בלילה תלמוד בחכמת האמת, והעיקר הלימוד אחר חצות,** כי זה הלימוד צריך ישוב דעת הרבה, וכשיקוץ האדם אז דעתו מיושבת עליו יותר. גם גה הלימוד צריך הסתר והצנע, **וכל דבר שיהיה בלילה ובפרט אחר חצות יהיה נסתר יותר מן היום**. ותעשה ועד עם החברים בבית המדרש אם הוא צנוע, **או בביתך ותלמדו בכל לילה**, עד כאן לשונו. וישב ללמוד בלילה תחת עץ החיים.

קראתי בכל לב עניני הוי"ה חקיך אצרה. בהקדמה[7] לשער ההקדמות מבאר הרב ז"ל - ואמנם אל יאמר אדם אלכה לי ואעסוק בחכמת הקבלה, מקודם שיעסוק בתורה במשנה ובתלמוד, כי כבר אמרו רבינו ז"ל - אל יכנס אדם לפרדס **אלא אם כן מלא כריסו בבשר ויין**, והרי זה דומה לנשמה בלתי גוף, שאין לה שכר ומעשה וחשבון, עד היותה מתקשרת בתוך הגוף, בהיותו שלם מתוקן במצות התורה בתרי"ג מצות. **וכן בהפך** בהיותו עוסק בחכמת המשנה והתלמוד בבלי, ולא ייתן חלק גם אל סודות התורה וסתריה, כי **הרי זה דומה לגוף היושב בחושך**, בלתי נשמת אדם נר הוי"ה המאירה בתוכה, **באופן שהגוף יבש בלתי שואף ממקור חיים**, אשר זהו ענין אומרו במקום אחר ההוא הנזכר לעיל וז"ל - דאילין אינון דעבדי לאורייתא יבשה, ולא בעאן לאשתדלא בחכמת הקבלה וכו'. באופן כי התלמידי חכמים העוסקים בתורה לשמה, ולא לשמו, לעשות לו שם. צריך שיעסוק בתחילה בחכמת המקרא, והמשנה, והתלמוד, כפי מה שיוכל שכלו לסבול. ואחר כך יעסוק לדעת את קונו בחכמת האמת, וכמו שציווה דוד המלך ע"ה את שלמה בנו - דע את אלה"י אביך ועבדהו. ואם האיש הזה יהיה כבד וקשה בענין העיון בתלמוד, מוטב לו שיניח את ידו ממנו, אחר שבחן מזלו בחכמה זאת, ויעסוק בחכמת האמת. וזה שמבואר כל תלמיד חכם שאינו רואה סימן יפה בתלמוד בחמשה שנים, שוב אינו רואה, עד כאן דברי קודשו. ומזה כל אחד ואחד חייב להדבק במקור החיים.

חסדך הוי"ה מלאה הארץ חקיך למדני. בשער הגלגולים, בקדמה ט"ז כתב הרב ז"ל - עוד צריך שתדע, כי האדם צריך לקיים כל התרי"ג מצות, במעשה, ובדבור, ובמחשבה. וכמו שאמרו ז"ל על פסוק - זאת התורה לעולה ולמנחה וכו', כל העוסק בפרשת עולה, כאלו הקריב עולה וכו'. וכוונו בזה שהאדם מחוייב לקיים כל התרי"ג מצות בדבור, וכן על דרך זה במחשבה. ואם לא קיים כל התרי"ג בשלשה בחינות הנזכרות, מחוייב להתגלגל עד שישלים אותם. **עוד דע**, כי האדם מחויב לעסוק בתורה בארבעה מדרגות, **שסימנם פרד"ס**, והם, פשט, רמז, דרוש, סוד וצריך שיתגלגל עד שישלים אותם. ובהקדמה י"ז כותב הרב ז"ל, וז"ל - שהאדם **מחוייב לעסוק בתורה בארבעה מדרגות שבה**, והיא זאת, דע, כי כללות כל הנשמות

ע"ח ד"א ע"ד.

הם ששים רבוא ולא יותר. והנה התורה היא שרש נשמות ישראל, כי ממנה חוצבו, ובה נשרשו. ולכן יש בתורה ששים רבוא פירושים, וכלם כפי הפשט. וששים רבוא ברמז. וששים רבוא בדרש. **וששים רבוא בסוד.** ונמצא, כי מכל פירוש מן הששים רבוא פרושים, ממנו נתהווה נשמה אחת של ישראל, ולעתיד לבא כל אחד ואחד מישראל, ישיג לדעת כל התורה כפי אותו הפירוש המכוון עם שרש נשמתו, אשר על ידי הפירוש ההוא נברא ונתהווה כנזכר. וכן בגן עדן אחר פטירת האדם, ישיג כל זה. וכן בכל לילה כאשר האדם ישן, ומפקיד נשמתו ויוצאה ועולה למעלה, הנה מי שזוכה לעלות למעלה, מלמדים לו שם אותו הפירוש, שבו תלוי שרש נשמתו. ואמנם הכל כפי מעשיו ביום ההוא, כך באותה הלילה ילמדוהו, פסוק אחד, או פרשה פלונית, כי אז מאיר בו יותר פסוק ההוא משאר הימים. ובלילה האחרת יאיר בנשמתו פסוק אחר, כפי מעשיו של אותו היום, וכולם על דרך הפירוש ההוא אשר תלויה בו שרש נשמתו כנזכר, עד כאן דברי קודשו. ור"ל שכל יהודי ויהודי חייב להשיג את שורש נשמתו, וללמוד את סוד החיים.

יבאוני רחמיך ואחיה כי תורתך שעשעי. מבואר במדרש משלי - אמר רבי ישמעאל, בוא וראה כמה קשה יום הדין שעתיד הקדוש ברוך הוא לדון את כל העולם כולו בעמק יהושפט. בזמן שתלמידי חכמים באים לפניו, אומר לכל אחד מהם - כלום עסקת בתורה, אמר לו הן, אומר לו הקדוש ברוך הוא הואיל והודית, אמור לפני מה שקרית, ומה ששנית בישיבה, ומה ששמעת בישיבה. מכאן אמרו - כל מה שקרא אדם יהא תפוש בידו, שלא תשיגהו בושה ליום הדין. מכאן היה רבי ישמעאל אומר - אוי הלה לאותה בושה, אוי לה לאותה כלימה, ועל זה ביקש דוד מלך ישראל בתפילה ובתחנונים לפני המקום ואמר - הוי"ה בוקר תשמע קולי בוקר אערך לך ואצפה. בא לפניו מי שיש בידו מקרא ואין בידו משנה, הקדוש ברוך הוא הופך את פניו ממנו, ושרי גיהנם מתגברים בו כזאבי ערב, ונוטלין אותו ומשליכין אותו לתוכה. בא לפניו מי שיש בידו שני סדרים או שלושה, אז הקדוש ברוך הוא אומר לו - בני, כל ההלכות למה לא שנית אותם, ואם אומר הקדוש ברוך הוא הניחוהו, מוטב, ואם לאו עושין לו כמידת הראשון. בא לפניו מי שיש בידו הלכות, הקדוש ברוך הוא אומר לו - בני, תורת כהנים למה לא שנית, שיש בה טומאה וטהרה, וטומאת שרצים וטהרת שרצים, טומאת נגעים וטהרת נגעים, טומאת נתקים ובתים וטהרת נתקים ובתים, טומאת זבים ולידה וטהרת זבים ולידה, טומאת מצורע וטהרתו, סדר וידוי יום הכיפורים, וגזירות שוות, ודיני ערכים, וכל דין שדנו ישראל לא דנו אלא מתוכו. בא לפניו מי שיש בידו תורת כהנים, אומר לו הקדוש ברוך הוא - בני, חמישה חומשי תורה למה לא שנית, שיש בהם קריאת שמע, ותפילין, ומזוזה. בא לפניו מי שיש בידו חמישה חומשי תורה, אומר לו - בני, למה לא למדת הגדה, ולא שנית, שבשעה שחכם יושב ודורש, אני מוחל ומכפר עוונותיהם של ישראל, ולא עוד אלא בשעה שעונין אמן יהא שמיה רבה מברך, אפילו נחתם גזר דינם אני מוחל ומכפר להם עוונותיהם. בא לפניו מי שיש בידו הגדה, אומר לו הקדוש ברוך הוא - בני, תלמוד למה לא שנית, שנאמר - כל הנחלים הולכים אל הים והים איננו מלא, זה התלמוד, שיש בו חכמות הרבה. בא מי שיש בידו תלמוד, הקדוש ברוך הוא אומר לו - בני, הואיל ונתעסקת בתלמוד, **צפית במרכבה, צפית בגאוה,** שאין הנייה בעולמי, אלא בשעה שתלמידי חכמים יושבים ועוסקים בתורה, מציצין ומביטין ורואין והוגין המון התלמוד הזה - **כסא כבודי היאך הוא עומד. רגל הראשונה במה היא משמשת, שנייה במה היא משמשת, שלישית במה היא משמשת, רביעית במה היא משמשת, חשמל היאך הוא עומד, ובכמה פנים הוא מתהפך בשעה**

אחת, לאי זה רוח הוא משמש, הברק היאך הוא עומד, כמה פנים של זוהר נראין בין כתפיו, לאיזה רוח משמש, כרוב היאך הוא עומד, לאי זה רוח הוא משמש. גדולה מכולם עיון כיסא הכבוד, היאך הוא עומד, עגול הוא כמין מלבן, ומתוקן הוא, כמה גשרים יש בו, כמה הפסק בין גשר לגשר, וכשאני עובר באיזה גשר אני עובר, ובאי זה גשר האופנים עוברים, ובאיזה גשר הגלגלים עוברים. גדולה מכולם מצפורני ועד קודקודי, היאך אני עומד, כמה שיעור בפיסת ידי, וכמה שיעור אצבעות רגלי. גדולה מכולם כיסא כבודי, היאך הוא עומד, לאיזה רוח הוא משמש, באחד בשבת לאיזה רוח הוא משמש, בשני בשבת לאיזה רוח הוא משמש, בשלישי בשבת לאיזה רוח הוא משמש, ברביעי בשבת, בחמישי בשבת, בשישי בשבת לאיזה רוח משמשין, וכי לא זהו הדרי, זהו גדולתי, זהו הדר יופי, שבבני מכירין את כבודי במידה הזאת. ועליו אמר דוד - מה רבו מעשיך הוי"ה, כולם בחכמה עשית, מלאה הארץ קנינך. עד כאן לשון המדרש. ממדרש זה לומדים על חובת כל אחד ואחד מישראל את לימוד כל חלקי הפרד"ס, ובעיקר את בחינת הסוד שבתורה, הנקרא[8] מעשה מרכבה, ובמעשה בראשית. ומבאר הרב בית לחם יהודה על השינוי שיש בפסוקים במעמד הר סיני, בפסוק אחד כתוב - ויחן שם ישראל תחת ההר. ומספר פסוקים יותר מאוחר כתוב וירא העם וינועו מרחק. וידוע כי כאשר כתוב בתורה ישראל, מדובר בבני ישראל, וכאשר כתוב העם, מדובר על הערב רב. וז"ל הרב בית לחם יהודה - ובזוהר בהעלותך דף קנ"ב ע"א קרי להעוסקים בחכמת האמת, אינון דהוי קיימי בטורא דסיני. וז"ל - חכימין עבדי דמלכא עלאה אינון דקיימו בטורא דסיני, לא מסתכלי אלא בנשמתא, דאיהי עיקרא דכלא אורייתא ממש וכו'. ונראה בעיני אם מותר, משמע אותם שאינן יודעים סודות התורה לא עמדו על הר סיני, עד כאן לשונו. ונראה לי בביאור כוונתו כי בתחלה כשיצאו ישראל לקראת האלהי"ם, היו מתייצבים בתחתית ההר, ואחר כך נאמר וירא העם וינועו ויעמדו מרחוק, כי היו יראים פן תאכלם האש הגדולה הזאת וימיתו. והיה מקצת מהעם שהיו ששים ושמחים לקראת השכינה, ולא רצו לזוז ממקומם הראשון, ולעמוד מרחוק, אפילו אם ימיתו ממש. ועליהם הוא מה שכתב בזוהר הנזכר - אינון דקיימו בטורא דסיני, כלומר ולא נעו ועמדו מרחוק, אלא עמדו בטורא דסיני מתחלה ועד סוף, ולכן הם זוכים לחכמת האמת. ואותם הנשמות אשר נעו עם העם ועמדו מרחוק, כן הם עושים גם עתה, שנסים ועומדים מרחוק לחכמת האמת מיראתם, פן תאכלם האש הגדולה הזאת. ולכן על כל אחד ואחד מבני ישראל הקדושים מחויב לעמוד תחת עץ החיים.

יראיך יראוני וישמחו כי לדברך יחלתי. בספר הזוהר הקדוש מבואר מדוע התפילות של בני ישראל לא נענות, וז"ל תיקוני הזוהר תיקון מ"ג - בראשית תמן את"ר יב"ש במלת בראשית יש אותיות את"ר יב"ש, ודא איהו ונהר יחרב ויבש היסוד הנקרא נהר יחרב ויבש ממי השפע, ואין לו מה להשפיע למלכות, בההוא זמנא דאיהו יבש באותו הזמן שהיסוד הוא יבש, ואיהי יבשה המלכות הנקראת יבשה, היא יבשה כי לא מקבלת שפע מהיסוד, אז כאשר צווחין בנין לתתא מתפללים וצועקים בני ישראל, ביחודא ואמרין וביחוד שאומרים בני ישראל שמע ישראל שיבא ז"א הנקרא ישראל להתיחד עם נוקבא בשעת התפילה דעמידה, עם כל זאת ואין קול של התפילה או הקריאת שמע שעוזרים לזיווג דזו"ן ואין עונה ואין מי שיענה וימלא את הבקשות בתפילתם. הדא הוא דכתיב וזהו שכתוב - אז בני ישראל יקראונני

גמרא חגיגה די"א ע"ב

בני ישראל בעת צרתם בקריאת שמע ובתפילה, **ולא אענה** ואני לא אענה אותם בתפלתם, מפני שלא לומדים ומתעסקים בפנימיות התורה. **והכי מאן דגרים דאסתלק** וכל מי שגורם הסלקות פנימיות תורת הקבלה **וחכמתא מאורייתא דבעל פה ומאורייתא דבכתב** מהתורה שבעל פה והתורה שבכתב, **וגרים דלא ישתדלון בהון** וגורמים גם לאחרים שלא יתעסקו וילמדו את חכמת הקבלה, **ואמרין דלא אית אלא פשט באורייתא ובתלמודא** ואומרים שאין בתורה ובתלמוד אלא פשט התורה, בלי פנימיות הסוד, **בודאי כאלו הוא יסלק נביעו מההוא נהר** בודאי נחשב לו כאילו הוא מסתלק את נביעת שפע החכמה והבינה מן היסוד, **ומההוא גן** ומן הנוקבא הנקראת גן, **ווי ליה** לאותו יהודי **טב ליה דלא אתברי בעלמא** טוב לו שלא היה נברא, **ולא יוליף ההיא אורייתא דבכתב ואורייתא דבעל פה** ולא היה לומד תורה שבכתב ותורה שבעל פה, כי דינו כעם הארץ שלא למד כלל, ועוד **דאתחשב ליה כאלו אחזר עלמא לתהו ובהו** שנחשב לו כאילו החזיר את העולם לתהו ובהו, ר"ל לסוד שבירת הכלים לפי שמגביר הקליפות כאשר הנהר והגן יבשים, **וגרים עניותא בעלמא ואורך גלותא** וגורם עניות בעולם ומאריך את הגלות השכינה וביאת המשיח. עד כאן דברי הזוהר הקדוש. וכותב רב חיים ויטאל זלה"ה בהקדמה וז"ל - אמנם שעשועות של הקדוש ברוך הוא בתורה, והיותו בורא בה את העולמו, היתה בהיותו עוסק בתורה בבחינת הנשמה הפנימית שבה, הנקרא - רזי תורה, הנקרא מעשה מרכבה, **היא חכמת הקבלה** כנודע אל היודעים, וטעם הדבר הוא להיותו עולם האצילות העליון מאד, טוב ולא רע, דלא יכיל להתערבא עמיה קליפה, ועליה אתמר - וכבודי לאחר לא אתן, כנזכר בספר התיקונין דף ס"ו תיקון י"ח, וכן בספר הזוהר בפרשת בראשית דף כ"ח ע"א עיין שם. ולכן גם התורה אשר שם]**אח"י** - בעולם האצילות[איננה רק מופשטת מכל לבושי הגופנים, מה שאין כן למטה בעולם היצירה, עולם דמטטרו"ן, הנקרא עבד טוב, והוא הנקרא עץ הדעת טוב מסטרא, ומסטרא דסמא"ל שהוא קליפין דיליה, **נקרא עבד רע**, כי התורה אשר שם, הם שית סדרי משנה **הנקראים שפחה** כנזכר לעיל, וכנזכר בפרשת בראשית שם דף כ"ז ע"א. ולכן נקראת משנה, לפי ששם יש שינויים הפוכים **טוב מסטרא דעבד טוב**, היתר, כשר, טהור. **רע מסטרא דעבד רע**, איסור, טמא, פסול. גם הוא מלשון כי מרדכי היהודי משנה למלך, שהיה שפחה הנקרא עבד מלך, מלך גם נקרא מלשון שינה, כנזכר בפרשת פינחס דף רמ"ד ע"ב - קם זמנא תנינא ואמר, מארי מתניתין בשמתין ורוחין ונפשין דילכון אתערו כען ואעברו שינתא מניכון דאיהו, ודאי משנה אורח פשט, דהאי עלמא ואנא לא אתערנא בכו, אלא ברזין עילאין דעלמא דאתי דאתון בהון, לא ינום ולא ישן. וזה יובן במה שמבואר יותר למעלה שם - **ורבנן דמתניתין ואמוראי, כל תלמודא דלהון על רזין דאורייתא סדרו ליה**. ונמצא כי המשנה והש"ס הם הנקרא גופי תורה. והנה דבריהם כחלום בלי פתרון, **ורזיה וסתריה הפנימים הנקרא בנשמת התורה, הם הם פתרון החלום הנפתר בהקיץ**, בסוד - אני ישנה ולבי ער, וכמו[9] שאמרו חכמים ז"ל - **במחשכים הושיבני כמתי עולם, זה תלמוד בבלי**, אשר איננו מאיר אלא על ידי ספר הזוהר, **הם הם רזי תורה וסתריה** אשר עליהם נאמר - ותורה אור. ואין ספק כי כמו שהיצר נקראת עבד ושפחה בערך האצילות, ונקרא קליפין ולבושין דחול, כנזכר בהקדמת ספר התיקונין ד"ג ע"ב וז"ל - וביומי דחול לביש עשר כתות דמלאכיא דמשמשי לעשר ספירות דבריאה. ואם כן אין לתמוה כי התורה אשר שם שהיא המשנה, תהיה נקרא שפחה וקליפין דתורה דאצילות, וזה סוד כל הבשר חציר הנזכר

סנהדרין דכ"ד ע"א.

לעיל במאמר הראשון, כי כמו שהחטה שהיא בגימטריא כמנין כ"ב אותיות התורה, הגנוזה תוך כמה קליפין ולבושין שהם הסובין והמורסן והתבן והקש והעשב, הנקרא חציר, כן המשנה אצל סודות התורה נקרא חציר, וזה נרמז בספר הזוהר פרשת כי תצא ברעיא מהמנא דף רע"ה ע"ב - **אצל רבנן ווי לאינון דאכלין תבן דאורייתא, ולא ידעי בסתרי אורייתא, אלא קלין וחמורין דאורייתא, קלין אינון תבן דאורייתא, וחמורין אינון חטה דאורייתא, ח"ט ה' אלבא דטוב ורע וכו'.** ואלו באתי להרחיב דרוש זה לא יספיקו מאה קונטרסין בלי ספק בלי שום גוזמא, האמנם החכם החם עיניו בראשו כי דברי אמת אני אומר, ואל יתמה האדם בראותו ספר הזוהר איך קורא אל המשנה שפחה וקליפין, כי עסק המשנה כפי פשטיה, **אין ספק שהם לבושין וקליפין חיצונים בתכלית אצל סודות התורה הנגנזים,** ונרמזים בפנימיותה כי כל פשטיה הם בעלם הזה בדברים חומרים תחתונים..... על כן על כל בני ישראל לאכול מעץ החיים.

מה אהבתי תורתך כל היום היא שיחתי. ומבאר הרב ז"ל בהקדמה לשער המצות, כי עסק לימוד פנימיות התורה הוא חלק בלתי נפרד מתלמוד תורה, וז"ל - גם בענין עסק התורה שהיא אחת מרמ"ח מצות עשה, אם לא השלים אותה, **שהוא ענין עסקו בפרד"ס התורה,** שהוא ראשי תיבות **פ**שט **ר**מז **ד**רש **ס**וד, בכל בחינה מהם כפי אשר יוכל להסיג, **עד מקום שידו מגעת,** לטרוח ולעשות לו רב שילמדנו. ואם לא עשה כן, הרי חסר מצוה אחת של תלמוד תורה, שהיא גדולה ושקולה ככל המצות, וצריך **להתגלגל** עד שיטרח הארבעה בחינות של פרד"ס כנזכר. וכן מבאר הרב בית לחם יהודה בהקדמתו הקדושה, וז"ל - ומה מאד נמלצו [**אח"**י - מלשון מליצה] בזה דברי הנביא ירמיה)סימן כ"ב(באומרו - אל תבכו למת וכו'. שהוא מדבר עם הציבור המתקבצים להספיד על איזה צדיק הנפטר רח"ל, על שנחסר צדיק אחד מהדור שהיה מנין בזכותו עליהם. וקאמר להו הנביא אל תבכו וכו', **לפי שרובם של צדיקים אינם זוכים לעסוק בכל ארבעה חלקי הפרד"ס, ואם כן מוכרחים הם לחזור ולבוא בגלגול כדי להשלים לימודם בארבעה חלקים,** כי אפילו הוא עסק בשלוש חלקי הפרד"ס, לא יצא ידי חובתו, ועליו נאמר הן כל אלה יפעל א"ל פעמים שלש עם גבר, להחזירו בגלגול. ואם כן הויא פסידא דהדרא. ואפשר שבו ביום שנפטר הוא חוזר ומתגלגל, כנזכר בזוהר ריש פרשת אמור, יעו"ש. ואם כן אין לכם פסידא כל כך. אמנם בכו בכו להלך, לאותו צדיק שכבר עסק בארבעה חלקי הפרד"ס. כי תיבת להלך היא חסר ו', ואם תחשוב תיבת להלך ארבעה פעמים עם ארבעה הכוללים, שהם כנגד ארבעה חלקי הפרד"ס, הם בגימטריא פרד"ס. **שזה הצדיק לא ישוב עוד וראה את ארץ מולדתו, כי על ארבעה לא אשיבנו.** שזהו פסידא דלא הדרא באמת, ונחסר לגמרי מן העולם הזה, עד כאן לשונו. ולכן חובה על כל אדם לעסוק בכל חלקי הפרד"ס, ובפרט בחלק הסוד, הנקרא פנימיות התורה, כמבואר בזוהר הקדוש כמובא בזוהר הקדוש פרשת נשא דף קכ"ד - **בהאי חבורא דילך דאיהו ספר הזוהר יפקון ביה מן גלותא ברחמי,** בזכות הלימוד בספר הזוהר הקדוש, יצאו בני ישראל מהגלות **ברחמים.** ועוד כל מי שחשקה נפשו ללמוד, אסור למנוע זאת ממנו, בסוד הפסוק[10] - אל תמנע טוב מבעליו, ועל כל אדם להיכנס לפרד"ס החיים.

משלי ג' כ"ז – אל תמנע טוב מבעליו בהיות לאל ידך לעשות.

אשרי האיש אשר לא הלך בעצת רשעים ובדרך חטאים לא עמד ובמושב לצים לא ישב. דע כי יהיו הרבה אנשים רשעים, שינסו למנוע מבני ישראל הקדושים ללמוד בכללות תורה, ובפרט את תורת הקבלה, מכל מיני סיבות ומניעות, והשטן מדבר מגרונם של אלו הרשעים. ואלו דברי קודשו של בעל שבט מוסר רבינו אליהו הכהן האתמרי זצלה"ה - ובהביטך בן אדם מה שעבר על אחרים למה תרדוף אתה אחר כל אלה הדברים הזרים, להשביע נפש מרורים ולמוסרה ביד צרים המה המקטרגים הצוררים, ולמה לא תחמול על נפשך ועל נועם תבנית צלם גופך למוסרו בידן ולהשליכו בתוך גחלי רתמים בטיט היון של גיהנם, להשחירו ולהתיכו כאשר ניתך הזפת בפני האש, אשר על כן תן עצה בנפשך **לברור בדרך החיים בעסק התורה והמצות**, וגם להצטער עצמך זמן קצוב הם חיי עולם הזה, כדי שתתענג זמן רב בלתי סוף ותכלית, ואל יעלה על דעתך כאשר עלה בדעת הרבה שנאבדו בידם כיון שמכיר אני בעצמי שאין בדעתי להבין ולהשכיל, איני עוסק בתורה, טועה הוא בדבר, שהרי הוא מחוייב לעשות מה שנצטוה לעשות, ואם יבין יבין, **שהרי והגית בו יומם ולילה כתיב** ולא כתיב ותבין בו, וכן תמצא בדברי התנא אם למדת תורה הרבה נותנין לך שכר הרבה, ואינו אומר אם הבנת הרבה, אלא למדת אמרו, ותשתדל להבין ואם תבין תבין, ואם לא שכר לימודך בידך, וכמאמר התנא לפום צערא אגרא, ומה גם שאמרו האדם איני לומד מפני שאיני מבין, **הוא פיתוי היצר**, יתמיד בלימודו וסוף הבינה לבא, שבראות קדוש ברוך הוא **חשקו בתורתו ודבקותו בה, פותח לו מעייני החכמה**, דכתיב - כי הוי"ה יתן חכמה מפיו דעת ותבונה. והנני מוסר לך דבר אשר תרדוף אחריה, ויהיה חיים לנפשך וענקים לגרגרותיך, **לעולם יהיה עיקר לימודך בדבר של תורה שליבך חפץ יותר**, אם בגמרא גמרא, ואם בדרוש דרוש, ואם ברמז רמז, **ואם בקבלה קבלה**, ורמז לדבר כי אם בתורת הוי"ה חפצו, כלומר תורת הוי"ה תלויה בדבר שלבו חפץ לעסוק, וכמו שמבאר האר"י זלה"ה בספר דרושי הנשמות והגלגולים פרק שלישי, וז"ל - יש בני אדם שכל חפצם ועסקם בפשטי התורה, ויש שעסקם בדרוש, ויש ברמז, ויש גם כן בגימטריות, **ויש בדרך האמת**, הכל כפי מה שעליו נתגלגל בפעם ההוא, כיון שהשלים פעם אחרת בשאר הענינים, אין צורך לו שבכל גלגול יעסוק בכולם, עד כאן לשונו. **ואל תביט ותשגיח לדברי המתנגדים על מה שחשקת לעסוק בתורה** בגמרא או בדרוש וכו', באומרם לך למה אתה מוציא כל ימיך בפרט זה של תורה ולא בפרט זה, משום שעל מה שחשקת ללמוד, על דבר זה זה באת לעולם, ואם תשים דעתך לדבריהם, יכריחוך להתגלגל בזה העולם פעם אחרת ולעבור נפשך בחרב חדה של מלאך המות ולטעום טעם מיתה, ולכן לא תשמע לדברי המשחית נפשך, **כי דע שהשטן מתלבש באלו האנשים לדאוג ולהצטער ולהכאיב נפש הלומד ועוסק בתורה**, בחלק שֶׁאָוְתָה נפשו לעסוק, כדי להבדילו משם שלא ישלים נפשו, על מה שבא להשלימה, ולהכריחו גלגולים אחרים, וכשם שבדבר שחושק יותר האדם ללמוד, משם יבין שעל דבר זה נתגלגל להשלים, כך צריך האדם שידע שורש נשמתו ומהיכן נמשך ועל מה בא לתקן ולהשלים, כמו שאמר בזוהר שיר השירים הגידה לי את שאהבה נפשי וכו'. **וכדי שיבין יראה באיזה מצוה תקיף יצרו יותר לבטלה יתחזק בה לקיימה, כי בוודאי על מצוה זו נתגלגל**, וכדי שלא ישלים חוקו מנגדו יצרו לבטלה להוציאו מן העולם בידים ריקניות... ולכן לא תשמע לדברי רשעים אלו, אלא תשמע לדברי חיים.

חבר אני לכל אשר יראוך ולשמרי פקודיך. בסוף[11] עץ חיים מובא מספר כללים למהרח"ו, וז"ל - להאר"י זלה"ה. הרמב"ן וחבריו ודברי ראשונים כמו רבי נחוניא בן הקנה לא הזכירו רק עשר ספירות, ולא גילו עניני פרצוף כלל. **ודע שהרמב"ן והראשונים היו יודעים בפרצוף**, אלא שדברו בהעלם גדול, לרוב הגלות שלא ניתן רשות לגלות, ולהתפשט האורות הגדולים, מאחר שגברו הקליפות, וכל זר לא יאכל קדש. **אמנם בעקבות משיחא כמו בדורינו זה התחילו האורות להתפשט להיות כבראשונה**, כמו שהיה בזמן העולם מתוקן ולהתתקן מעט. ומתחלה היו האורות סתומים, היה העולם מקולקל, וכל מה שנתקלקל נסתם בגלות, ולא היו משיגין אלא עשר ספירות בסתום, בסוד הנקודות, כל אחד כלול מעשר, ובענין הפרצופים לא נתגלה להם כלל, לפי שמצאו בדברי הראשונים סתומים, ולא ידעו עומק הדברים, וחשבו שכך הוא ודברו בעשר ספירות כל אחד כלול מעשר ובחינות הרבה, ולפי שראיתי מי שחולק על דברים אלו לאמור שלא מצינו אלא עשר ספירות, ומהיכן יש לשלוט כח לאמור כמה פרצופים שנמצא יותר מעשר ספירות, ומספר רב והלא הראשונים כתבו בספר יצירה עשר ולא תשע, עשר ולא י"א, לזה באתי לפתוח לך כחודא דמחטא, אולי תזכה להבין מקצת, וכולו לא תשורנו עין, וזהו. ובהקדמתו[12] הקדושה כותב הרב ז"ל - והנה אין בכל דור ודור שלא נמצאו בו אנשים יחידי סגולה ששרתה עליהם רוח הקודש, והיה אליהו הנביא ז"ל נגלה עליהם, **ומלמד אותם סתרי החכמה הזאת**, וכמו שנמצא כתוב בספרי המקובלים, גם בעל ספר הרקנטי כתב בפרשת נשא בפרשת ברכת כהנים..... ואנשי לבב שמעו לי, אל יהרסו אל הוי"ה, **לראות בספרי האחרונים הבנויים על פי השכל האנושי**, ושומע לי ישכון בטח ושאנן מפחד רעה. ולכן אני הכותב הצעיר חיים וויטאל, רציתי לזכות את הרבים **בהעלם נמרץ והמשכילים יבינו**, וקראתי שם החבור הזה על שמי **ספר עץ חיים**, וגם על שם החכמה הזאת העצומה, חכמת הזוהר, הנקרא עץ חיים, ולא עץ הדעת כנזכר לעיל, בעבור כי בחכמה הזאת טועמיה חיים זכו, ויזכו לארצות החיים הנצחיים, **ומעץ החיים הזה ממנו תאכל, ואכל וחי לעולם**. ואשכילך ואורך דרך זו תלך דע מן היום אשר מורי זלה"ה החל לגלות זאת החכמה, **לא זזה ידי מתוך ידו אפילו רגע אחד**, וכל אשר תמצא כתוב באיזה קונטריסים על שמו ז"ל, ויהיה מנגד מה שכתבתי בספר הזה, **טעות גמור הוא, כי לא הבינו דבריו, ואם יש בהם איזה תוספות שאינו חולק עם ספרינו זה, אל תשית לבך בקבע אליו, כי שום אחד מהשומעים את דברי קדשו, לא ירדו לעומק דבריו וכוונתו, ולא הבינום**, בלי שום ספק. ואם יעלה בדעתך לחשוב לברור הטוב ולהניח הרע, אל בינתך אל תשען, כי אין הדברים האלו מסורים אל לב האדם כפי שכל אנושי, והסברא בהם סכנה עצומה, ויחשב בכלל קוצץ בנטיעות חס ושלום, לכן הזהרתיך ואל תסתכל בשום קונטרסים הנכתבים בשם מורי זלה"ה, זולתי במה שכתבנו לך בספר הזה, **ודי לך בהתראה זאת**, אלו הם דברי קודשו. ועלינו ללמוד אך ורק בתורת מורינו חיים.

אני קראתיך כי תענני אל הט אזנך לי שמע אמרתי. עוד כתב הרב ז"ל בהקדמתו תנאים כדי לזכות לחכמה הקדושה הזאת, וז"ל - אני הכותב משביע בשמו הגדול יתברך, לכל מי שיפלו

11

ע"ח ח"ב דקי"ט ע"א.

12

ע"ח ד"ד ע"ב.

הקונרטסים אלו לידו, שיקרא הקדמה זאת, ואם אותה נפשו לבוא בחדרת החכמה זאת, יקבל עליו לגמור ולקיים כל מה שאכתוב ויעיד עליו יוצר בראשית, שלא יבוא אליו היזק בגופו ונפשו, ובכל אשר לו, ולא לאחרים. תחת רודפו טוב והבא לטהר ולקרב. **ראשית הכל יראת הוי"ה, להשיג יראת העונש, כי יראת הרוממות, שהוא יראה הפנימית, לא ישיגוהו רק מתוך גדלות החכמה,** ועיקר מגמתו בידיעה הזה יהיה לבער קוצים מן הכרם, כי לכן נקראים העוסקים בחכמה הזאת מחצדי חקלא. **ובודאי שיתעוררו הקליפות נגדו לפתותו ולהחטיאו, לכן יזהר שלא לבוא לידי חטא אפילו שוגג,** שלא יהיה להם שייכות בו, לכן צריך ליזהר מהקלות, כי הקדוש ברוך הוא   מדרדק עם הצדיקים כחוט השערה, לכן צריך לפרוש עצמו מבשר ויין כל ימות השבוע, **וצריך הזהרת סור מרע ועשה טוב,** ובקש שלום. בקש שלום צריך להיות רודף שלום, ולא להקפיד בביתו על דבר קטן וגדול, וכל שכן שלא יכעוס ח"ו.

<u>וצריך להתרחק בתכלית הריחוק סור מרע.</u>

א. ליזהר בכל דקדוקי מצות, ואפילו בדברי חכמים, שהם בכלל לא תסור.

ב. לתקן המעוות קודם שיבא לעולם הבא.

ג. יזהר מהכעס, אפילו בשעה שמוכיח את בניו, לא יכעוס כלל ועיקר.

ד. גם צריך ליזהר מהגאוה, ובפרט בענין הלכה, כי גדול כחה והגאוה, בזה עון פלילי.

ה. בכל צער שיבא לו, יפשפש במעשיו וישוב אל הוי"ה.

ו. גם יטבול בעת הצורך לו.

ז. גם יקדש את עצמו בתשמיש המטה שלא יהנה.

ח. שלא יעבור כל לילה ויחשוב בכל לילה מה שעשה ביום, ויתודה.

ט. גם ימעט בעסקיו ואם אין לו פרנסה כי אם על ידי משא ומתן, יכין יום שלישי ויום רביעי, מחצי היום ואילך, ובכוונה שהוא לעבודת קונו.

י. כל דבור שאינו של מצוה והכרחי, יהיה זהיר ממנו, ואפילו דבר מצוה ימנע בשעת התפלה.

<u>ועשה טוב</u>

א. לקום בחצי הלילה, ולעשות הסדר בשק ואפר ובכי גדול, ובכוונה כל אשר יוציא בשפתיו. ואחר כך יעסוק בתורה כל זמן שיוכל להיות בלי שינה, ובלבד שחצי שעה קודם עלות השחר יתעורר לעסוק בתורה.

ב. ילך לבית הכנסת קודם עלות השחר, קודם חיוב טלית ותפילין, להיזהר שיהיה מעשרה ראשונים.

ג. קודם שיכנס, ישים אל לבו מצות עשה ואהבת לרעך כמוך, ואחר כך יכנס.

ד. להשלים רמז צדיק בכל יום. שהוא צ' אמנים, ד' קדושות, י' קדישים, ק' ברכות.

ה. שלא להסיח דעתו מהתפילין בעת התפילה, זולת בעת העמידה ועסק התורה.

ו. צריך שיהיה עוסק בתורה, מעוטף בטלית ותפילין.

ז. לכוין בתפלה הכוונות, כמו שנבאר בע"ה.

ח. שישים תמיד נגד עיניו שם בן ארבעה אותיות הוי"ה, ויזדעזע ממנו, כמו שכתוב - שויתי הוי"ה לנגדי תמיד.

ט. שיכוין בכל הברכות, בפרט בברכת הנהנין.

י. צריך שיהיה עמל בתורה פרד"ס, שנאמר או יחזיק במעוזי, ואל יחשוב שיגלו לו רזי התורה בהיותו ריק, כדכתיב - יהב חכמתא לחכימין, וצריך ליזהר שלא יוציא בשפתיו בחכמה זו, מה שלא שמע מאדם שראוי לסמוך עליו, וכאזהרת רשב"י וחבריו. השגת החכמה תנאי הראשון, צריך למעט דבורו, ולשתוק, כל מה שיוכל כדי שלא להוציא שיחה בטילה, כמאמר רז"ל - סייג לחכמה שתיקה. גם תנאי אחר, על כל דבר תורה שלא תבינהו, תבכה עליו כל מה שתוכל. גם עלית הנשמה בלילה לעולם העליון, שלא תשוט בהבלי העולם, תלוי שתישן בבכיה. ומרת עצבות מגונה עד מאוד, ובפרט להשיג חכמה, והשגה אין לך דבר מונע השגה יותר מזה. גם בענין השגת האדם, אין לך דבר שמועיל כמו הטהרה והטבילה, שיהיה האדם טהור, בכל עת ומורי זלה"ה עם היות שהיה לו חולי השבר שהקור מזיק לו, עם כל זה לא היה מונע מלטבול בכל עת, עד כאן דברי קודשו. ועלינו לקיים את בקשת הרב ז"ל את הבחינות של[13] סור מרע ועשה טוב, כדי לטפס בעץ החיים.

מרן הרש"ש[14] מעיד על עצמו, וז"ל - וראיתי מה שכתבו מעלת כבוד תורתם, על ענין עבודת הוי"ה שקצרתי במקום שהיה ראוי להרחיב מעט הדיבור, אמת הוא כי לכתחילה קצרתי בו, **יען ראיתי כמה מהנזק יצא ממה שכתבו בזה המקובלים שקדמו, כי רבים חללים הפילו, וחלול כבוד הוי"ה, וכבוד התורה. הוי"ה יכפר בעדם, כי כל דבריהם לא על פי התורה הם, ואינם מיוסדים על האמת, ומהם יצאו אבות, ומאבות תולדות הריסת יסודי התורה ח"ו, הוי"ה יכפר. וכל זה לא שלמדתי בדבריהם ח"ו**, אלא שפעם אחת הוכרחתי בעל כרחי לעיין בדף אחד שכתוב בו קצור מה שכתבו בענין זה, **וכמעט שקרעתי בגדי לראות דברים אשר לא כן על הוי"ה. הוי"ה יכפר, וכבר מילתי אמורה להם, כי עידי בשמים כי כל עסקי ולמודי, אינו רק בדברי האר"י זלה"ה, ותלמידיו מהרח"ו ז"ל לבדם, ובלעדם אין לי עסק בשום ספר מספרי המקובלים ראשונים ואחרונים, ואפילו בדברי שאר תלמידי האר"י ז"ל לא למדתי, וכשיזדמן לפני דבר מדבריהם, אני מדלגו.** כי על כן איני כמזהיר, אלא כמזכיר, למען הוי"ה אל יהי לכם מגע יד בדבריהם, ובפרט בענין זה, השמרו לכם פן יפתה לבבכם, **אלא כל לימודם לא יהיה אלא בעץ חיים ובספר מבוא שערים ובשמונה שערים המפורסמים**, שכולם דברי אלהי"ם חיים. ואני קצרתי בענין זה כל מה שאפשר, כי יראתי פן יפלו דפים אלו ביד מי שעדיין לא למד דברי האר"י ז"ל כראוי, **ויחשידני שלמדתי בספרים אחרים, ולא כן הוא כאמור**, ולכן קצרתי בו, ופיזרתי בהקדמה, עד כאן דברי קודשו של מרן הרש"ש. ואנחנו תפילה שיתגלה משיח צדיקנו במהרה בימינו, ומלאה[15] הארץ דעה את הוי"ה כמים לים מכסים, דעת תורת החיים.

13

תהלים ל"ד ט"ו – סור מרע ועשה טוב בקש שלום ורדפהו.

14

נהר שלום דף ל"ד ע"א.

15

ישעיהו י"א ט' – לא ירעו ולא ישחיתו בכל הר קדשי כי מלאה הארץ דעה את הוי"ה כמים לים מכסים.

כתב רבינו גאון הקבלה רבי אליהו מני, רבו של הרי"ח הטוב, רבי יוסף חיים בעל הספר "בן איש חי", בספרו הקדוש **כסא אליהו** כי על הלומד ללמוד כל מאמר ומאמר ארבעה חמשה פעמים בלי המפרשים, וינסה להבין את המאמר בעצמו. ואחר כך ילך לראות אם כיוון לדעת המפרשים.

וכן אני הקטן מבקש בכל לשון של בקשה, ללמוד את הדרוש כמו שהוא מובא בספר עץ חיים, ארבעה חמישה פעמים, כדי לנסות להבין את הדרוש. וכל דרוש מובא בתחילת הספר במלואו.

אחר כך יכנס ללמוד את הדרוש עם ביאור הדברים, עוד ארבעה חמישה פעמים, ואחר כך יראה את המקורות להגהות, ודברי רבותינו הקדושים, עם התרשימים וטבלאות.

ואז יעלה ויצליח בלימוד תורת האר"י הח"י.

כתב רבינו ה**שד"ה** רבי שאול דוויק הכהן, בהקדמת ספרו איפה שלימה, על אוצרות חיים וז"ל - וכדי שיוכל לעלות לימודו למעלה, ריח ניחוח לה'. קודם כל לימוד ימסור עצמו על קדושת ה', כי זה מועיל מאוד, כמו שכתוב בשער הכוונות דף כ"ד ע"ב, כי עתה בזמנינו בעונותינו הרבים אין יכולת לעשות זווג כתיקונו למעלה, ולסיבה זו הקץ מתארך וכו'. אמנם עם כל זה יש קצת תיקון במה שנמסור נפשינו על קידוש ה' בכל הלב, כי על ידי כן אפילו אין בנו שום מעשים טובים, והרשענו עד להפליא. הנה על ידי מסירת נפשינו להריגה, מתכפרים עונותינו כולם, ויש בנו יכולת לעלות עד אימא עילאה, כמו שאמרו חז"ל - גדולה תשובה שמגעת עד כסא הכבוד, שנאמר - שובה ישראל עד ה' וכו', עד כאן דבריו.

וזה הסדר

יקבל עליו ארבע מיתות בית דין, מארבעה אותיות הוי"ה וארבעה אותיות אדנ"י, וליחדם על ידי ארבעה אותיות אהי"ה ועל ידי עסמ"ב

סקילה	י	**א**	וליחדם על ידי **א**	יוד ה' ויו ה'
שרפה	ה	ד	וליחדם על ידי ה	יוד ה' ואו ה'
הרג	ו	**ג**	וליחדם על ידי י	יוד הא ואו הא
וחנק	ה	י	וליחדם על ידי ה	יוד הה וו הה

לְשֵׁם יִזזוד
קֻדְשָׁא בְּרִיךְ הוּא וּשְׁכִינְתֵּהּ

יאהדונהי

<table>
<tr><td>וּרְזִזִימוּ וּרְזִזִיכוּ</td><td>בִּרְזִזִיכוּ וּרְזִזִימוּ</td></tr>
<tr><td>איההיותהה</td><td>יאההויהה</td></tr>
</table>

לְיַחֲדָא אוֹתִיּוֹת י"ה בּו"ה, בְּיִחוּדָא שְׁלִים

יְהֹו"ה

בְּשֵׁם כָּל יִשְׂרָאֵל, לְאֲקָמָא שְׁכִינְתָּא מֵעַפְרָא, הָרֵנִי לוֹמֵד בַּסֵּפֶר
קַבָּלָה פְּלוֹנִי שֶׁהוּא כְּנֶגֶד תִּפְאֶרֶת דֹז"א בְּעוֹלַם הָאֲצִילוּת שֶׁבּוֹ
שֵׁם מ"ה כְּזֶה יוֹ"ד הֵ"א וָא"ו הֵ"א לַעֲשׂוֹת מֶרְכָּבָה. וִיהִי רָצוֹן
מִלְּפָנֶיךָ ה' אֱלֹהֵינוּ וֵאלֹהֵי אֲבוֹתֵינוּ שֶׁתּוֹכֵךְ רוּחֵנוּ וְנַפְשֵׁינוּ שֶׁיְּהִי
רְאוּים לְעוֹרֵר מַיִן תַּתָּאִין עַל יְדֵי קְרִיאַת סֵפֶר הַקַּבָּלָה הַזֹּאת.
וִיהִי נֹעַם יְהוָה אֱלֹהֵינוּ עָלֵינוּ וּמַעֲשֵׂה יָדֵינוּ כּוֹנְנָה עָלֵינוּ וּמַעֲשֵׂה
יָדֵינוּ כּוֹנְנֵהוּ.

בָּרוּךְ ה' לְעוֹלָם אָמֵן וְאָמֵן, נֶצַח, סֶלָה, וָעֶד.

<u>שער ה' פרק ה'</u>

בל"ב נתיבות פליאות חכמה וכו'.

הנה העולם הוא מששה קצוות שהם מעלה ומטה וארבעה רוחות והם סוד זעיר אנפין הכולל ו'
קצוות והתחלתם מחסד כמ"ש אמרתי עולם חסד יבנה וגו'. הרי כי העולם הוא מחסד ולמטה
יען היות העולם כגוף אל הראש המתלבשת בסוד מוחין דזעיר אנפין בתוך מוחותיו והנה
הבורא עולם זה הוא חכמה ע"י שמזדווג עם אמא. ואבא נותן בה טפה שכלולה מחומר וצורה
וצריך שהחומר והצורה יהיה כ"א כלול מי' כי אין דבר פחות מי'. וז"ס זרע יעבדנו שמשעה
שנזרע נותן בה הצורה השכלית)נ"א שנזרעה נתנה הצורה בה(שהוא הנפש אשר בכחה
מצטייר החומר ונעשה אברים שהוא בית קיבול אל הנפש. דוגמת אומן הנופח בכלי זכוכית
וע"י הרוח הנכנס בתוכו מתפשט חומר הזכוכית ונעשה כלי. וז"ס ויפח באפיו נשמת חיים
כאומן הנופח בנפיחה תוך האפר והחומר. לכן הנפש משעת זריעה אינה נפרדת לעולם מהחומר
ואף כי אחרי מותו נפשו עליו תאבל עד תחיית המתים. וז"ש בתיקונים די' ע"א ונפשא איהי
כללא דאתוון ואיהי שותפא. דגופא ורוחא איהי כללא דנקודין דנהרין בעייניו. ובעניין זה יובן
מאמרי התיקונים כי פעם יאמר שאותיות הם גופין כנזכר שם קודם לזה וז"ל יזהירו אלין
נקודין דנהרין באתוון וכו' וכלהו נהרין בעייניו דגופא בגנתא דעדן וכן בתיקונים די"ו אמר
בפי' דאתוון אינון לגבי נקודים כגופא לגבי רוחא ובמקומות אחרים מצינו כי אותיות נפש
ונקודות רוח כנזכר די"ג. ולהבין העניין ג"כ נדקדק בדבריהם באומרו דאתוון לגבי נקודין
כגופא לגבי רוחא והרי הנפש מדריגה ממוצעת בין הגוף והרוח והל"ל כגופא לגבי נפשא. אך
העניין דע כי הטעמים הם מן הכתר ונקודות מן החכמה ותגין מג"ר דבינה ואותיות מז"ת שבה
וגם בזו"ן נמצא כי אותיות אחר שהם בזו"ן הנקרא גוף יען שהם כללות ז"ת דאצילות בכללות
נמצא כי אותיות נקרא גופא לעולם שהם הכלים והתגין הם ג"ר דאמא והם הנפש דאותיות
וכמו שהנפש אינה נפרדת לעולם מן הגוף כן התגין אינם נפרדין מאותיות בס"ת לעולם
משא"כ הנקודות וטעמים שאינם בס"ת רק ע"י קריאת אדם בס"ת והבן זה וז"ש לעיל ונפשא
איהי כללא דאתוון ושותפא דגופא. והענין כי התגין הם משתתפין ומתחברין בעצמות האותיות
שהם גוף והתגין הם כללות האותיות כי ג"ר דאמא הם כלולים מז"ת שהם האותיות וכללות
הז"ת נשרשין ונכללין בג"ר שהם התגין. ובעבור זה אין התגין רמוזין ונזכרין בתיקונים יען כי
הם ואותיות משתתפין יחד לכן לזמנין נקרא אותיות גופא כי כן הוא האמת ולזמנין נקרא נפש
בבחי' התגין שבהם. והנקודות הם רוח האותיות. וז"ש דל"ה דאתוון לגבי נקודין כגופא לגבי
רוחא והו"ל כאלו אמר כגופא ונפשא לגבי רוחא כי בהזכיר את הגוף ממילא הנפש בכלל כי
שותפין הם כנ"ל. ויובן ג"כ מה שכתב כי אתוון מבינה והיא מז"ת שבה אך תגין נפשא והוא
מג"ר שבה ולהיות התגין בחי' נפש וכל נפש בחי' מלכות ולכן אמרו שם דפ"ט דמלכות

אתעביד כתר דז"א בסוד התגין שע"ג אותיות שכבר ידעת כי נפש יתירה דאו"א היא כתר בראש ז"א בסוד כתר יתנו לך יי' אלהינו כנזכר בזוהר בפ' פנחס דרמ"ב.

ועתה נבאר עניינם דע כי הכלים שהם גוף דז"א הנקרא עולם הם בחינת אותיות ובהם נכללין התגין שהם הנפש. אמנם מן הכ"ב אותיות נעשה הגוף כולל י' שליטים שהם כחב"ד חג"ת נהי"ם כנזכר בהקדמה ב' די"ב וכן בדי"ל וז"ל וכמה גופין תקינת לון דאתקריאו גופין לגבי לבושין דמכסיין עליהון ואתקריאו בתיקונא דא חסד דרועא ימינא כו' ואח"כ נבאר איך מכ"ב אותיות נעשין י' תקונין. והנה להיות שהתגין משותפין באותיות לכן נכללין נפש וגוף יחד בכ"ב אתוון וכולן נקרא כ"ב בחי' אתוון והנקודות הם י' כמ"ש בע"ה והם בחי' רוח והם נקראו י"ס באמת בסוד השמים מספרים כי השמים הוא ז"א בחי' רוח הכולל י"ס המספרים ומזהירים למלכות הנקרא כבוד אל, כנזכר בפרשה תרומה דקל"ו ע"ב מאי מספרים כו' אלא דנהרין ונצצין בנצוצי דנקודה עלאה כו' הרי כי הספי' הם מחכמה נקודה עלאה גם מפסוק מונה מספר לכוכבים כי ת"ת נקרא מספר והוא רוח כמ"ש די"ו וקרינן לון י"ס ואח"כ אמר לבושין תקינת לון וכמה גופין תקינת לון כו' הרי כי י"ס הם עצמות שהם הנקודים שבתוך האותיות הנמשכין מחכמה עלאה)צמח אבא כנ"ל(הנקרא נקוד' עלאה ג"כ ועל שמה נקרא נקודות וז"ש אח"כ מלגאו איהו שם יו"ד ה"א וא"ו ה"א דאיהו באורח אצילות וידוע כי שם זה ג' גים' אד"ם הרמוז בחכמה כ"ח מ"ה כי הי"ס הן הן אותיות דשם מ"ה. וז"ש בזוהר והמשכילים אלין אתוון דכלילן בב' דבראשית ראשית נקודה בהיכליה ט' נקודין תליין מניה ואתקרון י"ס בלימה. וידוע כי ב' היא בבינה דמנה אתוון וראשית דא חכמה דמנה נקודין והם י"ס. והנה בתחלה הזריע האב והוא חכמה טפת חומר והוא האותיות שעליה נאמר והארץ היתה תהו ובהו כי מעכירת המים יצא חומר הראשון הנקרא תהו כמ"ש בס"י שלש מים מרוח חקק וחצב בהן כ"ב אותיות מן תהו ובהו ורפש וטיט. עשאן כמין ערוגה. הציבן כמין חומה. סבבן כמין מעזיבה. הרי כי חומר האותיות מן מים שבחכמה יצאו ותחילה נעשה תהו ואח"כ בהו ואח"כ נרשמו ונצטיירו. ויש אותיות עגולות כמין חומה ויש פרוסה וארוכה כמין מעזיבה ויש של בית קיבול כמין ערוגה ששוהה המים בתוכו. וז"ש כי לשלג יאמר הוי ארץ נמצא כי מעכירת המים שבחכמה יצא חומר)האותיות(הראשון הנקרא תהו ואח"כ נותן בבינה ונצטיירו במעי אמא ע"י חומר שבה ג"כ שהוא אפר של אש כי)כמו ל"ג(המים מימין שהוא חכמה וממנו יצא מעכירותיו הכ"ב אתוון ובהם ה"ח של מנצפ"ך הפשוטים הראשונים ונעשה עפר לובן מעכירות השלג לובן שבלבנון שהוא חכמה בסוד כי לשלג יאמר הוי ארץ. אך האש הוא בבינה ומעכירותה ושמריה יצא חומר הנקרא אודם והם ה' אותיות מנצפ"ך כפולים שהם ה"ג גים' אפ"ר כי אפר עכירות שמרי האש הוא ואז נצטייר גוף הולד ז"א במעי אמא בכ"ב אותיות דכורין וה' אותיות מנצפ"ך הכפולים נוקבין ומהם נוצר הולד. וגם בכ"ב אותיות דכורין יש בהם נוקבין כי החכמה יש בה בצד שמאלי שכולה נקבה כגון בג"ה מלכות לכן יש בשאר הכ"ב בחינת נוקבין אך בערך הכפולים נקרא כולן זכרים. ובזה תבין איך כל רמ"ח איברים שהם בחינת רמ"ח עצמות כולם מזכר המזריע לובן אך מאודם האשה אינו רק השחור שבעין והדם

שבתוך הגידין כו' אך כל העצמות שהם השרשים של רמ"ח איברים הם מאבא. והנה באותיות אלו משותפת הנפש הם תגין והיא מאימא כי אין הנפש נכנסת בחומר רק אחר שנזרע שהוא במעי אמא אך אבא לא נתן בו רק הנחומר הכ"ב אתוון שהם העצמות אך בהכרח היה בתוכה הכל דגרמי הנז' פ' שלח דף קס"ט כי ודאי טפת אבא לא היה רק חומר יבש רק קצת חיות בתוכה הנקרא הבל דגרמי והם סוד הש"ך ניצוצין דנפקי מחכמה דהיינו אבא כנודע אצלינו כי זה הוא מחובר חיבור גמור בעצמות אחר המיתה אך הנפש שהוא מצד אמא חופפת עליהם מלמעלה בסוד ונפשו עליו תאבל עליו דייקא כי כמו כשהזריע)נ"א שמזרע(אבא יצא חומר עם הבל דגרמי משותף יחד)לכן לא נפרדין לעולם ל"ג(כן לעולם אינן נפרדין אך הנפש באה אח"כ מאמא וחופפת על ההבל ואז בבטן אשה נכנסת הנפש בט' חדשים מעט מעט וכשנגמר נולד לכן גם אחר מיתה חופפת על עצמות ולא בתוכם כמו הבל דגרמי דאשתאר בחבורא גו גרמאי כנזכר בפ' שלח דקס"ט. ואע"פ שבדף ק"ע אמר זה על הנפש הכוונה הוא על הבל דגרמי וע"ש ואולי דגש ורפה הוא הבל דגרמו שאינם לא טעמים ולא נקודות ולא תגין כנזכר בתיקונים סוף תיקון ה' ולא קבלתי זה ממורי זלה"ה ועיין מה שחסר בסוף תי' כ"ח של כת"י שאמר כי הדגש והרפה הם הנפש ואפשר שהוא הבל דגרמי שהוא מכלל נפש וע"ש היטיב בענין דגש ורפה ואותיות ונקודות וטעמים שהם גוף ונר"ן. והנה הנקודות הם הי"ס שבתוכם שהם בחי' רוח והרי כ"ב אתוון והי"ס הם ל"ב נתיבות נמשכין מהחכמה שבהם נברא העולם שהוא ז"א וז"ש בל"ב נתיבות פליאות חכמה חקק והם י"ס בלימה וכ"ב אותיות יסוד כו' ונקרא יסוד לרמז לטפת חומר הזכר שהוא ראשון ויסוד שהם עצמות ואחר כך מצטייר באימא בה' אותיות מנצפ"ך הנקרא טפת אודם והבן זה למה זה נקרא תמיד בס"י לבחי' כ"ב אותיות יסוד.

והנה אלו הל"ב נתיבות הם זכרים מחכמה ונתונים באימא תוך מנצפ"ך שהם נ' שערים שבה כי כ"א כלולה מי' הרי נ' ולכן נקרא שערים יען הם פתחים ונקבים של אימא הנקרא נקבה כי הנקבה שעריה פתוחים לקבל בתוכה נתיבות חכמה. ובזה תבין היות גבורות מנצפ"ך נקבות וגבורות ש"ך ניצוצין שהם הבל דגרמי דכורין. והנה יש ב' בחי' של י"ס י"ס דבחי' נפש וא' י"ס דרוח והנה כשאנו מזכירין האותיות שהם הגופין כלי הנפש נמצא כי הנפש הם י"ס שלהם ובין כולם הם ל"ב בחי' שהם ל"ב אלהים דקטנות שכבר ידעת כי כלים ונפש הם כולם בחי' אלהים דקטנות. אך יש הפרש כי י' אלהים שהם כנגד הנפש הם יותר מעולים ונזכר בתיקונים כת"י החסר והכ"ב אחרים הם כנגד הגוף שהם כ"ב אתוון ומאלו הל"ב אלהים מתקבץ הארתם בצאתם מהחכמה שהוא מוחא לגבי לבא ונעשה ל"ב כמנין ל"ב נתיבות החכמה ולכן הלב הוא אש שורף כי הוא האלהים דקטנות אך הקול שבתוכו הוא שם הוי"ה שהוא בחי' הרוח השורה בלב שהוא הנקודות העושים דפיקו מכח הנקודות כנזכר דס"ט ופ"ט וכד ייתי רוחא לגבי לבא דתמן נפשא אתמר ביה קול דודי דופק. והבן זה היטב כי הנפש והרוח הם שניהם בלב זה רוח וזה דם בסוד כי הדם הוא הנפש טיפת אודם דנוקבא והכלי הוא בשר הלב עצמו שהוא האותיות ובבוא הרוח אזי הם הוי"ת דגדלות ולא אלהים דקטנות. והנה אז נשלם שם מ"ב שהם ל"ב נתיבות גוף ונפש וי' אמירן שהם י"ס דרוח דגדלות כנזכר דכ"ב ע"ש

היטיב איך)הנקודות והאותיות ל"ג(הנקודה והחוט.)ותגא דעל חוטא(הם ל"ב שבילין ותגא דעליה י' הרי מ"ב. והוא סוד י"ס הרוח שהם נק' באמת י"ס אך י"ס דנפש הוא שם מושאל כי עיקר י"ס הוא הרוח והוא שם מ"ה. כידוע כי שם ב"ן נפש ושם מ"ה רוח כנזכר די"ב כי מלגאו איהו שם מ"ה. ובזה תבין מ"ש בזוהר דנ"ז ע"ב וכד אית בישראל משכילים בחכמה דאיהו יו"ד מחשבה עלאה ידעין לזרקא להאי אבנא להויא אתר דאתגזר. והענין כי כשעולין זו"ן בסוד מ"ד ומ"ן לגבי או"א ז"א באבא ונוקבא באימא אין עולה רק בחי' הרוח שבהם שהם אלו הנקודים שהם י"ס דרוח כי בחי' הגוף והנפש שלהם נשארין במקומן לעולם ולהיות כי אלו הנקודות שרשם מחכמה כמ"ש שם ידעין לזרקא להאי אתר דאתגזרת וידוע כי הנקודות נקבות נקרא אור חוזר אף שהוא בחי' ז"א מפני שהוא אור חוזר שבו. לכן נקרא אבנים נקבות עם שהם בחי' ז"א שהוא זכר. וז"ס בידך אפקיד רוחי כי הרוח עולה בסוד מ"ן למעלה אך הנפש נשארה למטה עם הגוף. אמנם מה שהיתה הנפש מתפשט תוך הגוף בשס"ה גידין שהוא דם בסוד כי הדם הוא הנפש עתה מסתלק משם ונאמר אני ישנ"ה כי השס"ה גידין של דם הוא מהנקבה הנקרא אני והם הישנים ומסתלק כל כח הנפש בתוך הלב לבדו. ובזה תבין למה האדם מתעורר תכף מתוך שינתו כי אין לו צורך רק שיתפשט מן הלב בתוך הגידין וזה סיבת אדם המצטער כשידיו מונחת על לבו בשינתו כי הנפש אינה יכולה לדפוק ע"י הדם בשאר איברים ואז האדם צועק ואינו יכול לקום מאליו עד שיקראוהו ויעורר נפשו ואז יכול להתפשט באיבריו בכח חוזק הקריאה. וז"ס פ' פנחס דף רכ"ב כי בלילה תרעין דג"ע סתימין דאינון עיינין דלבא כגוונא דתיבת נח דכל נהורין סתימין בגווה ואינון מלאכין דמתפשטין בכל איברי דגופא כולהו סתימין בלבא כי הנפש יש בה אחיזה להקליפות בהיותן בלי רוח בסוד גם בלא דעת נפש לא טוב לכן נסגרת ונסתמת היא וכחותיה תוך הלב מפני מי המבול הם המזיקין. והענין כי בהיותה מתפשטת נאחזים בה ובהסגירה אין מי שיוכל לינק משם בסוד גן נעול אחותי כלה גל נעול מעין חתום והבן זה בסוד חותם בתוך חותם שצריך ליין כדי שלא יתנסך. והבן איך קרא לכוחות דנפש מלאכים שהם שלוחי הדם וורידי הנפש להחיות הגוף והם בחי' האותיות כנזכר בתיקונים דכ"ג אית מלאכין דמשמשין לאילין נקודין ואינון אתוון. והנה כמו שהי"ס נעשין ז' היכלות כי היכל הא' הוא נקרא ק"ק כולל ג"ר כך אלו הי"ס של הרוח)שהן הוי"ת(הן י' הוי"ת בנקודות מחולפין כנזכר בתיקונים דף קכ"ח ולפעמים נקרא ז' הויות ע"ד ז' היכלין והן הן ז' הויות ז' קולות דנפקי מלבא הנזכר במזמור הבו לה' בני אלים וכו' ז' הבלים דנפקי מלבא והם בחי' י' אמירן כי הנפש בחי' דבור והרוח בחי' אמירה לכן נקרא אלו י"ס דבחי' רוח בחי' י' אמירן הנזכר דס"ג בסוד אומר ועושה. אומר אבא בסוד הויו"ת. ועושה אמא בסוד אלהי"ם הנזכר בדקפ"ד ודק"ד ע"א ע"ש בב' נוסחאות כי שם מ"ב הוא ל"ב אלהי"ם וי' אמירן שהם הויו"ת.

פרק ה'

דרוש זה מקורו מספר קהילת יעקב וצריך לכתוב מ"ב בראש הדרוש.

בספר ע"ח הרב ז"ל מבאר את מעשה מרכבה, ולא מתעסק בספר יצירה או בקבלה מעשית, לעומת זה ספר היצירה עם כל המפרשים החונים עליו, ובכלל המפרשים רבינו האר"י הקדוש, ורבינו חיים ויטאל[16], ברובד הפנימי ביותר שלו **מלמד את האדם להיות בורא עולם**, כלומר לפעול פעולות בדרך צרוף אותיות ושמות הקודש, האסורים לנו מכח[17]

16

לרב חיים ויטאל יש פרוש נפרד לספר היצירה משאר הכתבים שלו, את פרושו של מהרח"ו לספר יצירה תמצא בכתבים החדשים לרבי חיים ויטאל בהוצאת "אהבת שלום".

17

שער המצוות, פרשת שמות די"א ע"ב – איסור להגות השם בכתבו, ואיסור קבלה מעשית, כתיב - זה שמי לעולם, לעולם כתיב, כמו שאמרו רז"ל. אמר לי מורי זלה"ה כי אמיתות פירוש דבר זה הוא שלא יקרא ארבע אותיות ההוי"ה ככתבן בלי מילוי. אבל אם גם יקראנו במילוי כזה - יו"ד ה"א וי"ו ה"י, גם זה בכלל ההוגה את השם באותיותיו. **ובענין קבלה מעשית**, מה שהוא שימוש האדם לעשות דברים נפלאים, ע"י השבעת שמות הקדש, כל העושה השבעות אלו גורם שיביאו תמיד בפיו ברכות לבטלה, כי עבירה גוררת עבירה, ואותם המלאכים שהוא משביען בעל כרחן מתגרים בו, ומביאים אותו לידי ברכות לבטלה. ושאלתי למורי ז"ל שהרי ראינו דורות הראשונים שהיו משתמשין בשמות כנזכר, ובפרט כפי הנמצא כתוב בספר פרקי היכלות, שהיו משתמשין בהם רבי ישמעאל ורבי עקיבא, לענין פתיחת הלב והזכירה, והשיב לי כי הם היו נטהרים באפר פרה, כנזכר בענין רבי טרפון שהיה מטהר הטמאים באפר פרה, אע"פ שהוא היה אחר חורבן בית שני, אבל עתה אנו כולנו טמאים לנפש אדם, ואין לנו רשות להשתמש בהם, ושמעתי בשם מורי זלה"ה, תשובה אחרת והיא זו כי כל מי שיתקיים בו על כן עלמות אהבוך, כפי הפירוש שפירשו בו רז"ל (ע"ז דל"ה ע"ב) אל תקרי עלמות אלא על מו"ת, ור"ל כי כל מי שאפילו המקטרגים אוהבים אותו, מפני שאין בו שום חטא שיוכלו לקטרג עליו, ואפילו מלאך המות נעשה אוהבו, מותר וראוי לו שישתמש בשמותיו יתברך הקדושים, אבל מי שיוכלו לקטרג עליו מלמעלה, לומר ראה פלוני שעבר עבירה פלונית, והוא משתמש בשמותיך הקדושים, הנה אדם זה הוא ודאי שיעניישוהו אותו למעלה אם ישתמש בשמות הקדש. עוד שמעתי בשם מורי זלה"ה, והוא כי כל השמות והקמעים אשר בזמננו הם מוטעים, אפילו אותם הפועלים בנסיון אמיתי, ולכן האדם המשתמש בהם נענש, אבל אם היינו יודעים אותם על מתכונתם, היינו יכולים להשתמש בהם.

ע"ח הקדמת רבי חיים ויטאל, ד"ד ע"ג - והנה היום אביא חידות ונפלאות תמים דעים, כי בכל דור ודור הפליא חסדו אתנו אל ה' ויאר לנו, על ידי השרידים אשר ה' קורא בכל דור ודור כנזכר, וגם בדורינו זה אלוה"י הראשונים והאחרונים, לא השבית גואל מישראל, ויקנא לארצו, ויחמול על עמו, וישלח לנו עיר וקדיש מן שמיא נחית, הרב הגדול האלה"י החסיד מורי ורבי כמהר"ר יצחק לוריא אשכנזי זלה"ה. מלא תורה כרמון, במקרא, במשנה, בתלמוד, בפלפול, במדרשים, והגדות. במעשה בראשית, במעשה מרכבה, בקי בשיחת אילנות, בשיחת עופות, בשיחת מלאכים, מכיר בחכמת הפרצוף הנזכר כרשב"י בפרשה ואתה תחזה, יודע בכל מעשי בני אדם שעשו, ושעתידים לעשות, יודע במחשבות בני אדם טרם יוציאוום מן הכח אל הפועל, יודע עתידות וכל הדברים ההווים בכל הארץ, ולמה שנגזר תמיד בשמים. יודע בחכמת הגלגול, מי חדש, ומי ישן, ואיפת האיש ההוא באיזה מקום תלויה באדם העליון, ובאדם הראשון התחתון. יודע בשלהבת הנר, ולהבת אש דברים נפלאים. מסתכל וצופה בעיניו נשמות הצדיקים הראשונים, והאחרונים, ומתעסק עמהם בחכמת האמת. מכיר בריח האדם כל מעשיו על דרך ההוא ינוקא בפרשת בלק. וכל החכמות הנזכרים היו אצלו כמונחים בחיקו, בכל עת שירצה בלתי יצטרך להתבודד ולחקור עליהם, ועיני ראו ולא זר דברים מבהילים, לא נראו ולא נשמעו בכל הארץ מימי רשב"י ע"ה ועד הנה. **וכל זה השיג שלא על ידי שמוש קבלת מעשיות ח"ו, כי איסור גדול יש בשמושם.** אמנם כל זה היה מעצמו על ידי חסידותו ופרישותו, אחרי התעסקו ימים ושנים

גזרת הרב ז"ל, מפני שכולנו היום טמאי מתים, ואין לנו אפר פרה אדומה להיטהר בו. עם[18] כל זאת חכמי הגמרא השתמשו בספר יצירה. בפרק זה הרב ז"ל מבאר פשט המשנה הראשונה בספר יצירה.

בדרך כלל הרב ז"ל לא מתעסק בע"ח בספר היצירה. בעיקרון דרוש זה לא משקף את הדרושים הנפלאים בספר ע"ח. ביאור המשנה הזאת היא על פי המוסגים המובאים בספר הקדוש ע"ח. צריך[19] לדעת שבכל עולם ועולם, ובכל פרצוף ופרצוף יש בחינת חומר וצורה, שהם עצמות וכלים, שהם נשמה וגוף. בדרוש זה הרב ז"ל מבאר לידת ז"א שהוא סוד בריאת העולם)וממנו תקיש לשאר העולמות והפרצופים(, וסוד הטיפה שהיא חומר וצורה דאבא ואימא, נקודות, תגין, ואותיות, העלאת מ"ן ומ"ד, סוד השינה, דפיקות הלב, ועוד.

דרוש זה מלא פרטים, ופרטי פרטים ביסודות תורת האמת, והשקפה ראשונה נראה שהפרטים לא מתחברים לדרוש שלם, אך עיון עמוק בדרוש, הפרטים מתחברים לאחד מהדרושים הנפלאים של רבינו חיים ויטאל זלה"ה.

רבים בספרים חדשים, גם ישנים, בחכמה הזאת. ועליהם הוסיף חסידות, ופרישות, וטהרה, וקדושה, היא הביאתו לידי אליהו הנביא שהיה נגלה אליו תמיד, ומדבר עמו פה אל פה ולמדו זאת החכמה. **שערי קדושה חלק ג' שער ו'** – וזהו סוד שמוש פרקי היכלות, שנשתמשו בו רבי נחוניא, ורבי עקיבא, ורבי ישמעאל, ואנשי כנסת הגדולה, ואחר כך נשתכחו גם דרכי השמושים ההם. ועוד אחרת **כי נאבד טהרת אפר פרה** בזמן האמוראים עד זמן אביי ורבא, כנזכר בתלמוד, ולכן לא נשתמשו מאז ואילך בעלית הפרד"ס. ומאז ואילך נשתמשו בשמושי עולם העשיה לבדה, ולהיותו עולם השפל מכולם, וגם כי המלאכים שבה מעוטן טוב ורובן רע, ולא עוד אלא שהטוב והרע מתדבקים יחד מאד, לכן אין בו השגה כלל, כי אי אפשר להשיג טוב לבדו ולכן מעורבת ההשגה בטוב ורע, אמת ושקר. **וזהו סוד ענין קבלה מעשית. ולכן אסור להשתמש בה, כי בהכרח יתדבק גם ברע המתדבק בטוב**, וחושב לטהר נפשו ומטנפה בסבת הרע ההוא, וגם אפילו שישיג, הוא אמת בתערובת שקר, ובפרט כי אין אפר פרה מצויה, וטומאת הקליפות מתדבקות באדם המתקרב להשיג על ידי קבלה מעשית, **ולכן שומר נפשו ירחק מהם**, כי מלבד שמטמא נפשו יענש בגהינם, ואף גם בעולם הזה, **קבלה בידינו כי יעני או הוא או זרעו או יחלה בחולאים הוא או זרעו או ישתמד הוא או זרעו**. וקח ראיה מרבי יוסף דילא ריינה, ורבי שלמה מולכו, שנשתמשו בקבלה מעשית ונאבדו מן העולם, וכל זה לסבה הנזכרת כי אין טוב בלתי רע, ולא עוד אלא שמכריחים אותן בעל כרחן על ידי השבעות, ואז מפתים אותן ומטין אותן לדרכים לא טובים, עד שמאבדים נפשם. **וגדולה מזו כי כל דרכי ההשבעות האלו העלימום הראשונים, ואין אנו בקיאים היטב בדרכיהן**, וראוי להתרחק מהם בתכלית

[18]

גמרא סנהדרין דס"ה ע"ב - רב חנינא ורב אושעיא)שהיו חכמים עניים ביותר(הוו יתבי כל מעלי שבתא)היו יושבים בכל ערב שבת(ועסקו בספר יצירה)ועסקו בספר היצירה(, ומיברו להו עיגלא תילתא)והיו בוראים עגל שלישי – כלומר העגל שנולד שלישי לפרה הוא יותר טעים ומשובח מכל העגלים שנולדים לאותה פרה(, ואכלי ליה)והיו אוכלים אותו לכבוד שבת(.

[19]

ע"ח ח"ב ש"ן פ"י דקי"ז ע"ד – והנה נתבאר ענין כחות נפש האדם אשר בו מארבע יסודותיו, ועתה נבאר בנפש השכל האמיתי שכל מגמתה אינו אלא בעניני המצות לקיים רצון קונו יתברך שמו, והיא באה מעשרה גלגלי דעשיה, הנקרא אופנים, וגם היא כלולה מארבע כוחות, שהם ארבעה יסודות העליונות של השמים ההם, וכל אחד מהם מורכב גם כן מחומר וצורה. אחר כך קונה רוח השכלי מעולם היצירה, אשר בו עשרה כתות מלאכין, ונכללין בארבעה יסודות אשר שם, מורכבים מחומר צורה. אחר כך קונה נשמה מבריאה, שיש בה עשרה דרגין, נכללין בארבעה יסודות אשר שם, מורכב מחומר וצורה. וכל שלשה אלו נקרא עבד להשם יתברך. ואחר כך זוכה לנרנ"ח מן האצילות, מארבעה יסודות אשר שם, ואז נקרא בן אל השם יתברך. וכבר נתבאר שבכל עולם יש חמשה בחינות א"א, ואו"א, וזו"ן, אלא שכיון שא"א אין לו אות בפני עצמו, אלא נרמז בקוצו של י', לכן אין אנו מונין עתה אלא ארבעה בחינות לבד, נגד ארבעה אותיות הוי"ה שבכל עולם, והם בחינת ארבעה יסודות שבכל עולם. **גם דע שבכל עולם יש חומר וצורה שהם עצמות וכלים**, אלא שהכלים של עולם העליון הם אור וצורה בערך עולם שלמטה ממנו.

עוד צריך לדעת כי הרב ז"ל מביא משלים מהעולם הזה, הרומזים על הולדת זו"ן דאצילות, לדוגמא הזרעת הטיפה, עיבור, לידה, מיתה ועוד. והמשלים האלו הם משלים בעלמא[20] מהעולם הגשמי, ושורשם בעולמות הרוחנים.

ספר יצירה פותח במשנה – בל"ב[21] נתיבות פלאות[22] חכמה, וכו'[23].

הנה[24] **העולם**[25] הרומז לפרצוף ז"א **הוא בששה קצוות**[26]**, שהם**[27] **מעלה, ומטה, וארבעה רוחות** והם דרום, מזרח, צפון, מערב, **והם סוד** פרצוף **זעיר אנפין** דאצילות **הכולל**

20

ע"ח שי"ח פ"א מ"ת דפ"ה ע"ד – ודע כלל זה כי כל מה שיש בעולם הזה, הכל הוא כדוגמת מה שהיה באלו ז' מלכים, ואין כל חדש תחת השמש, ומיתת המלכים ותיקונם, הוא ענין תחית המתים להם, וכך יהיה לגופים השפלים בעולם הזה לעתיד לבוא.

21

כרם שלמה ש"ה פ"ה, הקדמה – בל"ב נתיבות פליאות חכמה, זה הפרק בא לפרש משנה זו של ספר יצירה, והוא פרק א' שלו, שאמר בל"ב נתיבות פליאות חכמה חקק י"ה, הוי"ה, צבאות וכו', וברא את עולמו וכו', והם עשר ספירות בלימה, ועשרים ושתים אותיות, כמבואר שם, סך הכל ל"ב, כמו שמפרש ואזיל מה הי' ספירות בלימה, ומה הם הכ"ב אותיות.

22

הגהות וביאורים)יג(– משנה הוא בספר יצירה.

23

ספר יצירה פ"א משנה א' – בשלשים ושתים נתיבות פליאות חכמה, חקק י"ה, הו"ה, צבאו"ת, אלה"י ישראל, אלהי"ם חיים, ומלך עולם, א"ל שד"י, רחום וחנון, רם ונשא, שוכן עד וקדוש שמו, מרום וקדוש הוא, וברא את עולמו בשלשה ספרים, בספר וספר וספור.

24

הרב כותב כי העולם שהוא רומז על ז"א כולל ששה קצות, והם מעלה – נצח, מטה – הוד, דרום –חסד, צפון – גבורה, מזרח – תפארת, מערב – יסוד. כמו שמובא בכוונות הנענועים דלולב. וכמו שמביא הרב כרם שלמה. הבעיה היא כי לפי דברי הרב, ולפי פירושו של הכרם שלמה, היסוד הוא במערב, אבל קיימא לן שהשכינה במערב, והשכינה היא ספירת המלכות. יש שהרב כותב כי הסוד נקרא מערב, מפני שהוא מערב את החסדים עם הגבורות. לכן איך אפשר לתרץ את הקושיה הזאת, מצד אחד – המלכות במערב, ומצד שני – היסוד במערב. אפשר לתרץ זאת על פי דרוש הדעת, לפי דרוש הדעת חב"ד בכללות הם בחינת נשמה, והם מתחלקים בפרטות, כאשר חכמה היא בחינת נשמה, בינה בחינת רוח, ודעת נפש, ושלושתם הם כללות הנשמה. חג"ת בכללות הם בחינת רוח, והם מתחלקים בפרטות, כאשר חסד הוא בחינת נשמה, גבורה בחינת רוח, ותפארת בחינת נפש, ושלושתם הם כללות רוח. ונה"י בכללות הם בחינת נפש. והם מתחלקים בפרטות, כאשר הנצח הוא בחינת נשמה, ההוד בחינת רוח, והיסוד נפש, ושלושתם הם כללות הנפש. וידוע כי בחינת נפש בספירות היא המלכות. יוצא לפי דרוש הדעת כי כללות הנה"י, שהם נצח, הוד, **יסוד**, הם נפש, והם בחינת מלכות. ובפרטות הנה"י, **היסוד הוא בחינת נפש.** לפי הדרוש הקדוש "דרוש הדעת" בחינת היסוד הוא בחינת נפש, ובכל מקום המלכות היא בחינת נפש, לכן אפשר לתרץ שגם המלכות וגם היסוד במערב.

תרוץ נפלא מהרב ע. אסייג שליט"א רב הקהילה הספרדית דטורונטו, ידוע כי דעת רבינו האר"י על מאמר חז"ל כל הנותן מיטתו בין צפון לדרום הויין ליה בנים זכרים. דעת מרן, וכן הרמב"ם היא כפשוטו, הראש צריך להיות בצפון, והרגלים בדרום. דעת המלך האר"י ז"ל הכוונה לצפון ודרום הם זרועות האדם, ר"ל הראש במזרח, יד ימין בדרום, יד שמאל בצפון, והרגלים במערב. ידוע כי היסוד עצמו הוא בחינת רגלים, בסוד רד לביתך ורחץ רגליך. לפי תרוץ זה היסוד הוא במערב.

אבן שלמה על שיר השירים לרי"ח הטוב פ"ד פסוק ה' – ...תאומי צביה הרועים בשושנים. ירמוז, הטעם שנקרת כנסת ישראל **תאומי צביה,** הוא על דרך מה שכתב מהר"ן שפירא זיע"א, שיש י"ב שבטים שיש להם י"ב צירופי הוי"ה ב"ה, לכל שבט ושבט יש לו צירוף בפני עצמו. וזה סוד - **שכינה במערב.** כתב האר"י זיע"א

- שהיא כלולה מי"ב צירופי הוי"ה שהוא בגימטריא **מערב**, ומזה מאירים לישראל, ושיבוא להם אורות מי"ב צירופי הוי"ה, ומאירים לישראל, עיין שם, עד כאן דבריו. ולכן זהו הטעם שנקראת **צביה** כי **צביה** ראשי תיבות **י"ב צירופי הוי"ה**, שהיא כלולה מי"ב צירופי הוי"ה ב"ה....

תרשים ה - א.

גמרא בבא בתרא דכ"ה ע"א - ואף רבי ישמעאל סבר שכינה בכל מקום, דתנא דבי רבי ישמעאל מנין ששכינה בכל מקום, שנאמר – הנה המלאך הדובר בי יוצא, ומלאך אחר יוצא לקראתו, אחריו לא נאמר אלא לקראתו, מלמד ששכינה בכל מקום. ואף רב ששת סבר שכינה בכל מקום, דאמר לו רב ששת לשמעיה, לכל רוחתא אוקמן, לבר ממזרח, ולאו משום דלית ביה שכינה, אלא משום דמורו בה מיני, ורבי אבהו אמר – **שכינה במערב.**

ע"ח שי"א פ"ד דנ"א ע"ד - אח"כ נתקן ז"א, ואמנם בזמן הגדלתו כנודע אז נזדווגו או"א, ואבא הוציא טפת המוחין שלו, ובעברה הטפה בו דרך הו"ק דאבא מחסד שבו עד יסוד שבו, נתערבה שם עם חסדים המתפשטין שם, ולקחה ה' חסדים, וכשירדה הטפה זו עד יסוד דאבא נעשו כל ה' חסדים חיבור חסד אחד. וכן על דרך זה באמא עטרה דגבורה. ואחר כך כשנתלבשו המוחין תוך נה"י דאו"א, לכנוס בריׁשא דז"א, אז נתלבשו נה"י בנה"י, ואז יסוד אבא נתלבש ביסוד אמא, ונתערבו שם יחד החו"ג כנודע, **לכן נקרא היסוד מערב,** כי שם הוא עירוב החו"ג יחד, עד כאן.

ע"ח ח"ב שמ"ב פ"א, בעולם העשיה דצ"ה ע"ג - וסוד הענין שהנה ארץ הזאת יש בה פרצוף כנ"ל, ויש בה זרועות, והנה בינה כל רחמי דילה לעלמא דאתי נותנת לגן עדן הארץ ,שהוא זרוע הימיני, לכן גן עדן הארץ הוא לצד דרום הישוב, באמצע העולם ממש. וכנגד זרוע שמאל הוא גהינם הארץ, לצפון הישוב, אלא שהוא נחלק לז' מדורין, נגד ז' ארעאין כנודע, כי בארץ התחתונה שהיא מלכות דמלכות דעשיה, תמן להט החרב לרשיעייא. ובזה תבין שגהינם הוא זרוע שמאל, והיא צפון, והיא מלכות, וגן עדן הוא בדרום ימין, והוא זרוע ימין, והיא בינה דמלכות. לכן כמו שיש ורידין ומקרות אל רחם האשה, כן לכל האיברים יש לה ורידין ההולכים)כן הארץ יש לה ורידים ההולכים(אל זרוע ימין, והם הדרכים הפתוחים מארץ ישראל לגן עדן שהוא דרך חברון במערה האבות, כי חברון הוא בדרום ירושלים. וכנגדם פתח לגהינם כמו שכתוב – ותנור לו בירושלים, והנה בהיותם זרוע ימיני לדרום, וזרוע שמאל לצפון, ודאי שפניה למזרח, ואחוריה למערב, וראשה לשמים שהם ט' ספירה שבה כנ"ל, ולכן נברא אדם הראשון הזכר פניו למזרח, ובאחוריו נקבה, פניה למערב, וזה סוד **שכינה במערב.**

שער הכוונות, דרושי חג הסוכות, הקדמה –גם סדר הנענועים הם בו"ק, על דרך ו' צירופי יהו' הנזכרים בספר יצירה, וגם נזכר בספר הזהר בפרשת ויקרא, ברעיא מהימנא בדף י"ז ע"א, והנה הם כסדר הו"ק ממש דז"א, שהם חג"ת נה"י, ולכן נענוע הא' הוא לצד דרום כנגד החסד, ואחר כך נענוע הב' הוא לצד צפון שהוא בגבורה, והג' במזרח שהיא בתפארת, והד' והה' מעלה ומטה שהם שחקים, נצח, והוד, זה על גב זה, והו' הוא **במערב שהוא היסוד, שעליו אמרו שכינה במערב.**

נהר שלום, דרוש הדעת דמ"א ע"ג ונתחיל מן הראשון הנה ספירת הכתר היא נשמת האצילות, ונחלק לג' מוחין חב"ד, שהם נר"ן, ג' חלקי הנשמה. כיצד, עתיק ונוקבא חו"ב, והם נשמה ורוח, ואריך ונוקבא הם זו"ן שבכתר, ונקרא דעת ונפש, ושלשתם ג' חלקי הנשמה. אחר כך רוח דאצילות, הם רוח דאצילות, ונחלקים לג' מוחין חב"ד, שהם נר"ן, ג' חלקי הרוח, כיצד או"א חו"ב, והם נשמה ורוח, והדעת שהוא זו"ן שבהם, שהם ישסו"ת נקרא נפש, ושלשתם שלשה חלקי הרוח. ואחר כך ספירת הדעת היא נפש דאצילות, ונחלק לשלשה מוחין חב"ד, שהם נר"ן, ג' חלקי הנפש, כיצד זו"ן חו"ב, והם נשמה ורוח, והדעת של הדעת שהוא זו"ן, שבהם הם יעקב ולאה, ונקראים נפש, ושלשתם הם ג' חלקי הנפש.

כרם שלמה ש"ה פ"ה אות א' - הנה העולם הוא משישה קצוות, שהם מעלה ומטה וארבע רוחות, והם סוד ז"א הכולל ששה קצוות, והתחלתם מחסד, כמו שכתוב אמרתי עולם חסד יבנה, וכו'. והנה הרב ז"ל מדבר על הז"א דאצילות הנקרא עולם, והעולם הזה הואיל והיא מתנהגת על ידו, נקראת כשמו שהיא עולם, אבל עיקר השם של עולם היא היא על הז"א דאצילות, שנאמר אמרתי עולם חסד יבנה וכו', וכמו שז"א דאצילות הוא ו"ק שהם חג"ת נה"י, והם נקראים מעלה ומטה, וארבע רוחות, דהיינו הנצח למעלה, וההוד למטה, והיסוד במערב, והתפארת מזרח, והחסד דרום, והגבורה צפון. וכן העולם הזה שהיא מתנהגת על ידו, יש בה מעלה ומטה, שהם

ו' **קְצָווֹת**[28] וז"א הוא שורש לעולם הגשמי שלנו • **וְהִתְגַּלְגְּלֻתָם** של ו"ק הם **בְּחֶסֶד** דאצילות ולמטה, והוא[29] פרצוף אבא לפי דרוש הדעת, **כְּמוֹ שֶׁכָּתוּב**[30] **אָמַרְתִּי עוֹלָם חֶסֶד יִבָּנֶה וְגוֹ'** כי עיקר ההנהגת

נצח והוד, ומזרח, ודרום, וצפון, שהם חג"ת, ומערב שהוא יסוד, וזה מה שכתב כאן והם סוד ז"א הכולל ו"ק, ר"ל אלו הו' רוחות של העולם הזה, הם כנגד ז"א הכולל ו"ק.

במדבר רבה פרשה ב' י' - **מערב** אוצרות שלג ואוצרות ברד וקור וחום, וכנגדן אפרים ובנימין ומנשה, ומי יעמוד לפני שלג וברד אפרים ומנשה ובנימין, שנאמר לפני אפרים ומנשה ובנימין עוררה את גבורתך, **ושכינה לעולם במערב**, בגבול בנימין שנאמר לבנימין אמר ידיד וגו'.

גמרא ברכות ד"ה ע"ב – אמר רבי יצחק כל הנותן מטתו בין צפון לדרום, הויין ליה בנים זכרים, שנאמר וצפונך תמלא בטנם ישבעו בנים.

שולחן ערוך אורח חיים סעיף ג' סימן ו' - וכן אסור לישן בין מזרח למערב אם אשתו עמו. ונכון להזהר אפילו כשאין אשתו עמו.

משנה תורה לרמב"ם, הלכות בית הבחירה פ"ז ה"ט - אסור לאדם לעולם שייפנה או שיישן, בין מזרח למערב, ואין צריך לומר, שאין קובעין בית הכיסא בין מזרח למערב בכל מקום, מפני שההיכל במערב. לפיכך לא ייפנה לא למערב ולא למזרח, שהוא כנגד המערב, אלא בין צפון לדרום נפנים, ויישנים. וכל המטיל מים מן הצופים ולפנים, יישב ופניו כלפי הקודש, או יסלק הקודש לצדדין.

שער המצות, פרשת בראשית – וענין נתינת המיטה בין צפון לדרום, הוא דוגמת אדם הראשון שנברא, וכדוגמא שיעור קומה העליונה. ראשו למזרח כנגד הדעת הנקרא מזרח, ממזרח אביא זרעך, **ורגליו למערב** יסוד ומלכות כנזכר אצלינו בעניין נטילת הלולב, וידו הימנית בדרום, שהוא החסד. ויד השמאלית בצפון, שהיא הגבורה.

שמואל ב י"א ח' – ויאמר דוד לאוריה רד לביתך ורחץ רגליך ויצא אוריה מבית המלך ותצא אחריו משאת המלך.
25

בית לחם יהודה ש"ה פ"ה - כל הציונים שעל התיקונים הנזכרים בפרקין כולם הם מוטעים, ואגב אורחין נציין אותם כפי דפי התיקונים של דפוס ליוורנו, לפי שהם נמצאים ביד הכל.
26

ששה קצוות אלו רמוזים בנענועי הלולב.

שער הכוונות, דרושי חג הסוכות, הקדמה – גם תזהר שלעולם תקח הלולב ותנענעו דרך גדילתו, שהוא שרשו למטה וראשו כלפי מעלה, אפילו בעת שתתנענע נגד מטה, שלא כאותם הנוהגים אז לכוף ראש הלולב כלפי מטה, והשורש בידיהן כלפי מעלה, אבל תניח הלולב כמו שהוא, ראשו למעלה, וסופו למטה, אלא שתשפיל ידיך יותר למטה ממקומם, ושם תנענע הלולב ג' פעמים ראשו למעלה וסופו למטה. והטעם יובן במה שכתוב בדרושים של הלולב, שכוונת הנענועים היא להמשיך הארת הדעת למטה, והו"ק כולם הם בדעת. ונמצא כי אפילו בנענוע של מטה של הדעת, הנה הוא למעלה מראש הלולב, שהוא למטה בגופא דז"א, כמו שכתוב במקומו. גם סדר הנענועים הם בו"ק, על דרך ו' צירופי יהו' הנזכרים בספר יצירה, וגם נזכר בספר הזהר בפרשת ויקרא, ברעיא מהימנא בדף י"ז ע"א, והנה הם כסדר הו"ק ממש חג"ת דז"א, שהם חג"ת נה"י, ולכן נענוע הא' הוא לצד **דרום** כנגד החסד, ואחר כך נענוע הב' הוא לצד **צפון** שהוא לצד הגבורה, והג' **במזרח** שהיא בתפארת, והד' והה' **מעלה ומטה** שהם שחקים, נצח, והוד, זה על גב זה, והו' הוא **במערב** שהוא היסוד, שעליו אמרו שכינה במערב.
27

הסדר לא כמו שכתב הרב כאן, אלא הסדר הוא, דרום, צפון, מזרח, מעלה, מטה, מערב. והוא כסדר חג"ת נה"י.
28

ידוע כי ז"א כולל י' ספירות ולא רק ו' ספירות, רק שבבחינת הג"ר שלו באים לו כתוספת.
29

התחתונים היא על ידי ז"א, וחסד היא הספירה הראשונה דז"א. **הרי כי הָעוֹלם הוא מיוסד ולמטה[31], יעַ[32] הֱיוֹת הָעוֹלם** שהוא ז"א **כּגוּף אל הָראש** שהם חב"ד[33], לכן הראש

הרב התחיל את ששה הקצוות של העולם בסדר מעלה, מטה, וארבעה רוחות, למדנו שמעלה מטה הם נצח והוד, וארבע רוחות הם חג"ת. לפי זה על הרב להתחיל את ו"ק מלמעלה, שהיא ספירת הנצח, והיא העליונה, או היה עליו להתחיל מלמטה, שהיא ספירת ההוד, בסוד אור חוזר. ועוד בכל מקום שיעור קומה של עולם הוא ה' ה' פרצופים, שהם א"א, או"א וזו"ן, כאשר פרצוף זו"ן הוא נעלם. למעשה הרב טומן כאן סוד גדול, והוא כי באמת תחילתם הוא מספירת החכמה, ולא מחסד, כי פשוט הוא חסד בכל מקום הוא פרצוף אבא לפי הדרוש הטהור הנקרא "דרוש הדעת".

תרשים ה – ב.

כרם שלמה ש"ה פ"ה אות א' - ומה שכתב עוד **ותחלתם מחסד** וכו', לאפוקי שלא תאמר שהתחלתם מלמעלה שהוא נצח, הואיל והוא עליון, או ראש. או התחלתם ממטה למעלה שהוא הוד, בסדר אור חוזר. לזה אמר שהתחלתם הוא מן החסד, שהוא דרום, והוא פרצוף אבא כנודע, וכתיב ראשית חכמה וכו', כי אזלינן אחר המעלה שלהם והחסד כולל כולם, שנאמר יומא דאזיל עם כולהו יומי, והכל מתנהגין על ידו, והולך עם כולם, ולזה נקט הכתוב בזה הלשון חסד יבנה, ולא אמר **מחסד** יבנה, אלא כל העולם כולו על ידי החסד לבדו. והטעם מפני שהוא הולך עם כל הספירות כולם, ונחשב כאילו כל העולם נהנה על ידו.

נהר שלום, דרוש הדעת דמ"א ע"ג - ואלו הה' פרצופים נרמזו בשם ההוי"ה, בקוצו של יו"ד ובד' אותיותיו, ולפי שהכתר אינו מכלל הי' ספירות, והושם ספירת הדעת במקומו, לכן נרמז בקוץ היו"ד ולא באות ממש, ונמצא כי עיקר הפרצופים הם ד' או"א וזו"ן, והם ד' אותיות ההוי"ה, והם נכללות בג' ספירות בלבד, שהם חב"ד, ודעת כלול מב' עיטרין, וזה סוד פסוק – ה' בחכמה יסד ארץ כונן שמים בתבונה בדעתו תהומות נבקעו. ונמצא כי כל העולמות אינם רק שלשה בחינות **חכמה**, בינה, דעת, והסיבה היא כי שרש הכל הוא ה**חסד**, והדין, והרחמים, ולפי שהרחמים מכריע בינתם, צריך שימצאו בו ב' בחינותיהם, והם חו"ג, תרין דעות.

משלי ג' י"ט, כ' – הוי"ה בחכמה יסד ארץ כונן שמים בתבונה, בדעתו תהומות נבקעו ושחקים ירעפו טל.
30

תהילים פ"ט ג' - כי אמרתי עולם חסד יבנה שמים תכן אמונתך בהם.
31

ע"ח שי"א פ"ו מ"ת דנ"ב ע"ג - דע כי כל העולם כולו מתנהג ע"י זו"ן, וכמו שהם נקראו בנים של או"א, גם אנחנו נקראים בנים של זו"ן, בסוד בנים אתם לה' וגו', וגם כי הכתוב אומר כי אמרתי עולם חסד יבנה, ר"ל שהעולם מבחינת החסד ואילך, שהם ז"ת, שהם כללות זו"ן, וזה סוד ז' ימי בראשית כנודע, ולכן כל הפגם שגורמים התחתונים על ידי מעשיהם הרעים, אינו מגיע בג"ר, שהם א"א, ואו"א, רק בז"ת שהם זו"ן.
32

בית לחם יהודה ש"ה פ"ה - יען היות העולם כגוף אל הראש. ר"ל יען היות ז"א כגוף אל הראש שהם א"א, ואו"א.
33

כל שיעור קומה הוא בן י' ספירות, כאשר ג' הראשונות הם בחינת המוחין, וז"ת הם בחינת הגוף. ומבשרי אחזה אלו"ה, בגוף האדם המוחין הם רוחניים)לא הכלים של המוחין, שהם המוח עצמו(. והם כמו התבלינים הנותנים טעם לאוכל, כמו מנהג מרן האר"י לעשות חרוסת לפסח מז' מיני פרות, וג' מיני תבלינים.

שפתי הים על הגדה של פסח סימן י"ב – שלשה התבלינים הם כנגד שלש ראשונות כח"ב, ושבעה פירות הם כנגד שבעה קצוות חג"ת נהי"ם. ואפרש שיחתי, שכמו שעיקר ממשות האוכל הם הפירות, ואילו התבלינים הם רק טעם בעלמא, והיינו שנותנים התבלינים טעם באוכל שהוא העיקר, כן דוגמת הדבר הזה הוא ענין היחס שבין ספירות השלוש ראשונות, לבין השבעה קצוות. דידוע שפירש מרן האר"י זל פסוק – אמרתי עולם חסד יבנה, שר"ל שמספרת החסד ולמטה, דהיינו השבעה קצוות, על ידם הוא הנהגת העולם, שגם העולם בעצמו הוא בחינת שבעה קצוות, בסוד שבעת ימי השבוע, וסוד שבע שנות השמיטה, וששת אלפי שנה דהוי עלמא, וחד חרוב כנודע. והיינו שההנהגה הגלויה היא על ידי השבעה קצוות שבעולם האצילות, שהם זו"ן דאצילות.

הַמִתְלַבֵּשׁת[34] צ"ל המתלבש **בְּסוֹד מוֹחִין**[35] **דְּזְעֵיר אַנְפִּין, בְּתוֹך**[36] **מוֹחוֹתָיו** שהם הכלים אל המוחין הרוחניים, והם נסתרים תוך הגוף[37], לכן ההנהגה של העולם מתחילה מהחסד ולמטה, שהם י' ספירות על פי דרוש הדעת. ז"א נקרא עולם, **וְהִנֵּה הַבּוֹרֵא עוֹלָם זֶה** שהוא בחינת השורש לז"א דאצילות, **הוּא הַחָכְמָה**[38] שהוא פרצוף אבא, הוא מוליד את זו"ן **עַל יְדֵי שֶׁמִּזְדַּוֵּוג** פרצוף אבא **עִם** פרצוף **אִימָא**

---

[34]

בית לחם יהודה ש"ה פ"ה - המתלבש בסוד מוחין. דנר"ן.

[35]

ע"ח שי"א פ"ז מ"ת דנ"ד ע"ב - אמנם החילוק שהיה בהם הוא מה שביארנו למעלה, כי או"א וא"א נתקנו בפעם אחת, אבל ז"א אשר לא יצא מתחלה רק ו' חלקים נקודות לבד, שהם בחינת ו"ק שלו, ולכן אלו הו' נתקנו תחלה בט' חדשים של עיבור ויניקה, ואחר כך באים לו בסוד תוספת אותן ג' החלקים הראשונים, **שהם המוחין שלו שלא יצאו בתחלה**, ולפי שבתחלה חסרו ג' ביחד ממנו, לכן גם עתה באים לו כל שלשתן יחד בעיבור הב'. והבן היטב מה ענין עיבור, ויניקה, ומוחין דז"א, המוזכר אצלינו בכל מקום, ושים דעתך לזה.

[36]

בית לחם יהודה ש"ה פ"ה - בתוך מוחותיו. שהם בשר הרך והזך, כעין ליחה לבנה, שהם מוחין חומריים, שאלו המוחין החומריים הם מלבד בחינת המוחין הנמשכין לז"א מנה"י דאו"א, כמבואר בפרק א' דשער כ', יעו"ש. ונמצא דמוחין דאו"א וא"א הם מתלבשין בתוך מוחותיו.

[37]

בחינת המוחין מתלבשין בתוך הגוף, והם בחינה הנהגה נסתרת, בערך הגוף שהוא הנהגה הגלוי, והוא מהחסד ולמטה.

תיקוני הזהר, הקדמה, פתח אליהו - ואלין עשר ספירן אינון אזלין כסדרן, חד אריך, וחד קצר, וחד בינוני, ואנת הוא דאנהיג לון, ולית מאן דאנהיג לך, לא לעילא, ולא לתתא, ולא מכל סטרא, לבושין תקינת לון, דמנייהו פרחין נשמתין לבני נשא, וכמה גופין תקינת לון, דאתקריאו גופא לגבי לבושין דמכסיין עליהון, ואתקריאו בתקונא דא, חסד דרועא ימינא, גבורה דרועא שמאלא, תפארת גופא, נצח והוד תרין שוקין, יסוד סיומא דגופא אות ברית קדש, מלכות פה תורה שבעל פה קרינן לה. **חכמה מוחא איהו מחשבה מלגאו, בינה לבא ובה הלב מבין, ועל אלין תרין כתיב הנסתרות להוי"ה אלהינ"ו**, כתר עליון איהו כתר מלכות, ועליה אתמר מגיד מראשית אחרית.

[38]

אותיות חכמה הם כח מ"ה, ידוע הוא כי שם מ"ה הוא בחינת ז"א. ר"ל כי שורש ז"א שהוא מ"ה, בחכמה, בסוד מה שמו ומה שם בנו.

משלי ל' ד' - מי עלה שמים וירד מי אסף רוח בחפניו מי צרר מים בשמלה מי הקים כל אפסי ארץ **מה שמו ומה שם בנו כי תדע.**

זהר ויקהל דקצ"ז ע"א תרגום והסבר – **רבי שמעון פתח, מי עלה שמים וירד, מי אסף רוח בחפניו, מי צרר מים בשמלה, מי הקים כל אפסי ארץ, מה שמו ומה שם בנו, כי תדע.** האי קרא הא אוקימנא פסוק זה הרי באַרנו, **וכמה סמכין אית ביה** וכמה עמודים יש בו. **וכלא בקודשא בריך הוא אתמר** והכל נאמר על הקדוש ברוך הוא, **דאיהו כלא שהוא הכל. ואתמר ונאמר, מה שמו ומה שם בנו כי תדע, דא קודשא בריך הוא** זה הקדוש ברוך הוא. **מה שמו – הוי"ה. ומה שם בנו – ישראל,** דכתיב שכתוב **בני בכרי ישראל, והא אוקימנא** והרי באַרנו.

זהר יתרו דע"ט סוף ע"א תרגום והסבר – **זמנא אחרא חמינא בחלמא חד ספרא דאגדתא דאחזיו קמאי** פעם אחרת ראיתי בחלום שהראו לי ספר קבלה, **והוה כתיב ביה** והיה כתוב בו, **חכמה לעילא** חכמה למעלה, והוא פרצוף אבא, **תפארת לתתא** ותפארת והוא ז"א, למטה, **במקדשו שהיא המלכות לגבייהו** היא אצלם, ר"ל לקבל הארה מהם, **והכי אשכחנא בפומאי** וכך נפל המאמר הזה בפי, כאשר קמתי מהשינה, ומאמר זה נראה כמו נבואה. **אמר ליה רבי שמעון** אמר לו רבי שמעון בר יוחאי, **עד כען רביא אנת למיעל בין מחצדי חקלא** עד כאן אתה כמו נער בין קוצרי השדה, שהם החכמים שיודעים את סודות התורה, **והא כלא אחזיאו לך** והרי הראו לך הכל, ואפילו שאתה נער, ולא ראוי לזה, **ודא הוא דכתיב** התשובה לחלום

ואו"א הם אלו הם או"א תתאין, שהם ישסו"ת[39]. **ואבא**[40] **נותן בה טפה, שכלולה מזוומר**[41] והיא בחינת טיפת הזרע הגשמית[42], והיא העצמות, הגידין, והבשר, **וצורה** והיא בחינה רוחנית, והיא חלק קטן מבחינת הנפש, המחייה את הטיפה הגשמית, כמו הנפש שבתוך הגוף[43] והיא מציירת את האברים, **וצריך שהזוומר והצורה** שהם הרוחניות והגשמיות שבטיפה **יהיה כל אזד כלול ב**קומה שלמה של י' ספירות, **כי אין דבר** שבקדושה **פזוזת בי'** ספירות, שהוא סוד ההנהגה השלמה[44]. **וזה סוד** הפסוק[45] **זרע**

שלך היא בפסוק – **מה שמו ומה שם בנו כי תדע**, צריך לדעת כי **חכמה** היא **שמו** של אבא, והוא השורש, **תפארת** שהוא ז"א, והוא הענף, הוא **בנו** של אבא.

כלל – בזהר הקדוש ובכתבי המקובלים הראשונים והאחרונים, ז"א נקרא תפארת.

39

כרם שלמה ש"ה פ"ה אות ב' - ומה שכתב **הוא חכמה עם אימא**, אינם או"א העיקריים, אלה הם ישסו"ת, הנקראים גם כן או"א תתאים, שבכללות שניהם נקראים אימא, שהיא בריאה, ולזה נקט בלשונו, לשון הזהב **והנה הבורא עולם זה**, בורא דוקא, ולא האציל, כי או"א העיקריים נקראים אצילות ולא בריאה, אלא מדבר על ישסו"ת, שנקראים בריאה.

40

כרם שלמה ש"ה פ"ה אות ב' - ומה שכתב אבא נותן טיפה מחומר וצורה וכו', פירוש החומר הם הכלים, דהיינו העצמות, והגידים, והבשר, וכו'. והצורה היא הנשמה, שהיא חלק הרוחניות. וזאת החומר והצורה היא של ז"א עצמו, ואינם של או"א עצמם, כי כך מוכח לשונו כאן.

אבל צריך שתדע זאת הטיפה היא כלולה גם כן מהחומר והצורה של או"א עצמם, כמו שכתוב בשער המוחין פ"ה באורך, וקיצור דבריו שם הוא זה – ולכן הוכרח שתחילה יטילו הזכר והנקבה טיפת ישסו"ת טיפת זרע החומריים, וזה נמשך מחלק אבר הכבד של הזכר והנקבה עצמן, ואז נמשך בטיפות ההם קצת רוחניות מנפש האב ואם עצמם, ואז כבר יש שאור להחמיץ, ואז מתבררים הברורין של ז"א מעט מעט.

41

בית לחם יהודה ש"ה פ"ה - מחומר וצורה. ר"ל גוף ונפש, שהוא הבל דגרמי, כמו שכתוב סוף דרוש.

42

ח"ו לחשוב שיש בעולמות הרוחניים בחינת חומר או בחינת גוף וכלים, גם החומר הגוף והכלים הם תכלית הרוחניות. אבל בערך הצורה, שהיא בחינת הנפש המתלבשת בתוך החומר, ומחייה את החומר, והיא בחינה רוחנית יותר זכה מהבחינה הרוחנית של הכלים, לכן הבחינה הראשונה נקראת חומר, והבחינה היותר זכה נקראת צורה. וכל זה בערכין.

43

מבשרי אחזה אלו"ה, ידוע כי בטיפת הזרע אשר נבדקת על ידי הרופאים והמדענים יש בה חיים. בחינה זאת היא לא הנפש עצמה אלא חלק קטן ממנה הנקרא הבל דגרמי, כמו שכתוב הבל"י.

ע"ח ש"כ פי"כ דק"א ע"ד - ואמנם נודע כי ה' מינים הם נרנח"י, וכל אחד כלול מכולם, ונמצא כי אין הנפש נגמרת לו עד היות בה ה' חלקים הנ"ל, והוא עד שנגמרו המוחין דמצד א"א, אמנם קודם שנעשה כלי החיצון דז"א, **אז כבר היה בו קודם העיבור בחינת נפש דנפש, שהוא הבל דגרמי**. ובעיבור כשנעשה כלי החיצון דז"א, אז נכנס בו רוח דנפש, וכשנתלבש בו כלי החיצון דאמא, שהם המוחין נכנס בו נשמת נפש, וכשנתלבש בו כלי החיצון מוח דאבא, נכנס בו חיה דנפש, וכשנתלבש בו כלי מוחין דא"א, נכנס יחידה דנפש.

אחר כך ביניקה נכנס בו הרוח, וגם הוא בה' מדרגות, כי תכף כשנולד נכנס בו נפש דרוח. אחר כך כשנגמר בשני היניקה כלי אמצעי דז"א, נכנס בו רוח דרוח. וכשנכנס בו לבוש אמצעי דאמא, עם המוחין דיניקה דמצד אמא, אז נכנס בו נשמת רוח. וכשנכנס בו לבוש אמצעי דאבא, שהם הקרומות, אז נכנס בו חיה דרוח. וכשנכנס בו כלי לבוש אמצעי דנה"י דא"א, שהוא הקרומות, ובו המוחין שמצד א"א, אז נכנס בו יחידה דרוח. והרי נשלם הרוח לגמרי. אחר כך בעיבור ב' דגדלות אז נכנסת בו הנשמה דז"א גם הוא ע"י מדרגות.................

44

יֵעָבְדֽוּ ר"ל כבר מתחילת יציאת הטיפה, יש מה שמחיה את הטיפה[46], **שֶׁמֵּשָׂעָה שֶׁנּֽוֹרַע, נּוֹתֵן בָּהּ**
המאציל העליון לא רק חומר, אלא גם את **הַצּוּרָה הַשּׂכְלִית (נ"א שֶׁנּֽוֹרְעָה נָתְנָה הַצּוּרָה**

לכל טיפה וטיפה יש בכח יכולת להוציא שעור קומה שלם של רמ"ח אברים ושס"ה גידים, הכלולים
מקרקפתא, ומוחין, שהם כחב"ד. יד ימין, יד שמאל, וגוף, שהם חג"ת. רגל ימין, רגל שמאל, ברית ועטרה,
והם נהי"ם. מכאן חומרת הוצאת זרע לבטלה, שהוא בחינת רציחה, ועושה דבר זה ממית בניו בידיו.
גמרא נידה די"ג ע"א – דאמר רבי יוחנן, כל המוציא שכבת זרע לבטלה חייב מיתה שנאמר - וירע בעיני ה'
(את) אשר עשה, וימת גם אותו. רבי יצחק ורבי אמי אמרי, כאילו שופך דמים שנאמר - הנחמים באלים תחת
כל עץ רענן שוחטי הילדים בנחלים תחת סעיפי הסלעים. אל תקרי שוחטי, אלא סוחטי.
שער הכוונות, דרושי הלילה, דרוש ז' - אבל צריך שתדע שעיקר כונה זו היא כדי לתקן ולכפר על עון אחד
חמור מאד, אשר הוא המונע עליית הנשמה בלילה לאדוניה. ועל ידי כונה זו נתקן האדם מאד ממה שחטא,
ואף על פי שכבר נתבאר תיקונו בשער השביעי, הנקרא שער רוח הקודש, והוא תיקון המוציא שז"ל (שופך
זרע לבטלה), הנה התיקון ההוא יועיל לנקות לו עונו שלא יכנס לגיהנם, ושימחלו לו עונותיו אלו, אבל עדיין
צריך תיקון אחר גדול וחזק ממנו כמו שתבאר עתה בכונת קריאת שמע זו, והוא לתקן ולהחיות אותם הטיפות
בעצמם שיצאו לבטלה, ונכנסו בקליפות, ולהחזירם אל הקדושה. וזה ענינו, דע שבכל עבירות שבתורה אפילו
החמורות, אין בהם מי שמוליד מזיקין ממש כמו המוציא שז"ל כמו שיתבאר, כי אפילו הבא על כל העריות
שבתורה, נולדים משם ממזרים גופניים בעוה"ז, והאמת הוא שמי שעובר שאר עבירות, מתלבשין בו המזיקין,
ונעשים קטגורים עליו, אבל המוציא שז"ל עונשו גדול לאין קץ. הלא תראה מה שהפליגו בזוהר במקומות
רבים, ובפרט בפרשת ויחי, שאמרו שכל העבירות תליין בתיובתא, לבד ממוציא שז"ל, דלית ליה תיובתא בר
בטורה סגי ויתיר, ולא חזי אפי מלכא לעלמין כו', וע"ש. וזה ענינה, דע כי המוציא שז"ל פוגם במחשבה, כי
אינו משתמש בשום כלי, ובשום ערוה, ועונשו גדול שפוגם בדעת עליון דאו"א, וכמו שמעשיו הם זכר בלי
נקבה, כן כביכול גורם למעלה שממשיך אותה הטפה של אותה נשמה מן הזכר העליון, ואינה נשפעת
במלכות, אבל יוצא לחוץ אל הקליפה הנקראת קליפת נוגה, הנזכר בזוהר פרשת ויקהל, והיא גם כן סוד אותה
טיקלא דאזדמנת בההוא סטרא דעשיקת נשמתין, כנזכר בתחלת הסבא, דפרשת משפטים דצ"ה וצ"ו. הנה אשת
זנונים דס"א, פתי לחוה באמצעות קליפת נוגה, כנזכר שם פרשת ויקהל, ונמשכת אותה הנשמה אליה, ואז
מתחבר בה כח מזיק אחד, הנמשך מאותה אשת זנונים, ונעשי בחינת גוף אחד אל אותה הנשמה. נמצא
שהמוציא שז"ל, גורם שאותם טיפות של הנשמות שעתידות לצאת ממנו, בבחינת בנים שיתערבו בס"א, ושם
יתלבשו בגופות הנעשות מסטרא דנהש אשת זנונים, ונמצא שהפך והחזיר הקדושה אל הטמאה, והטוב אל
הרע. והנה כדי לתקן עון זה צריך שימית אותם הגופות הטמאות, המלבישים לאותם הנשמות, ועל ידי כך
אותם הנשמות יברחו משם, ויחזרו אל שרשם שבקדושה, ונמצא שצריך שני כונות, אחת להמית הגופות ההם.
ב' להחזיר הנשמות ההם אל מקום הנוקבא העליונה דקדושה, שיתוקנו שם ויצוייירו כשאר כל הנשמות, ואחר
כך יבואו בעוה"ז כשאר כל הנשמות.
בן איש חי, שנה ראשונה, פרשת פקודי, אות י"ג – בקריאת שמע זו שעל המטה, יכוין לתקן עון קרי,
ושז"ל שיצא ממנו, בין בשוגג בין במזיד, שימותו הגופים הטמאים המלבישים לנשמות שנעשקה אותם
הסט"א, מכח אותם טיפות של זרע שיצאו ממנו לבטלה, ויחזרו אותם הנשמות הקדושות לקדושה ויבואו
בעולם הזה כשאר כל נשמות הקדושות. ותועיל קראת שמע בכונה זו, גם לאותן טפות זרע שיצאו ממנו אחר
ששמש מטתו, שלא שהה על הבטן עד שיצאו ממנו כל הטיפין כולם. וגם לרבות אותם טיפין קטנים שיצאו
ממנו לפעמים על ידי עיצור שדוחק עצמו בעשיית צרכיו. וגם לרבות טיפין קטנים שיצאו ממנו על ידי קשוי
האבר קודם תשמיש שעדין לא נכנס השמש במקומו, מחמת איזה עיכוב שהיה לו, הן באונס הן ברצון. וקראת
שמע זו תועיל גם לאשה, בעבור זרע היוצא ממנה מחמת ריבוי תאוה שמתעוררת בה, שעל זה נאמר ונגע לא
יקרב באהלך, זו אשתך שנקראת אהל, ועיין בשער הכונות.
45

תהילים כ"ב ל"א - זרע יעבדנו יספר לאדני לדור.
46

בה) **שֶׁהוּא**[47] צ"ל שהיא **הַנֶּפֶשׁ** והיא חלק אלו"ה ממעל, **אֲשֶׁר בְּכֹחָהּ** של הנפש **מִצְטַיֵּיר** חלק הַחֹמֶר שבטיפה, **וְנַעֲשֶׂה** שעור קומה של רמ"ח **אֵבָרִים** ושס"ה גידין, **שֶׁהוּא** צ"ל שהם **בֵּית קִיבּוּל אֶל** בחינת הצורה, שהיא **הַנֶּפֶשׁ**[48]. והמשל בזה **דֻּגְמַת**[49] **אוּמָן הַנּוֹפֵחַ בִּכְלִי זְכוּכִית, וְעַל יְדֵי הָרוּחַ** של האומן **הַנִּכְנָס בְּתוֹכוֹ** ר"ל בתוך כלי הזכוכית, ועל ידי הרוח

כרם שלמה ש"ה פ"ה אות ג' - וזה סוד זרע יעבדנו, שממשעה שנזרע נותן בה צורה השכלית, שהיא הנפש אשר בכוחה מצטייר החומר, ונעשים אברים שהוא בית קיבול אל הנפש וכו'. יעבדנו מפרש מלשון עבודה ואדם אין לעבוד את האדמה מלשון תיקון, שכמו שפירש הרב ז"ל לקמאן. ומה שכתב נפש ולא רוח אף על פי שאין הוכחה מן הפסוק, מכל מקום תפסת מועט תפסת, ועוד מלת יעבדנו מלשון יעשנו, שהוא עשיה שהיא חלק המלכות שבזרע שהוא נפש הנפש והוא כמז"ל שזאת הטיפה היא כלולה מי' מלכיות, וזה מה שסיים לכן הנפש משעת זריעה אינה נפרדת לעולם מהחומר, ואף אחרי מותו נפשו עליו תאבל עד תחיית המתים וכו', לקמן בפרקין מפרש מה שכתב שהנפש שהנפש אינה נפרדת מהחומר, הוא על נפש מצד אבא שהיא חלק הנפש הנקראת הבל דגרמי, זה החלק לעולם מחובר עם העצמות בתוכם, ואפילו בקבר.
47

בית לחם יהודה ש"ה פ"ה - שהיא הנפש אשר בכחה מצטייר החומר. כלומר והיינו לקמאר יעבדנו. ואף על פי שנפש הולד עצמה היא מציירת, ולא הצורה של הטיפה, כי הצורה שבטפה אינה כי אם בחינת המלבוש דנפש, הנמשך לולד מאביו, והוא נקרא הבלא דגרמי, כמו שכתב לקמן. מכל מקום הואיל והציור מתחיל בולד קודם הכנסת הנפש, כמבואר בפרק ה' דשער כ', יעו"ש. וגם הוא בכלל הנפש כמו שכתב לקמן, וז"ל - ואפשר שהוא הבל דגרמי שהוא מכלל נפש וכו', משום הכי השמיט רז"ל הבלא דגרמי הנזכר, ונקט נפש העיקרית של הולד, ואמר שהיא הנפש אשר בכחה מצטייר החומר וכו', וכמו שנכתוב עוד בסמוך.

ע"ח ש"כ פ"כ מ"ק דצ"ח ע"ג - ואמנם ניצוצין נפשין דאו"א נעשו לבושים אל הנפש עצמו דז"א כנ"ל, ובאו מלובשים תוך ניצוצי טפת החומר דכלים דאו"א, נמצא סדרן כך הוא חוץ מן הכל הם רמ"ח איברים דגופא דז"א, ובתוכם טפת אמא כלולה מרמ"ח בחומר שלה, ונפש שלה, ובתוכו טפת אבא כלול מרמ"ח בחומר שלו, ובנפש שלו, ובתוך הכל הוא נפש אדם עצמו דז"א, נתון שם. ונמצאת נפש דז"א עומדת בכבד, מלובשת תוך טפת נפש אבא, ונפש אמא, והם מלובשים בטפת הכלים ומשתלחים ענפים וניצוצות נפש דז"א, ברמ"ח איבריו. בהיותן מלובשים תוך נפש דאו"א, בתוך טפת כלים שלהם דאו"א כנ"ל, נמצא כי מתחלת הריון התחילו להצטייר כל הבחינות הנ"ל ביחד. אמנם ראשית כולם היו טפת או"א, חומר וצורה, והיו ממשיכין שם בירורים הכלים והנפש דז"א עצמו, מעט מעט מן מהכלים בין מהאור, באופן שבהשתלם זמן העיבור נשלמו ביחד כל הבירורין של רמ"ח איברים בבחינת כלים, ובבחינת נפש שבהם. אמנם דע כי עדיין לא נכנסו שם רק בחינת נפש שבנפש דז"א, ולכן לא נתבררו רק הכלים של החלק של הנפש שבנפש דז"א, כי כפי הנברר מן הנפש נתברר מהכלי, ולכן עדיין קומת גוף העובר קטן מאד, עם היותו כלול מי"ס ומרמ"ח איברים שלו, שהם מבחינת נפש שבנפש כנ"ל. ואמנם הטפה הנ"ל שהטילו או"א בחומר וצורה לצורך שאור של העיסה כנ"ל, נמשכה מבחינת החיצוניות של מלכות יש"ס, ומלכות דתבונה, ובכל זווג וזווג שבזמן העיבור היה נמשך ומתרבה אותו הטפה, באופן שבהשתלם ימי העיבור נגמר החיצוניות דמלכות הנ"ל, כל י' ספירות שלהם לכנוס תוך זו"ן, וכבר ידעת כי זה החיצוניות נקרא צלם דמוחין דעיבור, ויש בו צלם והם ב' צלמים, אחד דיש"ס, ואחד דתבונה, וכולם נכנסו בזמן העיבור, שהם בחינת כל ט' ספירות דחיצוניות דמלכות יש"ס ותבונה, כי הרי בינוקא נכנסין מדרגות אחרות מעולות, מאלו כנלע"ד. והיותר נלע"ד כי עד עתה לא נתבררו רק נפש שבנפש, דבחינת אור וכלים, לכן גובה הולד קטן מאד.
48

הנפש היא שמוציאה לפועל את כל פעולות הגוף, והיא נעלמת בתוך אברי הגוף, ומפעילה אותם.
49

בית לחם יהודה ש"ה פ"ה - דוגמת אומן הנופח בכלי זכוכית. כי כן דרך עושי כלי הזכוכית לנפוח תוך חומר הזכוכית, ועל ידי כך מתפשט ונעשה כלי.

מִתְפַּשֵּׁט זוּמַר הַזְּכוּכִית, וְנַעֲשָׂה צורת הַכְּלִי לפי רצון האומן. וְזֶה סוֹד הפסוק[50] וַיִּפַּח

בְּאַפָּיו נִשְׁמַת חַיִּים, כְּאוּמָן הַנּוֹפֵחַ בְּנְפִיחָה שלו תוֹך[51] הָאֵפֶר וְהַזּוּמַר[52] וַיּוֹצֵר אֶת

צורת הכלי. לָכֵן הַנֶּפֶשׁ דנפש, שהיא הבל דגרמי מִשָּׁעַת זְרִיעָה הטיפה אֵינָהּ נִפְרֶדֶת לְעוֹלָם

מֵהַזּוּמַר שהוא הגוף, וְאַף[53] כִּי אַזּוֹרֵי מוֹתוֹ של הגוף, כתוב[54] נַפְשׁוֹ עָלָיו תֶּאֱבָל, כאשר

עיקר הנפש עוזבת את הגוף, וחלק הנפש שאימא נותנת לוולד חופף עליו, ר"ל על ההבל דגרמי נשאר בתוך העצמות

שגוף[55], והבל דגרמי הוא החלק שאבא נותן לוולד בשעת ההזרעה, ובחינה זאת נותנים חיות לגוף עַד תְּחִיַּית

הַמֵּתִים[56]. הרב ז"ל מביא ראיה שהנפש היא חלק מהגוף[57] וְזֶה[58] שֶׁכָּתוּב בַּתִּיקוּנִים דִּי"ב ע"א

50

בְּרֵאשִׁית ב' ז' - וַיִּיצֶר הוי"ה אלהי"ם את האדם עפר מן האדמה ויפח באפיו נשמת חיים ויהי האדם לנפש
חיה.

51

בֵּית לֶחֶם יְהוּדָה ש"ה פ"ה - תוך האפר והחומר. האפר הוא טפת אימא, והחומר הוא טפת אבא, כמבואר
אחר כך.

52

האפר והחומר הם ב' בחינות נפרדות, הרב ז"ל יבאר בחינות אלא בהמשך הפרק, בכללות הענין החומר הוא
הטיפה דאבא, והאפר הוא הטיפה דאימא.

53

בֵּית לֶחֶם יְהוּדָה ש"ה פ"ה - כי אחרי מותו נפשו עליו תאבל. לקמן מפרש דזה נאמר על נפש הנמשכת
מאימא שחופפת על העצמות, אבל הצורה דטפת החומר דאבא היא בתוך העצמות, ואינה חופפת על העצמות.
ועוד יש נפש בחינה ג' אשר היא עיקר נפש הולד, הנעשת מהרפ"ח ניצוצות דז' מלכים, והוא מלבד הב' נפשות
הנמשכות מאו"א, שהם הצורה והתגין, ולפי שכולם הם בחינת נפש, לכן אין מחלק רז"ל בהם, שפתח בנפש
הצורה, וחזר ונקט נפש הולד, באומרו שבכחה מצטייר החומר, וחזר ונקט נפש דאימא הנקראת תגין, באומרו
ואף כי אחרי מותו וכו'.

54

אִיּוֹב י"ד כ"ב - אך בשרו עליו יכאב ונפשו עליו תאבל.

55

כֶּרֶם שְׁלֹמֹה ש"ה פ"ה אות ג' - ומה שכתוב ונפשו עליו תאבל, הוא על חלק הנפש שמצד אימא הנשארת
אחר המיתה חופפת עליו, דהיינו על ההבל דגרמי, וזהו חופפת עליו דייקא ולא בתוכו. נמצא שהחלק הנפש היא
לעולם מחוברת עם החומר, הכלים אשר נבנו מן הכ"ב אתוון.

56

ע"ח שי"ח פ"א מ"ת דפ"ה ע"ג - והנה אלו ז' מלכים הם בחינת ז"ת שהם הנקרא זו"ן של עולם האצילות,
וכיון שירדו אל הבריאה נקרא אצלם מיתה, מה שאין כן באחוריים דאו"א, שנפלו ולא מתו כמו שכתבנו, והוא
אצלם כדמיון אדם התחתון בעולם הזה, כשהוא שאז נפרדת נפשו מגופו, ונפשו מסתלקת ותשוב למקומה
האמיתי, אל האלהי"ם אשר נתנה, וגופו שהוא עפר ישוב אל הארץ, ויורד ממדרגתו שהוא בחינת אדם, וענין
זה נקרא מיתה. וכך אירע אל המלכים האלו, כי נשמתן שהם אורות שלהם עלו אל מקומם הראשון, שהוא
אצילות, אמנם גופם שהם הכלים שלהם, ירדו לעולם הבריאה, ושם היה קבורתם. והנה כמו שגוף האדם
התחתון בעולם הזה כשנקבר בקבר, נאמר בו ונפשו עליו תאבל, **וְנִשְׁאַר בּוֹ אוֹתוֹ הַבְּחִינָה שֶׁל הָרוּחָנִי שֶׁל
עַצְמוּתֵיהֶן, הַנִּקְרָא בַּזּוֹהַר הַבֶל דְּגַרְמֵי כַּנַ"ל, כְּדֵי שֶׁיִּהְיֶה לוֹ אֵיזֶה חִיּוּת כְּדֵי שֶׁיּוּכַל לְהִתְקַיֵּים עַד זְמַן
הַתְּחִיָּיה,** כי אם לא היה נשאר בהם שום שום לחלוחית לא היו קמים בתחית המתים. וזהו ענין שארז"ל מי
שאינם קמים בתחית המתים כמו עון רבית, וכופר בתחית המתים, וכיוצא בזה, כי אותו העון גורם
להסתלק רוחניות המלחלחה העצמות ההם בקבר, ונשארים יבישים, ושוב אינו יכולין לחיות, וזה סוד - והשביע
בצחצחות נפשך, ועצמותיך יחליץ, והיית כגן רוה, וכמוצא מים אשר לא יכזבו מימיו. כי על ידי לחלוחית ממי
האורה (נ"א מעט והארה) אשר נכנס בעצמות, לא יכזבו מימיו, ויקום בתחית המתים, וזה מה שכתב יחזקאל

צ"ל ע"ב[59] **וְנַפְּשָׁא אִיהִי כְּלָלָא דְּאַתְוּון** הנפש היא מכלל האותיות, הרומזת לתגין[60], **וְאִיהִי שְׁוּתָּפָא**]דכ"ג ע"א 45[**דְּגוּפָא** ובחינת הנפש שותף עם הגוף, **וְרוּחָא** והרוח שהוא בחינה עליונה מהנפש

בענין העצמות היבישות ההם, שארז"ל שהיה איש אחד שבבנשך נתן ובתרבית לקח, ועל ידי כך נתייבשו עצמותיו בלתי שום לחלוחית מצוה, ולא קם בתחית המתים. והנה על דרך זה גם בז' מלכים נשאר בהם קצת רוחניות, כדי להחיות את הכלים ההם בזמן תחייתם, שהוא זמן תיקון האצילות. ודע כלל זה כי כל מה שיש בעולם הזה, הכל הוא כדוגמת מה שהיה באלו ז' מלכים, ואין כל חדש תחת השמש, ומיתת המלכים ותיקונם, הוא ענין תחית המתים להם, וכך יהיה לגופים השפלים בעולם הזה לעתיד לבוא. והנה הרוחניות הנשאר בהם הנקרא הבל דגרמי, הם בחינת ניצוצין של האורות העליונים שנשארו בכלים המתים ההם, ועיקרי האורות נסתלקו למעלה, וקצת ניצוצין מהם נשארו בכלים, להחיותן בזמן תיקון של אצילות.
57

כרם שלמה ש"ה פ"ה אות ו' – עכשיו בה לפרש לשון התיקונים הנ"ל בסמוך שאמר – **וְנַפְּשָׁא אִיהִי כְּלָלָא דְּאַתְוּון, וְשְׁוּתָּפָא דְּגוּפָא,** כי לשון זה משמע שהם ב' בחינות, א' – הוא הנפש שהיא כללות האותיות. וב' הוא שהיא שותפא דגופא, וזה לכאורה אינו מובן, כי אם היא בחינת נפש איך היא אותיות שהם הגוף, ועוד אם היא עצמה גופא איך אפשר אחר כך שהיא שותפא דגופא, משמע שהיא בחינה אחרת חוץ מן בחינת הגוף, אלא שהיא שותף עם הגוף, לזה בה לפרש הב' קושיות ממטה למעלה, כדי להביא הוכחה לפירושו שהם ב' בחינות. וזה מוכח מלשון האחרון של התיקונים שאמר **שְׁוּתָּפָא דְּגוּפָא,** כי באמת הם ב' בחינות, התגין לחוד שהיא בחינת הנפש, והאותיות לחוד שהם בחינת הגוף, וכמו שאמר בלשון אחרון שותפא דגופא, ואגב מפרש גם כן לשון שיתוף דנקט.
58

בית לחם יהודה ש"ה פ"ה - וזה שכתוב בתיקונים די"ב ע"ב ונפשא איהי כללא דאתוון. כלומר כלולה עם הגוף, שהוא בחינת האותיות, וחוזר ומפרש ואיהי שותפא דגופא, כי נפש הנזכר הם בחינת התגין הדבקים עם האותיות, כמו שכתוב בסמוך, ואף על פי שהתגין הם באימא שהיא נשמה, והנקודות הם באבא שהוא חיה, כמו שכתב במ"ב דפרק א' דלעיל, ואם כן היכי קרי לתגין נפשא ולנקודות רוחא. נלע"ד והוא נפרט את עולם האצילות לנרנח"י, תהיה הנוקבא נפש, וז"א רוח, ובינה נשמה, ואבא חיה, וא"א יחידה, ואמנם אם נפרט את עולם האצילות לבחינת טנת"א אז יהיו באופן אחר, כי זו"ן שניהם הם אותיות, שהם גופא, והתגין נפש, והנקודות רוח, וכמדוקדק מלשון רז"ל ומהתיקונים, וכמו שכתב גם כן בריש פרק ו' שבסמוך. ועוד יש לומר כי אנחנו שמקבלים נרנח"י מכל ה' הפרצופים, אם כן יהיו זו"ן נפש ורוח, ואו"א וא"א נשמה, חיה, ויחידה, אבל זו"ן הסמוכים וקרובין לא"א ולאו"א, אם כן תהיה אימא בערכם בחינת נפש, ואבא רוח, ואו"א נשמה.
59

תיקוני הזהר, הקדמה די"ב ע"ב תרגום והסבר – **וְנַפְּשׁ אִיהִי כְּלָלָא דְּאַתְוּון** והנפש היא כללות האותיות, שמהם נעשה גוף דז"א, מבחינת חומר וצורה, כי הנפש היא עיקר הגוף, ובלעדתה אין חיות לגוף, **וְאִיהִי שְׁוּתָּפָא דְּגוּפָא** והיא שותף אל הגוף, ר"ל כאשר אנו מזכירים את הגוף, הכוונה עם הנפש המשותפת עם הגוף תמיד. **רוּחָא אִיהִי** הרוח דז"א הוא, **כְּלָלָא דְּנְקוּדֵי** כלל הנקודות **דְּנַהֲרִין בְּעַיְינִין** המאירות בעינים של גוף דז"א.
60

הרב ז"ל ביאר בפרקים הקודמים של שער טנת"א, כי חלוקת שעור קומה הכללי של טנת"א הוא כאשר הטעמים בכתר וחכמה, והם יחידה חיה. נקודות בבינה, נשמה. תגין בו"ק, רוח. ואותיות במלכות, נפש.
תרשים ה – ג.
עוד ביאר הרב ז"ל כי לפעמים חלוקת טנת"א היא באופן שהטעמים בכתר, יחידה. נקודות בחכמה, חיה. תגין בבינה, נשמה. ואותיות הם בז"ת, רוח נפש.
תרשים ה – ד.
בסוגיא זאת הרב ז"ל מדרג את החכמה במדרגת רוח, יוצא שמדרגת הנפש היא בינה, וזה לא מובן, לא מצאנו שהבינה היא בחינת אותיות ונפש, כי לפעמים מדרגת הבינה היא נקודות, ולפעמים היא תגין, איך כאן היא בחינת נפש. אבל כאשר מחלקים את טנת"א לפרצופים, זו"ן הם אותיות, אימא היא תגין, אשר הם מחוברים

אִיהִי כְּלָלָא דְּנְקוּדִין הם מכלל הנקודות, דְּנָהֲרִין בְּעַיְינִין המאירות בעינים[61] כי הנקודות יוצאות דרך העינים[62]. וּבְעִנְיָן זֶה יוּבָן בהקדמה של מַאֲמְרֵי הַתִּיקוּנִים[63] די"ב ע"ב, כִּי פַּעַם יֹאמַר שֶׁאוֹתִיּוֹת הֵם גּוּפִין וזה בסוגיה בעלמא, כְּנִזְכָּר שָׁם קוֹדֶם לָזֶה ר"ל לפני המאמר הקודם שהרב ז"ל הביא מתיקוני הזהר נמצא מאמר אחר וז"ל[64] — יְזְהִירוּ יאירו, אִלֵּין נְקוּדִין דְּנָהֲרִין בָּאתְווֹן אלו הנקודות המאירות באותיות וכו', וְכֻלְּהוּ נָהֲרִין בְּעַיְינִין דְּגוּפָא כולם מאירים בעינים של הגוף הרוחני, הנקרא[65] חלוקא דרבנן בְּגִנְתָּא דְּעֵדֶן שבגן עדן, ולא הגוף הגשמי[66]. וְכֵן[67] בְּתִיקוּנִים תיקוני

לאותיות, כמו הנפש המחוברת לגוף, מעל אימא נמצא פרצוף אבא והוא בחינת נקודות, ומעל הנפש יש את הרוח, ופרצוף א"א הוא בחינת הטעמים.
תרשים ה – ה.
עם כל זה עדיין אין ישוב מדוע קורא הרב ז"ל לאותיות נפש, הרי האותיות הם גוף. בהמשך הסוגיה הרב ז"ל יבאר את זה.
61

כלל – עינים בכל מקום הם בחינת חכמה.
במדבר י' ל"א - ויאמר אל נא תעזוב אותנו כי על כן ידעת חנותנו במדבר והיית לנו לעיניים. **ומפרש אבן עזרא** – להראות הדרך.
גמרא תענית דכ"ד ע"א - והיה אם מעיני העדה נעשתה לשגגה, משל לכלה שהיא בבת אביה, כל זמן שעיניה יפות אין כל גופה צריכה בדיקה, עיניה טרוטות כל גופה צריכה בדיקה. **ומפרש רש"י** – מעיני העדה, זקנים מאירי עיני העם.
ילקוט שמעוני במדבר פרק י' סימן תשכ"ו – והיית לנו לעינים, לא דייך, אלא שתהיה יושב עמנו בסנהדרין, ותהא מורה בדברי תורה. ד"א והיית לנו לעינים, לא דיינו, אלא כל דבר שנתעלם מעינינו תהא מאיר בהן, שנאמר ואתה תחזה מכל העם וגו'.
62

ע"ח ש"ח פ"ב מ"ב דל"ו ע"ב - אמנם האור הראשון שהיה בתחילה למטה, ועלה למעלה שוב לא ירד ונשאר שם מהטבור ולמעלה, ושם הניח שורשו תמיד, ומשם נתפשט ויצא דרך העינים, והם הם הנקודים, ונמשך ונתפשט בחוץ עד סיום רגליו דאדם קדמון כנ"ל, והנה כל האור הנמשך עד הטבור אפילו שהוא מבחינת העינים, הכל הוא נבלע ונכלל בעקודים, ולכן איננו ניכר, אבל האור הנמשך מתחת הטבור עד רגליו, **זהו לבדו נקרא בשם נקודות.**
63

הגהות וביאורים)א(– עיין בשער חיצוניות ופנימיות, שער מ' פרק ד' ופרק ו'.
64

תיקוני הזהר, הקדמה די"ב ע"ב תרגום והסבר – יזהירו יאירו, **אִלֵּין נְקוּדִין** הם הנקודות, שהם בחינת הרוח, **דְּנָהֲרִין בָּאתְווֹן** מאירות האותיות, **וּבְהוֹן נְהִירִין כּוּכְבַיָּא בִּרְקִיעָא בְּגִנְתָּא דְעֵדֶן** ועל ידי הנקודות מאירים הכוכבים שברקיע שגן עדן, **וְכֻלְּהוּ נְהִירִין בְּעַיְינִין דְּגוּפָא בְּגִנְתָּא דְעֵדֶן** וכל הנקודות מאירות בעינים של הגוף שבגן עדן, לפי ששורש הנקודות הוא בחכמה, המאירה בעינים.
65

נהר שלום דמ"ד ע"ד)ח"י(– חלוקא דרבנן הוא גוף זך מאד, ודק מאד, והוא לבוש שבו מתלבשים נר"ן, שהם האורות דעיבור ויניקה ומוחין. שם דרוש ד', והוא נעשה על ידי המצות.
66

לכל בחינת רוח היורדת לעולם הגשמי יש גוף אשר היא מתלבשת בו, לאותה בחינת רוח יש גוף רוחני הנמצא בעולמות הרוחניים, בהתאם למדרגתה הרוחנית, וחלק זה מקבל שפע להשפיע על חלק הרוח הנמצא בעולם הגשמי, כמו שהרב ז"ל כותב בשער הגלגולים. וכאשר האדם מסתלק מהעולם הזה, הוא משאיר את גופו בעולם זה, ורוחו מתלבשת בלבוש רוחני אשר נעשה מהתורה והמצות שהאדם קיים בעולם הזה, ולבוש זה

נקרא חלוקא דרבנן, בסוד כל ישראל יש להם חלק לעולם הבא, חלק מלשון חלוק. כך לכל רוח יש גוף רוחני וגוף גשמי אשר היא מתלבשת בו, והחלק הרוחני משפיע בחלק הגשמי. **וצריך לדעת כי** העולמות הרוחניים אשר מעל עולם העשיה הגשמי שלנו, לא יכולים לסבול אפילו גרגיר חרדל מהגשמיות. ולא כמו שיש מפרשים בענין אליהו הנביא שגופו הגשמי הפך לרוחני ועלה לשמים. אלא רוחו התלבשה בלבוש רוחני דק הנקרא סערה, והגוף קבור באיזהו מקומן, וכאשר מתגלה אליהו הנביא לבני אדם, הוא מתגלה בכמה אופנים, כמו שמביא הרי"ח הטוב. ומהגמרא משמע שאליהו הנביא מתגלה בגוף ממש. גם צריך לדעת כי כאשר מלאך יורד לעולם הגשמי הוא מתלבש בלבוש גשמי, שהוא מד' יסודות ארמ"ע, וכאשר המלאך עוזב הוא מפשיט את הלבוש הגשמי הזה מעליו, וחוזר למקומו.

מלכים ב ב' י"א – ט"ו - ויהי המה הלכים הלוך ודבר והנה רכב אש וסוסי אש ויפרדו בין שניהם **ויעל אליהו בסערה השמים.** ואלישע ראה והוא מצעק אבי אבי רכב ישראל ופרשיו ולא ראהו עוד ויחזק בבגדיו ויקרעם לשנים קרעים. וירם את אדרת אליהו אשר נפלה מעליו וישב ויעמד על שפת הירדן. ויקח את אדרת אליהו אשר נפלה מעליו ויכה את המים ויאמר איה הוי"ה אלה"י אליהו אף הוא ויכה את המים ויחצו הנה והנה ויעבר אלישע. ויראהו בני הנביאים אשר ביריחו מנגד ויאמרו נחה רוח אליהו על אלישע.

שער הגלגולים, הקדמה ל"א – וחלק הנשמה של אצילות, לקחה חנוך בן ירד, ולכן היה מלאך בשמים, הנקרא מטטרו"ן כנודע. ולכן לא מת כבני אדם גם הוא. ודע, כי בחינת זו הנשמה דאצילות, היא הנקראת שרו של עולם, להיותה נמשכת מעולם האצילות, והיא שולטת על העולמות כלם. ובזה יתורץ הקושיא הנודעת בענין חנו"ך ומטטרו"ן, דאם שניהם אחד, אם כן בעולם היצירה, הנקראת עולם דמטטרון, מי היה אז אשר העולם, בהיות חנוך עדיין למטה בארץ בעולם הזה. אבל העניין יובן, במה שכתוב בזהר ריש פרשת נח, בתוספתא על פסוק נח בן נח, **כי כל צדיק יש לו תרין רוחין, חד בארעא לתתא, וחד בשמיא לעילא וכו'**, והבן זה. וזה סוד הנה בשמים עדי, זהו חנוך, שהוא בגימטריא עד"י. וסהדי במרומים, זה אליהו ז"ל, כי שניהם מלאכים בשמים כנזכר.

זהר ויקהל דקצ"ז ע"א תרגום והסבר – **דבר אחר מי עלה שמים, דא אליהו זה אליהו, דכתיב ביה** שכתוב בו במפורש **ויעל אליהו בסערה השמים.** והשאלה היא וכי היך יכיל אליהו לסלקא לשמים וכי יכול אליהו לעלות בגופו לשמים. **והא כלהו שמים** והרי כל השמים, **לא יכלין למסבל** לא יכולים לסבול, **אפילו גרעינא כחרדל מגופא דהאי עלמא** אפילו גרעין של חרדל מגוף העולם הזה, כי הרוחני לא יכול לסבול בתוכו שום דבר גשמי, **ואת אמרת** ואתה אומר – **ויעל אליהו בסערה השמים.** אלא כמה דאת אמר אלא התירוץ הוא כמו שנאמר – **וירד הוי"ה על הר** סיני. וכתיב וכתוב **ויבא משה בתוך הענן ויעל אל ההר,** וגם זה קשה וכי **קודשא בריך הוא דהוה בטורא דסיני** וכי הקדוש ברוך הוא היה בהר סיני, **וכתיב** וכתוב **ומראה כבוד הוי"ה כאש אוכלת בראש ההר,** אם כן **איך יכיל משה לסלקא לגביה** איך יכול משה לעלות בגופו אל הקדוש ברוך הוא. התשובה היא **אלא במשה כתיב** אלא במשה כתוב, **ויבא משה בתוך הענן ויעל אל ההר.** הפירוש הוא **דעאל גו עננא** שנכנס לתוך הענן, **כמאן דאתלבש בלבושא** כמו אדם שמתלבש בלבוש . **הכי נמי אתלבש בעננא** כמו כן התלבש בענן, בסוד חשמל, **ועאל בגויה** ונכנס בתוכו של הענן. **ובעננא אתקריב לגבי אשא** ובלבוש זה הנקרא ענן נקרב לאש, והאש לא הזיק לו, **ויכיל למקרב** ויכול להתקרב. **אוף הכי אליהו** אף כך היה אצל אליהו הנביא, **דכתיב** שכתוב עליו **ויעל אליהו בסערה השמים, דעאל בההיא סערה** שנכנס באותה סערה, **ואתלבש ביה בההיא סערה** והתלבש באותה סערה, **וסליק לעילא** ועלה למעלה. **ורזא אשכחנא, בספרא דאדם קדמאה** וסוד זה מצאתי בספרו של אדם הראשון, **דאמר באינון תולדות דעלמא** שאמר באותן תולדות שיבואו לעולם, **רוחא חדא יהא דיחות לעלמא בארעא** רוח אחת שתרד לעולם בארץ הגשמית, **ויתלבש בגופא** ותתלבש בגוף הגשמי, **ואליהו שמיה** ושמו אליהו. **ובההוא גופא יסתלק** ובההוא גוף יסתלק מן העולם, **ואשתליל מגופיה** ויתפשט מגופו הגשמי, **וישתאר בסערה** וישאר בסערה. **וגופא דנהורא אחרא יזדמן ליה** וגוף אחר של אור יזדמן לו, **למהוי גו מלאכי** להיות בתוך המלאכים. **וכד יחות** וכאשר אליהו יורד לעולם הגשמי, **יתלבש בההוא גופא דישתאר בההוא עלמא** יתלבש באותו גוף הגשמי שהשאיר בעולם התחתון, **ובההוא גופא יתחזי לתתא** ובאותו גוף יתראה ויתגלה לבני אדם למטה בעולם הגשמי, **ובגופא אחרא יתחזי לעילא** ובגוף אחר שלך אור יתראה למעלה. **ודא איהו רזא** וזהו סוד של הפסוק **דמי עלה שמים וירד.** **לא הוה בר נש דסליק לשמיא רוחא דיליה** לא היה אדם שרוחו עלה לשמים, **ונחית**

לבתר לתתא וירד אחר כך למטה, **בר אליהו** פרט לאליהו, **דאיהו סליק לעילא** הוא עלה למעלה, **ונחית לתתא** וירד למטה.

זהר חדש, מדרש רות דצ"ט ע"א הסבר ותרגום – **רבי נחמיה פתח** לפרש את הפסוק **ויראו בני האלהי"ם את בנות האדם כי טובות הנה, ויקחו להם נשים מכל אשר בחרו.** הנה מה שכתוב **ויראו בני האלהי"ם** אלו הם המלאכים הנקראים **עז"א ועזא"ל**, הם **תרין מלאכין** שני מלאכים **הוו דקטרגו למאריהון** אשר קטרגו לאדונם, שהוא ה' יתברך על בריאת האדם הראשון, **ואפיל לון הקב"ה** והפיל אותם הקדוש ברוך הוא **מאתר קדישא דלעילא** ממקום הקדוש העליון. **וכד נחתו אתגלימו באוירא** וכאשר הם ירדו לעולם הגשמי, **נתגלמו והתגשמו** באוויר, **ואתעבידו כבני אינשא** ונעשו בשר ודם כמו בני האדם. **ולית לך בכל אינון מלאכין** ואין לך מכל אותם המלאכים **לאתערבא גו בני נשא** להתערב בתוך בני האדם מפני שהם קרובים לבני האדם במדרגתם, כי י' מדרגות במלאכים, ואלו שירדו והתגשמו הם מהמדרגה הנמוכה ביותר של המלאכים, והם נקראים אישים, **כאינון דאקרון אישים** כמו אותם המלאכים הנקראים אישים, שהם המדרגה העשירית והתחתונה של המלאכים, **וכאינון דאיקרון בני אלהי"ם** והם כאותם הנקראים בני אלהי"ם. **כיון דאפיל לון הקב"ה** כיון שהפיל אותם הקדוש ברוך הוא, **אתגלימו** התגלמו והתגשמו **מכל אינון יסודי דבני נשא** בכל ד' היסודות של העולם הגשמי, שהם רוח, מים, אש, עפר, **ומתלבשין בהון** והתלבשו המלאכים האלו בד' היסודות, כמו בני האדם. וביחס לשאר המלאכים אשר יורדים לעולם הגשמי לעשות שליחות של ה' יתברך **שאר מלאכין כד נחתי** שאר המלאכים כאשר הם יורדים מן השמים לעולם הזה, **ואינון זמינין לאתבא לדוכתייהו** והם עתידים לחזור למקומם בעולמות העליונים, **אתגלימו באוירא** הם מתגלמים באויר העולם בזמן שהם עושים את שליחותם, **ומתפשטין מיניה** ואחר שגמרו את שליחותם, מיד הם מתפשטים מאותו לבוש גשמי **ואהדרו לדוכתייהו** וחוזרים למקומם. **רבי קיסמא בר רבי ינאי פתח** לפרש את הפסוק **עושה מלאכיו רוחות משרתיו אש לוהט. אית מלאכין דאינון מרוח** יש מלאכים שהם מרוח, **ואית מלאכין דאינון מאשא** ויש מלאכים שהם מאש, **דא יהיב מדיליה לחבריה** זה נותן משלו לחברו, **בגין דאית שלמא בינייהו** בגלל שיש שלום ביניהם. **ועל דא** על כן **אינון דנחתין** אלה המלאכים היורדים לעולם הגשמי, **מתרי יסודי אילין נחתין** הם יורדים מב' היסודות האלה, שהם רוח ואש. **כד נחתי** וכאשר הם יורדים, **מתלבשין יתיר באוירא דהאי עלמא** הם מתלבשים יותר האויר של העולם הזה, **ואתגלימו** ומתגלמים ומתגשמים. כי **אינון דאתערבו בהאי עלמא** אלו המלאכים המתערבים בין בני העולם, **מתלבשין ביסודי דהאי עלמא** הם מתלבשים ביסודות של העולם הזה, שהם רוח, מים, אש, עפר, **ולא יכילו לפרחא ולאתבא לאתרייהו** ושוב אינם יכולים לפרוח ולעוף ולחזור למקומם בעולמות העליונים, **ומתעכבו הכא** ומתעכבים כאן בעולם הגשמי.

גמרא סוכה ד"ה ע"א – ותניא רבי יוסי אומר, **מעולם לא ירדה שכינה למטה, ולא עלו משה ואליהו למרום**, שנאמר השמים שמים להוי"ה, והארץ נתן לבני אדם. ולא ירדה שכינה למטה, והכתיב וירד ה' על הר סיני, למעלה מעשרה טפחים. והכתיב ועמדו רגליו ביום ההוא על הר הזיתים, למעלה מעשרה טפחים. **ולא עלו משה ואליהו למרום, והכתיב ומשה עלה אל האלהי"ם, למטה מעשרה. והכתיב ויעל אליהו בסערה השמים, למטה מעשרה.**

פרקי דרבי אליעזר פ"מ – רבי יהושע בן קרחא אומר, **משה היו רגליו עומדות בהר וכלו בתוך השמים,** כאהל דנידה שהיא פרוסה, ובני אדם עומדין בתוכה, ורגליהם עומדות בארץ, וכלם בתוך הארץ. **כך משה היו רגליו עומדות בהר וכלו בתוך השמים,** צופה ומביט כל מה שיש בשמים.

שערי קדושה למהרח"ו חלק ג' שער ז' – האחד הוא, שימשוך על נפשו אור עליון משורש נפשו העליונה, כנזכר לעיל בשער חמישי ותתגלה אליו, וזה הוא רוח הקודש גמור.

גמרא קדושין ד"מ ע"א – רב כהנא הוה קמזבין דיקולי)היה מוכר סלי פלכים לנשים(, תבעתיה ההיא מטרוניתא)טבעה אותו אישה חשובה לדבר עברה(, אמר לה איזיל איקשיט נפשאי)אמר לה רב כהנא אליך והתקן את עצמי(, סליק וקנפיל מאיגרא לארעא)הלך וקפץ מלמעלה לארץ(, אתא אליהו קבליה)בא אליהו והציל אותו(, אמר ליה **אטרחתן ארבע מאה פרסי**)אמר לו אליהו הטרחת אותי לבו ממרחק של ארבע מאות פרסאות(, אמר ליה)ענה לו רב כהנא(, מי גרם לי)מה גורם לי להיות מוכר סלים, לאו עניותא)העניות היא שגורמת זאת(, יהב ליה שיפא דדינרי)נתן לו אליהו כלי עם דינרים(.

ע"ח הקדמה לשער ההקדמות ד"ד ע"ג – וכל זה השיג ע"י שמוש קבלת מעשיות ח"ו כי איסור גדול יש בשמושם אמנם כ"ז היה מעצמו ע"י חסידותו ופרישותו אחרי התעסקו ימים רבים ושנים בספרים חדשים

הזהר, תיקון ה' **די"ו** צ"ל ד"ל ד"כ ע"ב[68] **אמר בפירוש – דאתון אינון לגבי נקודים** האותיות ביחס לנקודות, **כגופא לגבי רוחא** הם כגוף בערך לרוח, ר"ל ערך האותיות ביחס לנקודות הוא כמו הערך

גם ישנים בחכמה הזאת ועליהם הוסיף חסידות ופרישות וטהרה וקדושה היא הביאתו לידי **אליהו הנביא שהיה נגלה אליו תמיד ומדבר עמו פה אל פה ולמדו זאת החכמה.**

רב פעלים ח"ג, סוד ישרים סימן ד' –)השאלה השלישית(גם רציתי לדעת כי אני עבדך שמעתי אומרים שהיה לרבינו הרש"ש ז"ל גילוי אליהו זכור לטוב, ומה כבודך אומר בדבר זה אש כנים הדברים, וימחול להודיעני דעתו דעתו בזה ושכרו כפול מן השמים.)**תשובת הרי"ח**(לאשר שאלה ששמעת לרבינו הרש"ש ז"ל גילוי אליהו זכור לטוב, ובקשת להגיד לך השערת שכלי בדבר זה, איך הוא. דע כי יש הזהרה לנו מדברי קבלה אל תגעו במשיחי ובנבאי אל תרעו, על כן אין לנו לדבר באנשים גדולים ועצומים בהשערת השכל שלנו, ורק רשאי אני להגיד לך דבר אחד בגילוי אליהו זכור לטוב, דודאי בענין שיזכה האדם לדבר עמו פנים בפנים, כמו שהיה לרבינו האר"י ז"ל, דבר זה קשה המציאות, אפילו בדורות הראשונים, וכל שכן בדורות האחרונים. ברם בזאת אפשר להאמין שיהיה גילוי אליהו זכור לטוב בהשכל של הצדיק, דהיינו יתלבש ניצוץ מן אליהו זכור לטוב, בעין השכל של הצדיק ויורה לו האמת, והצדיק אינו מרגיש בגילוי אליהו זכור לטוב בשכלו, אלא חושב שהוא משיג האמת בשכלו, ובאמת אינו כן, אלא הוא משיג הדבר על ידי ההלבשות ניצוץ מן אליהו זכור לטוב בשכלו. ודבר זה נזכר בדברי מהרח"ו ז"ל בהקדמתו לשער ההקדמות, שכתב וז"ל – גם נזכר בהקדמת התיקונים בכתיבת יד וז"ל, ואנת אליהו עתיד לאתגלייא בסוף יומא, ואית מאן דעמיד לאתגלא אפין באפין, ואית מאן דעתיד לאתגלייא ליה בטמירו בעין השכל דיליה וכו', עד כאן דבריו ע"ש. על כן חשבתי דרכי לומר, כי אצל רבינו הרש"ש ז"ל, היה גילוי אליהו זכור לטוב בטמירו בעין השכל דליה, ועל ידו השיג הכללים בחכמה, היוצאים ומוכרחים מדברי רבינו האר"י ז"ל עצמו, שעליהם בנה כל הבניין שלו, שבנה בנהר שלום, ובסידור. ולפי זה מה שכתב בתיקונים הנז"ל, אית מאן דעתיד לאתגלייא ליה אפין באפין, היינו כמו גילוי אליהו זכור לטוב לרבינו האר"י ז"ל. ומה שכתוב ואית מאן דעתיד לאתגלייא ליה בטמירו בעין השכל, היינו כמו גילוי שנגלה לרבינו הרש"ש ז"ל. וא"ש את"ם, והשם יתברך ברחמיו יאיר עינינו באור תורתו, אכי"ר.

היד החזקה לרמב"ם, הילכות יסודי תורה פ"ב –)ח(שינוי שמות המלאכים, על שם מעלותם היא ולפיכך נקראים חיות הקודש והם למעלה מן הכל, אופנים, ואראלים, וחשמלים, ושרפים, ומלאכים, ואלהי"ם, ובני אלהי"ם, וכרובים, ואישים.)ט(כל אלו עשרה השמות שנקראו בהם המלאכים, על שם עשר מעלות שלהם הם. ומעלה שאין למעלה ממנה אלא מעלת האל ברוך הוא, היא מעלת הצורות שנקראת חיות, לפיכך נאמר בנבואה, שהן תחת הכיסא. ומעלה עשירית, היא מעלת הצורה שנקראת אישים, והם המלאכים שמדברים עם הנביאים, ונראים להם במראה הנבואה, **לפיכך נקראו אישים, שמעלתם קרובה ממעלת דעת האדם.**

חתם סופר חלק ו' סימן צ"ח – דהרי נהגו עלמא במילה לאמור - זה כסא של אליהו זכור לטוב, וגם מתפללים המוהלים שיעמוד אליהו על ימינם לסומכם, וזה אומרים אותו אפילו בשבת, ולשמעתי הרי אי אפשר לבוא בשבת, משום ספק תחומין למעלה מעשרה. אבל האמת יורה דרכו כי **מעולם לא עלה אליהו בגופו למעלה מיו"ד** טפחים, אך נפרדה נשמתו מגופו שם, והנשמה עולה ומשמש למעלה בין מלאכי שרת, וגופו נתדקדק ושורה בגן עדן התחתון בעולם הזה. וביום הבשורה במהרה בימינו תתלבש נשמתו בגוף הקדוש הלז... ואז יש לו דין ככל בני ישראל, וכן בכל פעם שמתגלה ומתראה בעולם הזה מלובש בגופו הזך. אך כשמתגלה בגשמתו כמו ביום המילה אז איננו מחויב במצוות, במתים חופשי כתיב.

67

בית לחם יהודה ש"ה פ"ה - וכן בתיקונים די"ו אמר. הוא בד"כ ע"ב, ודף ק"ח סוף ע"א.

68

תיקוני הזהר, תיקון ה' ד"ל ע"ב תרגום והסבר – **דכמה דאתון אינון דכר ונוקבא** כי כמו שהאותיות הם בחינת זכר ונקבה, כאשר מתוך כ"ז אותיות יש ח"י אותיות מבחינת זכר, ויש ט' אותיות שהם מבחינת נקבה, **הכי נקודין אינון דכר ונוקבא** כך הנקודות כוללות בחינת זכר ונקבה, לדוגמה פתח הוא זכר בספירת החכמה. צירי היא נקבה בספירת הבינה, **אבל הכלל הוא אתוון אנהו לגבי נקודי** האותיות ביחס לנקודות, **כגון גופא**

של הגוף לרוח, שהוא הבדל עצום, צריך לדעת לדעת שרשב"י בתיקונים בסוגיה זאת מדלג על הנפש, ועובר מגוף לרוח[69], הרב ז"ל יבאר בהמשך את בחינת הנפש. **ובמקומות אחרים** בתיקונים יש בקיאות אחרת אשר **מצינו כי אותיות** הם **נפש, ונקודות** הם **רוזז, כנזכר**[70] בהקדמה לתיקוני הזהר **די"ג** צ"ל ד"ח ע"א[71], לפי זה יש סתירה בתיקונים. **ולהבין העניין גם כן** צריך **שנדקדק בדבריהם** של רשב"י וחבריו, **באומרו** במאמר הראשון **דאתון לגבי נקודין** שהאותיות בערך הנקודות, הם **כגופא לגבי רוזזא** בערך הגוף לרוח, **והרי** ידוע כי **הנפש** היא **מדריגה ממוצעת בין הגוף והרוזז**, וקושיה היא למה רשב"י דילג על הנפש **והיה לו לומר כגופא לגבי נפשא** היחס הוא כמו הגוף בערך הנפש, ולא הערך הרוח. הרב ז"ל נכנס לסוגית נתינת מוחין בערכי טנת"א[72] **אך העניין** הוא, רב מתרץ את הקושיה **דע** כי המוחין שז"א דאצילות שמקבל[73], הוא מקבל אותם הם

לגבי רוחא הם בכללותם גוף בערך לרוח, ר"ל האותיות הם שבונים את העולמות והפרצופים, והנקודות שהם בחינת הרוח, מנהיגות את העולמות והפרצופים, כמו שהרוח מנהיג את הגוף.
[69]

תרשים ה – ו.
[70]

בית לחם יהודה ש"ה פ"ה - כנזכר דף י"ג. הוא בדף ח' ע"א, ודף י"ב ע"ב.
[71]

תיקוני הזהר, הקדמה ד"ח ע"א תרגום והסבר - **וטעמי אינון בשמתין** הטעמים שהם בכתר הם נשמה בערך האותיות שהם סוד הגוף, **ונקודין רוחין** הנקודות שבחכמה הם רוח לאותיות, מפני שבלי הנקודות אי אפשר לבטא את האותיות, **ואתוון נפשין** והאותיות הם בחינת נפש.
[72]

כל פרצוף הוא שלם בערך עצמו בבחינת נרנח"י פרטים שלו, והוא רק בחינת נפש ורוח, לכן הוא צריך לקבל מוחין שהם נשמה חיה יחידה מהג' הפרצופים שמעליו. בסוגיה זאת כאשר הרב ז"ל מדבר על ז"א דאצילות, וקורא לו עולם, פרצוף ז"א צריך לקבל מוחין מג' הפרצופים שמעליו, שהם א"א ואו"א. בדרך כלל א"א הוא בחינת כתר, והוא בחינת יחידה. אבא הוא בחינת חכמה, והוא בחינת חיה. אימא היא בחינת בינה, והיא בחינת נשמה. אבל כאן הרב ז"ל מעריך את ז"א בערך הגוף, ולהמוחין הרב ז"ל קורא להם טנת"א, כאו הרב ז"ל מבאר את המוחין שמקבל ז"א בערכי טנת"א.

כרם שלמה שער ש"ה פ"ה אות ה' – דע כי הטעמים הם מן הכתר, והנקודות מן החכמה, ותגין מג"ר דבינה, ואותיות מז"ת שבה, וגם בזו"ן, נמצא, וכו'. עכשיו בזה ההקדמה בא לתרץ קושייתו למה האותיות פעם נקראים גוף, ופעם נקראים נפש, והוא כי הטעמים מן הכתר וכו'. ואל תקשה מריש פ"ד לעניין שאמר שהטעמים והנקודות שניהם בחכמה, שהוא אבא, וכאן אמר שהנקודות דוקא בחכמה, ועוד שלעיל אמר שהתגין הם בכתר דאימא, וכאן אמר שהם בג"ר דבינה, ועוד לעיל אמר שהאותיות הט' ספירות דאימא, וכאן אמר שהם בז"ת דאימא דוקא, ועוד אמר כאן שהם בזו"ן גם כן, נוסף על ז"ת דאימא. אלא כאן בא בסדר אחר, כי כבר כתבנו למעלה כי שם מדבר על ההתחלקות הטנת"א באו"א דוקא, ובבחינת הבינה דמ"ה שלהם, מפני שלקחו הי"ס דבינה דמ"ה החדש, שנתחלקה בין שניהם, ובה עצמה יש ד' בחינת טנת"א, ואלו עצמם של הבינה דמ"ה הנחתמו באו"א, כי כתר דאבא לקח הכתר דבינה דמ"ה החדש, וכל כתר הוא טעמים בכל מקום שהוא, ולכן הכתר דאבא הוא טעמים, וט"ס שלו לקחו חכמה דבינה דמ"ה, ולכן הט"ס שלו הם נקודות, כי בכל מקום החכמה היא נקודות וכו', וכו'. כנז"ל בדברנו באורך, וכמו שכתב בשער כ', שער המוחין פרק י'. אבל כאן בפרקין מדבר על הז"א עצמו דאצילות, שהוא עצמו נקרא גוף דאצילות, כמו שכתב לעיל בריש פרקין, בסוד **אמרתי עולם חסד יבנה**, מחסד ואילך, והמוחין הכוללים החסד מהם באים לו תמיד בסוד תוספת, ונמשכים לו מא"א שהוא כתר דאצילות, ומן או"א שהם מוחין דאצילות, שהם חו"ב דכללות האצילות, ובאים

תחילה מאימא דאצילות, שהם פרצופי ישסו"ת. ואחר כך ז"א דאצילות מקבל מוחין מאבא דאצילות, שהם פרצופ או"א
עילאין. ואחר כך מהכתר דאצילות שהוא פרצוף א"א[74], כאן הרב ז"ל הופך את סדר קבלת המוחין, ומתחיל מפרצוף

א"א **כי** המוחין שז"א מהכתר שהוא פרצוף א"א הם   **הַטְּעָמִים,**

והם באים לז"א **מִן הַכֶּתֶר,** והמוחין שז"א מקבל מחכמה, שהם פרצופים או"א עילאין, הם **נְקֻדּוֹת** והם
באים לז"א **מִן הַחׇכְמָה,** והמוחין שז"א מקבל מהבינה שהם פרצופי ישסו"ת הם **תָּגִין**[75] והם באים לז"א

המוחין הללו הכוללים, ומתלבשים בז"א, ואלו המוחין הכוללים דכל האצילות, קורא אותם עכשיו בשם
טנת"א, ומבאר אותם אחת לאחת מהיכן נמשכים לו.

73

כל פרצוף מקבל מוחין ג' מוחין שמעליו. בעיבור מקבל ז"א בחינת נפש, ובקטנות מקבל ז"א רוח, ובגדלות
מקבל ז"א נשמה, חיה, יחידה, ז"א בכללותו הוא בחינת רוח, והוא מקבל מוחין מפרצופי א"א או"א, ומוחין
אלו הם נשמה, חיה, יחידה. כאן הרב ז"ל קורא לבינה שהיא תגין נקודות רוח, ולחכמה שהם נקודות רוח, ודבר זה לא
מובן. אלא בערך ז"א הנקרא אותיות, שהם בחינת הגוף, ג' הפרצופים שמעליו שהם א"א, ואו"א נר"ן, כאשר
הכתר – נשמה, החכמה – רוח, והבינה – נפש.

תרשים ה – ז.

כרם שלמה פ"ה ש"ה אות ה' - ואף על פי שבעלמה אלו המוחין המקבלם הז"א ממעל לו נקראים יחידה,
וחיה, ונשמה, אם כן הטעמים הנמשכים מן הכתר שהוא א"א, הם   נקראים יחידה, והנקודות הנמשכים מן
החכמה שהוא אבא, הם נקראים חיה, והתגין הנמשכים מן הג"ר דבינה שהיא אימא הם נשמה. אם כן איך הרב
ז"ל קורא אותם בכאן התגין נפש, והנקודות רוח, והטעמים נשמה?. הרב ז"ל בכאן בא לפרש לשון התיקונים
המובא לעיל באות ד', שקרא לטעמים נשמה, ולנקודות רוח, ולתגין נפש, ועל זה סמך הרב ז"ל על לשון
התיקונים הנז"ל, כי בא לתרץ דבריו ממקום למקום, ובערך מה שנקרא הז"א גוף שהם האותיות, אם כן הג'
פרצופים שהם למעלה ממנו נקראים נשמה, רוח, ונפש. אבל באמת כשז"א נקרא רוח, הג' פרצופים העליונים
ממנו נקראים לגבו יחידה, חיה, נשמה. ולזה כתב הרב ז"ל בכאן **נמצא כי האותיות אחר שהם בזו"ן הנקרא
גוף,** וכו' שהם אותיות. אם כן העליונים ממנו שהם התגין נקראים נפש, והנקודות נקראים רוח, והטעמים
נקראים נשמה, יען שקראנו לז"א גוף, שהם אותיות וכו'. נמצא כללות הדברים בכאן כי כתר
דכללות האצילות שהוא א"א, ממנו נמשכין הטעמים אל הז"א, והם בחינת נשמה אליו בכללות. והחכמה שהוא
אבא דאצילות, ממנו נמשכין הנקודות לז"א, שהם בחינת רוח בכללות. ומהג"ר דבינה, שהיא אימא דאצילות,
ממנה נמשכין התגין לז"א, שהם בחינת הנפש בכללות. ומן הז"ת שלה נמשכין האותיות לז"א, שהם אותיות
יותר מעולות מאותיות שלו, כמו שאמר בתיקונים כי אותיות רברבות באימא, ואותיות בנוניות בז"א, ואותיות
זוטרות במלכות.

74

כרם שלמה ש"ה פ"ה אות ה' - הטעמים נמשכים לו מן הכתר, פירוש שהוא הכתר הכולל דאצילות, שהוא
א"א, וכל בחינותיו נקראים טעמים, אפילו שבפרטות יש בו טנת"א בי"ס שלו, עם כל זה לגבי ז"א שהוא גוף
דאצילות, שהם אותיות נקרא טעמים לחוד. ולזה דקדק הרב ז"ל בלשונו כאן ואמר – דע כי הטעמים הם **מן
הכתר,** ולא אמר בכתר, או הכתר הוא טעמים, כמו שאמר לעיל בריש פרק ד', וז"ל – הנה כתר דאבא הוא
טעמים, וכו', וכו', אלא אמר **מן** הכתר, וכן אחר כך הנקודות **מן** החכמה, וכן התגין **מן** ג"ר דבינה, וכו'. בכולם
נקט **מן, מן,** להורות שכאן מדבר על מוחין של הטנת"א שנמשכים מן הכתר שהוא א"א, ומן החכמה שהוא
אבא, ומן הבינה שהיא אימא. ואינו מדבר על הטנת"א המתחלקים באו"א עצמם כמו שחילקם לעיל בפרק ד',
אלא על המוחין הנמשכין ממקומם לז"א דאצילות, ונכון הוא.

75

בית לחם יהודה ש"ה פ"ה - ותגין מג"ר דבינה ואותיות מז"ת שבה וגם בזו"ן. היינו שאותיות גדולות בז"ת
דבינה, והבנונים בז"א, והקטנים בנוקבא, כמו שכתוב בתקונים דף ק"ד סוף ע"ב, וז"ל - ואתוון הבל הבלים
דתליין מן תרין ההין, ואינון אתוון רברבן, ואתוון זעירן וכו'. וממילא יהיו אותיות הבנונים בז"א, וכמו שכתב
בפרק ג' דלעיל, בד"ה צמח. וליכא לאקשויי מריש פרק ד' דלעיל שכתב דכתר דאימא לבדו הוא תגין, ולא כל

מג"ר דבינה, כאן יש קושיה על הרב ז"ל, איך הרב ז"ל כותב שהאותיות הם גם בבינה[76] **ו**ז"א מקבל מוחין גם מוחין מ**אותיות** שהם **מז"ת ע**ב**ה**[77], והאותיות הם **גם בזו"ן**[78]. **נמצא כי אותיות** מ**אזור**

הג"ר שכבר כתבנו שם, שאותו החילוק על בחינת הבינה דמ"ה שנתחלקה באו"א הוא נאמר יעו"ש. ודע כי לפי שפרצוף אימא הוא כלול מתגין ואתוון רברבן ואתוון כאמור משום הכי לפעמים גם הז"ת שבה נקראים תגין לפי שהם נכללים עם התגין תמיד, ולכן בפרק א' דלעיל אמר דבינה היא תגין, וכן כתב בפרק א' דניקודים. ולפעמים גם הג"ר דאימא נקראים אותיות, כנזכר בפרק ג' דנקודים, וכן צריך ליישב גם לשון התקונים שכתב בדף ק"ה ע"א ונקודין מסטרא דחכמה ואתוון מסטרא דבינה וכו', ולא פירש מה הם, בחינת התגין לפי שהם בכלל אתוון רברבן דבינה כמו שכתב חז"ל בסמוך.

76

בפרק ד' של שער זה הרב ז"ל ביאר כי כל הבינה היא בחינת תגין, כאן הרב ז"ל מבאר כי ז"ת דבינה הם אותיות. פשוט הוא כי יש ג' בחינות האותיות שהם אותיות קטנות והם במלכות, אותיות בנוניות והם בז"א, ואותיות גדולות והם בבינה, ר"ל בז"ת דבינה. כמו שמביא הבל"י, והגוב"י.

אפשר לתרץ סוגיה זאת לפי **דרוש הדעת.** ידוע כי לפי דרוש זה כללות חב"ד הם חכמה, והם נשמה. וכללות חג"ת הם בינה, והם רוח, וכללות נה"י הם זו"ן, והם נפש. יוצא לפי זה, כללות הבינה מתחילה מספירת החסד ולמטה, ומחסד ולמטה הם בחינת אותיות בכל מקום.

תרשים ה – ח.

זהר ויקהל דר"י ה ע"ב עם תרגום והסבר – **אתוון זעירין** האותיות הקטנות, **איגון עשרין ותרין אתוון** הן עשרים ושתים אותיות, **דאינון בעלמא תתאה** שהן העולם התחתון, שהוא המלכות, **דאינון אל ברוך גדול דעה וכו'** שהן אל ברוך גדול דעה וכו', שאומרים בתפילת יוצר של שחרית דחול, **ולא אית בין תיבה לתיבה רווחא אחרא** ואין בין תיבה לתיבה רוח אחר, כלומר אין בין תיבה לתיבה רווח של תיבות אחרות **אלא את רשימא בכל תיבה ותיבה** אלא אות רשומה בכל תיבה ותיבה, כלומר **א'**ל **ב'**רוך ג**'**דול **ד'**עה וכו'. **ובעלמא עלאה** ובעולם העליון שהיא הבינה, **אית רווחא** יש רוח בין התיבות, כי בין א' לב' יש חמש תיבות, ובין אות ב' לג' יש חמש תיבות, ומהאותיות ג' עד ר', שהם ח"י אותיות יש ארבע תיבות בין אות לאות, והם סוד שם ע"ב, **וסטרין קדישין בין את לאת** והצדדים הקדושים בין אות לאות. **ודא איהו תושבחתא על תושבחתא** והשבח הזה של א"ל אדון על כל המעשים, **דאתוון עלאין דיומא שביעאה, קא משבח ואמר למלכא עלאה יוצר בראשית** שהאותיות העליונות של היום השביעי, שהם בבינה משבחות ואומרות למלך העליון, שהוא ספירת החכמה הנקראת ראשית, שהוא יוצר בראשית, כלומר בר"א שי"ת, בסוד כולם בחכמה עשית.

ספר הזוהר, פרשת תרומה דקל"ב ע"א עם תרגום והסבר – **בגין דאית אתוון רברבן** לפי שיש אותיות גדולות בתורה כגון ב' בראשית, **ואתוון זעירין** ויש אותיות קטנות בתורה כגון א' דויקרא, י' דפינחס, **אתוון זעירין מעלמא תתאה** האותיות הקטנות הם במלכות, שהוא סוד העולם התחתון, **אתוון רברבן מההוא עלמא דאתי** והאותיות הגדולות הם מהבינה, סוד העולם העליון, עולם הבא. והאותיות הרגילות הם בז"א.

77

הגהות וביאורים)ב(– פירוש, כי אותיות רברבות בבינה, ובינוניות בז"א, וקטנות במלכות, נמצא ששלשתן בחינת אותיות)אור זרוע(.

78

בחינת הבינה היא הכל מקום תגין, כאן הרב ז"ל מבאר כי הבינה מתחלקת לב' בחינות הג"ר שבה הם תגין, והז"ת הם אותיות. וזה פלא, איך ב' בחינות בבינה. הענין הוא כי סוד נתינת המוחין לזו"ן מהבינה הם סוד כ"ב האותיות מבואר בכוונת **ברוך אתה** בתפילת העמידה, ומובא הלכה למעשה בסדורו הקדוש של מרן הרש"ש.

תרשים ה – ט.

שער הכוונות, דרושי העמידה, דרוש ב' – והנה זו ההארה היא סוד מה שכתבתי למעלה, כי הוא סוד **הארות הכ"ב אתוון שביסוד הבינה**, הנקרא בזה תכוין במלת ברוך. אמנם אינם כ"ב אתוון עצמן לפי שהם עדיין על רישא דז"א, בסוד אור מקיף. אמנם הוא הארה היורדת משם בג"ר דז"א, אשר אלו הם הארות יותר מועטות וגרועות, מן הארת הכ"ב אתוון המתפשטות בהג"ת דז"א אחר שנכנסו כל המוחין בתוכו,

שֶׁהֵם בַּזוֹ"ן, הַנִּקְרָא גּוּף בערך כל עולם האצילות, **יַעַן שֶׁהֵם כְּלָלוֹת ז"ת דְּאֲצִילוּת,** כי **בִּכְלָלוֹת** עולם האצילות הוא בן י' ספירות, והם ה' פרצופים, כאשר כתר חכמה בינה דאצילות הם פרצופי א"א וחו"ב הם או"א, חג"ת נה"י הוא פרצוף ז"א[79], והמלכות היא פרצוף נוקבא, **נִמְצָא כִּי אוֹתִיּוֹת נִקְרָא גוּפָא לְעוֹלָם**[80] זה בנין אב בדברי הרב ז"ל, **שֶׁהֵם הַכֵּלִים. וְהִתְגַּין** שהם על האותיות הם ג"ר דְּאִמָּא, והם הַנֶּפֶשׁ דְּאוֹתִיּוֹת, וכמו[81] **שֶׁהַנֶּפֶשׁ אֵינָהּ נִפְרֶדֶת לְעוֹלָם מִן**

להיותו מקום צר כנ"ל. ואמנם זו ההארה של אלו הכ"ב אתוון תכוין בשני אותיות ב"ך שבמלת ברוך, ותכוין להורידן מן יסוד דבינה אשר עומד למטה בראש ז"א, ואיננו ממש עצמותו, אלא הארתו בלבד כנ"ל. ותכוין להוריד מן הארת יסוד דאימא יסוד הנקרא ברוך, אלו הכ"ב אתוון הנרמזות גם כן במלת ברוך. גם תכוין כנ"ל והוא להוריד הארת ההה"ג דבדרישא דז"א, כי הגבורות עצמן הם גם כן למעלה, אמנם האַרתם בלבד תוריד עד המלכות, על ידי הכריעה הנזכר. והנה הארה הזו היא בגימטריא ברוך, על דרך שביארנו בתפלת ראש השנה, שהם סוד כ"ו, ע"ב, ק"ל, שהם בגימטריא ברוך, ושם נתבאר ביאורו.... והנה סוד ההארה הזו היורדת עתה הוא **הארת הכ"ב אתוון עצמם,** משרשם מן ג' עליונות שהוא סוד שני אותיות א"ה של אהי"ה כנ"ל. וזה נרמז בשתי אותיות א"ת של מלת אתה, **והם כ"ב אותיות מן אלף עד תיו,** וכיוצא בזה פירש בזוהר פרשת בראשית על מלת א"ת, שר"ל כללות האלפא ביתא, מן אלף עד תיו, שסימנים א"ת. גם עתה נכנסין הה"ג עצמם, משרשם העליון ולא הארה בלבד כבתחילה, ויורדין אל המלכות, וזה נרמז באות ה' של אתה, שהוא סוד ה"ג, והוא סוד ה' אותיות מנצפ"ך היתירות על כ"ב אותיות הנרמזות במלת אתה, באותיות א"ת מן אתה, גם עתה נכנסין הארת ה' חסדים, אבל אינם נכנסים החסדים עצמן, כמו הגבורות רק האַרתם בלבד. וגם זה נרמז באות ה' של אתה.

כרם שלמה ש"ה פ"ה אות ה' - ואותיות מז"ת שבה וגם בזו"ן, פרוש האותיות רבבות שהם בז"ת דאימא הם נמשכים גם כן לזו"ן ונמצאים. כי כל האותיות הם בזו"ן, אפילו הז"ת דבינה, והוא סוד המשכת הכ"ב אותיות, בסוד ברוך אתה של עמידה. וזה מה שאמר אחר כך, נמצא כי אותיות אחר שהם זו"ן הנקרא גוף, יען שהם כללות ז"ת דאצילות, וכו'.
79

כל אחד מה' הפרצופים שבעולם האצילות, ובכל עולם ועולם הוא בעל שיעור קומה של י' ספירות. עם כל זאת עולם האצילות כולל י' ספירות פרטיות, כאשר כתר דאצילות הוא פרצוף א"א, והוא בעל י' ספירות פרטיות. ספירת החכמה דאצילות – פרצוף אבא, והוא בעל י' ספירות פרטיות. ספירת הבינה דאצילות – פרצוף אימא, והיא בעלת י' ספירות פרטיות. ו' ספירות חג"ת נה"י – פרצוף ז"א, והוא בעל י' ספירות פרטיות. ומלכות דאצילות – פרצוף הנוקבא, והיא בעלת י' ספירות פרטיות.

נהר שלום, דרוש הדעת דמ"א ע"ב - דע כי אף על פי שהוזכר תמיד היותם י' ספירות, אינם רק ה' ספירות, וכל ספירה הוא פרצוף אחד, וכולל עשר מדות, והם א"א, ואו"א, וזו"ן. וזה פרטם כי ספירת הכתר כוללת עשר מדות, ונקרא א"א. וספירת החכמה כוללות עשר מדות, ונקרא אבא. וספירת בינה כוללת עשר מדות ונקרא אימא. **וספירת הדעת דחסדים כוללת עשר מדות, ונקרא זעיר. אך כשנאצל לא היו בו רק שש מדות, חג"ת נה"י שבדעת והם הם החג"ת נה"י הנקרא אצלינו מכלל הי' ספירות.** אבל אינו רק מדות, ולא ספירות כמו הג' ספירות הראשונים. וספירת הדעת דגבורה, כוללת עשר מדות ונקרא נוקבא דזעיר, אך כשנאצלה לא היה בה רק מדה אחת לבד, העשירית, והיא מלכות שבדעת הנזכר, והיא היא המלכות הנקרא אצלינו מכלל הי' ספירות, אבל אינה רק מדה אחת, ולא ספירה. ואלו הה' פרצופים נרמזו בשם ההוי"ה בקוצו של יו"ד, ובד' אותיותיו.
תרשים ה – י.
80

כלל - בכל מקום שמובא בדברי הרב ז"ל בחינת האותיות, בחינה זאת היא בחינת כלים, שהם הגוף. וזה בנין אב בדברי הרב ז"ל.
81

38

הַגּוּף אפילו אחרי המיתה, **כֵּן הַתַּגִּין אֵינָם נִפְרָדִין**[82] **מֵאוֹתִיּוֹת בְּסֵפֶר תּוֹרָה לְעוֹלָם,**
מַה שֶּׁאֵין כֵּן הַנְּקוּדוֹת וּטְעָמִים, שֶׁאֵינָם בְּסֵפֶר תּוֹרָה ר"ל לא נכתבים בספר תורה,
רַק עַל יְדֵי קְרִיאַת אָדָם בְּסֵפֶר תּוֹרָה בציבור, כל הבחינות של הספר תורה[83] ניתקנים, **וְהָבֵן**
זֶה. וְזֶה שֶׁכָּתוּב לְעֵיל בהקדמת תקוני הזהר דף י"ב ע"ב, **וְנַפְשָׁא אִיהִי כְּלָלָא דְּאַתְווֹן**
כלומר הנפש מחוברת עם האותיות, שהם הגוף, ולא נפרדות ממנו, והם נחשבים לבחינה אחת היא כללות **וְשׁוּתְפָא**
דְּגוּפָא והנפש שותפה בגוף, כמו שהתגין מחוברים לאותיות, וביניהם קשר אמיץ, וּבְיָאוּר[84] **הָעִנְיָן** הוא **כִּי**
הַתַּגִּין שהם בדרגת נפש **הֵם מִשְׁתַּתְּפִין וּמִתְחַבְּרִין בְּעַצְמוּת הָאוֹתִיּוֹת, שֶׁהֵם** בחינת
הַגּוּף ר"ל הכלים, מפני שצורת האות היא האות עצמה עם התגין שעליה, רק שהאורות עצמם הם הגוף, **וְהַתַּגִּין**
הֵם בחינת **כְּלָלוּת הָאוֹתִיּוֹת** שהם בחינת הנפש הכוללת את הגוף, ר"ל כמו שהגוף מושרש בנפש, והוא ענף
לנפש, וכלול בנפש. כך האותיות הם מושרשים בתגין, והם ענף לתגין[85], הַטַּעַם הוא **כִּי**[86] השורש שהם התגין, הם

בֵּית לֶחֶם יְהוּדָה שׁ"ה פ"ה – וכמו שהנפש אינה נפרדת לעולם מן הגוף, כן התגין אינם נפרדין מאותיות
ס"ת. וליכא לאקשויי, כי מאחר וקאי על אותיות זו"ן דכללות האצילות, ובחינת התגין הם ג"ר דאימא, אם כן
היכי קתני שהתגין אינם נפרדין מהאותיות, והא לפעמים מסתלקת אימא מעל בנין. ויש לומר כמו שכתב רז"ל
בפרק ד' דשער כ"ו, ז"ל – ולעולם אין זו"א חסר אפילו בלילה לאחר חרבן הבית מחיות המוכרח, שהוא מוחין
פנימים דקטנות אימא, יעו"ש.
82

הַגָּהוֹת וּבֵיאוּרִים)ג(– עיין לקמן שער הנקודים פרק ו', ומה שכתב בתו"ח שם, ועיין במבוא שערים דכ"ו
ע"א.
83

ע"ח שׁ"ח פ"ו מ"ת דל"ט ע"ג – והנה בענין העקודים כבר נתבאר לעיל ענין בחינת טנת"א, שבהם ונבארם
פה בבחינת הנקודים, ונאמר כי בחינת הנקודים הם האורות הראשונים שיצאו בראשונה, והאותיות הם הכלים,
ואחר כך כשנשברו הכלים ונפרדו איש מעל פני מתו, האורות נשארו בבחינת תגין על האותיות, שהם הכלים,
והטעמים הוא שם מ"ה החדש שיצא אחר כך מאור המצח לתיקון המלכים, כמו שנכתוב בע"ה. וזה טעם הספר
תורה שיש לו בחינת כתיבת **אותיות ותגין**, וחסרים ממנו **טעמים ונקודות**. כי כבר ידעת כי ספר תורה הוא
בחינת היסוד דאבא, וכבר נודע בזוהר בהרבה מקומות מקומות דבמחשבה איתבריר כלהו, ולכן הספר תורה)נ"א
ולשון ס"ת(מורה על זה הנ"ל, ועל ידי מה שהש"ץ קורא הפרשה בתורה, בטעמים ונקודות, לתקן מה שחסר
ממנו, לכן תמצא כי הטעמים יש בהם הוראה בהוצאת הבל הפה, כי יש ניגון פרטי לכל טעם בפני עצמו
בהוצאתן מהפה ולחוץ, וכן הנקודות יש להם הברת כמו אָ אֶ אֱ אָ אֵ אֶ אוֹ אַ אֻ אבל)נ"א כי(התגין אין להם
שום תנועה ונדנוד בעת קריאת האותיות. והטעם כי בחינת הטעמים והנקודות הם מורים בזמן שהאורות בתוך
הכלים, ולכן הם נרגשין ונדנדים בעת קריאת האותיות, יען כי על ידי הנקודות והקריאה הם מאירין בתוך
כליהם, שהם האותיות, אבל התגין מורים על זמן היות האורות על גבי האותיות, וחוץ להם, שאז אין לאותיות
שום נדנוד ותנועה, כי רוחניותם נסתלק מתוכם,)מן הכלים הנקודים(אמנם עומדין עליהם מרחוק להאיר להם
הארה מועטת, כדמיון התגין העומדים זקופים על האותיות, לא בתוכן.
84

נהר שלום דמ"ה ע"א)ל"ח(– טעמים כתר, נקודות חכמה, תגין ג"ר דבינה, אותיות שבעה תחתונות דבינה,
וזו"ן. שער טנת"א פרק ה'.
85

כמו שהרב ז"ל בתחילת הפרק כי רוחניות הטיפה נותנת את הצורה החומרית.

ג"ר דאמא, הם[87] כלולים צ"ל נכללים מז"ת בז"ת, שהם האותיות. וכללות הז"ת שהם האותיות, שהם הענף, והם נשרשין ונכללין בג"ר, שהם התגין והם בחינת הנפש, והתגין והאותיות לא נפרדים לעולם, כמו שהנפש לא נפרדת לעולם מהגוף. ובעבור זה התגין רמוזין ונזכרין כבחינה בפני עצמה בתיקונים שהרב ז"ל הביא בסוגיה זאת, יען כי הם התגין ואותיות משתתפין יזוד והם בחדא מחתא, ר"ל הנפש שהיא התגין, קשורה לגוף שהוא האותיות, בקשר אמיץ, וב' בחינות אלו הם בחינה אחת, לכן לזמנין לפעמים נקראים האותיות גופא, כי כן הוא האמת שהאותיות הם בחינת גוף וכלים, וזהו כל כל בדברי הרב ז"ל, ולזמנין נקראים האותיות נפש, בבזינת התגין המחוברים באותיות דאותיות שבהם והם בחינת נפש דאותיות, לכן האותיות נקראים נפש, על שם התגין המחוברים להם[88], לכן בתיקוני הזהר האותיות נקראות לפעמים גוף, ולפעמים נפש. והנקודות[89] כמו

ע"ח ש"ה פ"ה דכ"ב ע"ד – שמשעה שנזרע נותן בה הצורה השכלית)נ"א שנזרעה נתנה הצורה בה(שהוא הנפש, אשר בכחה מצטייר החומר, ונעשה אברים, שהוא בית קיבול אל הנפש. דוגמת אומן הנופח בכלי זכוכית ועל ידי הרוח הנכנס בתוכו, מתפשט חומר הזכוכית ונעשה כלי.
86

בית לחם יהודה ש"ה פ"ה – כי ג"ר דאימא הם כלולים מז"ת. צ"ל בז"ת.
87

הגהות וביאורים)ד(– כוללים הז"ת, כתב יד.
88

בתורה עצמה יש ג' בחינות של אותיות, כאשר אותיות שעטנ"ז ג"ץ הם בעלי ג' תגין כל אחד. אותיות בד"ק חיה הם בעלי תג אחד, ואותיות אוכ"ל מספר"ת הם בלי תגין. עם כל זאת כאשר הש"ץ קורא את האותיות, לתגים עצמם אין שום משמעות בקריאה, והם לא מעלים ולא מוסיפים. והתגים עצמם הם כמו האותיות אשר אין להם משמעות בלי הניקוד והטעמים. צריך לדעת כי כמו שלאותיות שעטנ"ז ג"ץ, ולאותיות בד"ק חי"ה יש תגין, והם בחינת הנפש שלהם. גם לבחינת אותיות אוכ"ל מספר"ת מוכרח שהיו בחינת תגין, שהם בחינת הנפש שלהם, רק הם נעלמים, ולא נזכרים בדברי הזהר, ולא בדברי הרב האר"י זלה"ה. עם כל זאת חיב להיות לאותיות אוכ"ל מספרת בחינת חיות כמו שאר האותיות, רק שהם נעלמים.
ע"ח ש"ח פ"ו מ"ת דל"ט ע"ב – וכבר ידעת כי הטפה המציירת הולד ומגדיל והוא הבחינה זו)נ"א זהו החו"ג(הזה"ג, ואלו הם סוד האותיות שמהם נוצר הולד, ועוד כי האותיות תמיד לעולם הם בחינת הכלים כנודע, ואלו נעשים כלים לאו"א בסוד האחוריים כנזכר, ואלו הם שירדו למטה עם שארית החסדים)נ"א האורות החו"ג(היורדין לצייר הכלים של הולד, שהם ז' מלכים דבחינת זו"ן. והנה כל אלו הם בחינת כ"ב אותיות התורה, וז' מהם הם כלים לז' מלכים, וט"ו מהם הם כלים לאו"א וכנ"ל. כי יותר גדולים הם או"א מכל זו"ן, וסימן לאותיות או"א הם י"ה, כי או"א הם גם כן סוד י"ה שבשם כנודע. ואותיות ז"א הם שעטנ"ז ג"ץ, והט"ו אותיות הנשארים הם דאו"א, ו' מהם הם אחוריים דאו"א, שהם בד"ק חי"ה, וכנזכר בתקונים, ובזהר, ושאר אותיות הם אוכ"ל מספר"ת הם פנים דאו"א. וזהו הטעם של אלו אותיות של שעטנ"ז ג"ץ צריכין ג' זיינין ותגין על כל אלת מהם, ואמנם באותיות בד"ק חי"ה צריכה תג אחד על כל אחד מהם, וגם למה נשתנו אלו)ט'(האותיות משאר אותיות שאין בהם בהם שום תג. אבל הענין כי האותיות שעטנ"ז ג"ץ הם סוד הז' מלכים שמתו, ולפי שמהם נתהוו ויצאו הקליפות כנודע, לכן הם אותיות שט"ן ע"ז ג"ץ. פירוש שהם תגבורת וחוזק עוז הדינין העזים, אשר ירדו ונעשו מהם השטן, שהם הקליפות, וכבר נודע מה שכתוב בזוהר באדר"ז ובספרא דצניעותא דרצ"ב ע"ב, כי אלו הז' מלכים הם נצוצין דאזדריקו כהאי אומנא דאכתיש בפרזלא ואפיק זיקין לכל סטר, וזהו ג"ץ, כמו שכתוב גץ היוצא מתחת הפטיש כו'. וכבר נתבאר לעיל כי אלו ז' מלכים לקחו אורם מגוף א"ק שתחת שבולת הזקן, ולא מלעלה, נמצא שהם חסרים בחינת ג' אורות עליונים, שהם אח"פ, כי לכן נשברו הפנים והאחוריים שלהם, ואלו הם בחינת ג' תגין שיש למעלה על כל אות מאלו הז' הנ"ל, כי הם מורים על הסתלקות האורות והחיות מן הכלים, שהם אותיות, **ונשאר האור למעלה מהם, ולא בתוכם, כדרך צורת**

קמ״ץ, פתח, צירי וכו' **הם רוזֹא** של **הָאותִיות.** הרב ז"ל חוזר לבקיאות שבתחילת הפרק **וזֶה שֶׁכתוב**
בְּדַף ל"ה צ"ל בדף כ' ע"ב **דְּאתוון לְגבֵּי נְקוּדִין** האותיות שבהם כלולים התגין ביחס לנקודות **כְּגֻופֿא**
לְגבֵּי רוּזֹא כמו גוף ביחס לרוח, **וַהֲוֹה לֵיה כְּאֵלו אמר כְּגֹופֿא וְנַפֿשָׁא** כמו הגוף והנפש
שהם אותה בחינה **לְגבֵּי רוּזֹא** בערך הרוח, **כי בְּהַזכִּיר** בזהר **את הגֿוף מְמֵילֹא הֿנֶּפֿשׁ**
בִּכלָל ר"ל הנפש נכללת בגוף, מפני שהגוף והנפש נחשבים כבחינה אחת, **כי שֻׁותֿפֿין הֵם כנַ״ל** כמו
שהתגין שותפים ומחוברים לאותיות. **וְיובֿן**[90] **גַם כֵּן מה שֶׁכֿתב**[91] בתיקונים, תיקון ס"ט דק"ה דע"א[92]
כי אתון[93] האותיות **מְבִֿינָה, וְהִיא** צ"ל והם **מֹז״ת שֶׁבֿה, אַך תַֿגִֿין נַֿפֿשָׁא** הם בחינת נפש,
וְהוא צ"ל והם **מֹגֿ״ר שֶׁבֿה** ר"ל שבבינה[94]. **וְלִהֿיות** בחינת **הֿתֿגֿין** היא **בֿזֹוינֿת נַֿפֿשׁ** בסוגיה

התגין עַל הָאותיות. אבל האותיות בד"ק חי"ה הם אחוריים דאו"א שירדו. וכבר ביארנו לעיל כי או"א
לוקחים ב' אורות של חוטם פה, ולא חסר מהם רק אור אזן, אשר על כן לא ירדו מהם רק בחינת אחוריים,
וכנגד אותו אור שחסר מהם אנו מתיגים תג אחד על כל אות מהם, כנגד אותו אור שחסר מהם.
89

בית לחם יהודה ש"ה פ"ה - והנקודות הם רוח האותיות וזה שכתב דף ל"ה דאתוין וכו'. צ"ל וזה שכתב דף
כ' ע"ב, ודף ק"ה סוף ע"א דאתוון וכו'.
90

בית לחם יהודה ש"ה פ"ה - וויבן גם כן מה שכתב כי אתוון וכו'. צ"ל ויובן גם כן מה שכתוב בתיקונים דף
ק"ה ריש ע"א, כי אתוון וכו'.
91

הגהות וביאורים)ה(– בזוהר דף נ"ז ב'.
92

תיקוני זהר, תיקון ס"ט דק"ה ע"ב תרגום והסבר – **וטעמי אינון מסטרא דכתר** הטעמים הם מצד הכתר,
ונקודין מסטרא דחכמה והנקודות מצד החכמה, **ואתוון מסטרא דבינה** והאותיות הם מצד ז"ת דבינה, והתגין
אשר לא מוזכרים בסוגיה זאת בזהר, הם חלק מהאותיות, **ומתלבשין** האותיות שז"ת דבינה מתלבשים בסוד
המוחין הניתנים לז"א **במיא** בקו החסד, שהוא בחינת מים, **אשא** בקו הגבורה, שהוא בחינת אש, **ורוחא** ובקו
התפארת, שהוא בחינת רוח, **דאינון** והם **חסד, גבורה, תפארת,** דז"א. **והכי מתלבשין** וגם מתלבשים בחינות
מים, אש, רוח, שהם בחינת המוחין, **בנצח, הוד, יסוד** דז"א, שהם הענפים של החג"ת, **מלכות מאנא דכלהו**
המלכות היא המוציאה לפועל של הספירות העליונות, **כלילא מכלהו** וכלולה מכולם.
93

הגהות וביאורים)ו(– עיין דב"ש דף ל"ג ע"ג.
94

כי כל בחינת הבינה היא תגין, כאן הרב ז"ל מבאר כי התגין הם רק בג"ר דבינה, והז"ת דבינה הם האותיות.
ונתבאר כבר כי יש ג' בחינות באותיות, שהם אותיות גדולות, בנוניות וקטנות. האותיות שז"ת שבבינה הם
אותיות הגדולות.
תרשים ה – י"א.
כרם שלמה ש"ה פ"ד אות א' - וביאור דבריו ז"ל, כי נודע שטנת"א המתחלקים בכל י' ספרות וי' ספירות
הם כך, שהטעמים הם בכתר, והנקודות הם בחכמה, והתגין הם בבינה, והאותיות הם בז"ת. ולכן כאן גם כן בב'
ספירות דבינה דמ"ה החדש שלקחו אותם או"א הוא כך, שהטעמים בכתר, והנקודות בחכמה, והתגין בבינה,
והאותיות בז"ת. לכן אבא דאצילות שלקח מבינה דמ"ה, הכתר והחכמה שלה, וכל פרצופו נבנה מאלו הב'
ספירות דוקא, שהם כתר וחכמה דמ"ה. והכתר של זו הבינה דמ"ה תיקן הכתר של אבא, ולזה כתר שלו נקרא
טעמים על שמו, והחכמה של זאת הבינה דמ"ה שתיקנה שאר הספירות שלו, ולזה כל ט' ספירות התחתונות
שלו נקראים נקודות. והבינה דבינה דמ"ה שתקנה לאימא עילאה, ולא לישסו"ת התחתונים, ולזה הכתר של

41

זאת, ובעלמא **כל** בחינת **נפש** היא **בזווֹנת מלכות**[95] בסוגיה זאת בחינת הנפש היא הג"ר דבינה, עם כל זאת תמיד הנפש היא מלכות, **ולכן**[96] **אמרו שם דפ"ט**[97] בתקוני הזהר צ"ל דכ"ד ע"ד **דמלכות אתעביד כתר דז"א** המלכות נעשית כתר לז"א, והיא מלכות דאימא, **בסוד התגין** שהם בחינת נפש בסוגיה זאת, ונפש היא מלכות בכל מקום, והתגין הם **שֶעַל**[98] **גְּבֵי אותיות**, הרב ז"ל מביא ראיה לדבריו ומבאר **שֶכבר ידעת כי** שפע המוחין הנקראים **נפש יתירה דאו"א** שז"א מקבל, והנפש היתירה **היא**[99] כתר בראש ז"א, בסוד כתר יתנו לך ר"ל לז"א[100], הנקרא **הוי"ה** ו**אלהינ"ו** שהיא הנוקבא, **כנזכר ב**ספר ה**ֹזהר ב**פרשֹת **פֹנחס דרמ"ב** ע"ב.[101]

אימא דוקא נקרא תגין, כי סתם אימא הם היש"סות. והיש"סות כולם נבנו מז"ק דבינה, וכל ז"ק נקראים אותיות. והרב ז"ל כאן מה שקרא להיש"סות כולם בשם ט' ספירות דאימא, הטעם כי אף על פי שכל הי' ספירות דאימא נקראים יש"סות, שהם בכללם נקראים אימא סתם, הם מאימא עילאה, שהיא נבנית מבינה דבינה דמ"ה, שהיא בחינת תגין, ולזה הכתר דיש"סות דוקא נקראו בשם תגין, ואינו נכנס בכלל הט' ספירות דיש"סות, הנקראים בשם אותיות, יען שנבנו מז"ק דבינה דמ"ה, שהם בחינת אותיות.
95

בחלוקת נרנח"י לספירות, בחינת נפש היא מלכות. רוח – חג"ת נה"י. נשמה – בינה. חיה – חכמה. יחידה – כתר. אבל בסוגיה זאת, כאשר הרב ז"ל מבאר כי כל ז"ת שהם אצילות הם גוף, אז בחינת הנר"ן תתחיל מהבינה ולמעלה.
תרשים ה – י"ב.
96

בית לחם יהודה ש"ה פ"ה - ולכן אמרו שם דפ"ט. צ"ל בדף כ"ד סוף ע"ב, ודף כ"ה ריש ע"א, וכל כוונת רז"ל אינה כי אם להביא ראיה מהתיקונים, שהנפש היא נכנסת משעת הזרעת הטפה, ואינה נפרדת מהחומר, וכמו שכתבו גם כן בפרק ה' דשער כ', יעו"ש. וכל אריכות דברים אלו אינם כי אם ליישב לשונות התיקונים, שלא יהיו סותרים זה את זה.
97

תיקוני הזהר, תיקון י' דכ"ד ע"ב תרגום והסבר – **דעלה אתמר** שעל המלכות נאמר, **אבן** שהיא המלכות **מאסו הבונים** שהם או"א מאסו בה, **וגו'** המשך הפסוק הוא – והיתה לראש פינה, אחר כך היא הפכה להיות עטרה לז"א, בסוד הפסוק בעטרה שעטרה לו אמו.
98

ליקוטי תורה למהרח"ו, בראשית ד"ג ע"א – וזה סוד בירור המלכים הראשונים שמתו כנודע, כי בכל עולם ועולם היה בחינת המלכים שמתו, וזהו והארץ היה תהו ובהו, שהוא שבירת הכלים, ורוח אלהי"ם מרחפת על פני המים, שהוא החיות, שהוא החיות שלא היו הכלים יכולין לקבל, **וזה סוד התגין שעל גבי האותיות**, שהוא אור הרוחף עליהם.
99

אחד משמות התגין הוא כתר, או כתרים, התגין הם בחינת נפש, והנפש בכל מקום היא מלכות, בסוגיה זאת התגין הם בחינת ג"ר דאימא, והאותיות הם בחינת גוף, כמו שהרב ז"ל ביאר, והתגין הם נמצאים מעל לאותיות, יוצא שהמלכות דאימא שהיא בחינת תגין, היא כתר דז"א.
גמרא מנחות דכ"ט ע"ב - אמר רב יהודה אמר רב, בשעה שעלה משה למרום מצאו להקב"ה שיושב וקושר **כתרים לאותיות**, אמר לפניו רבש"ע מי מעכב על ידך, אמר לו אדם אחד יש שעתיד להיות בסוף כמה דורות, ועקיבא בן יוסף שמו, שעתיד לדרוש על כל **קוץ וקוץ** תילין תילין של הלכות, אמר לפניו רבש"ע הראהו לי, אמר לו חזור לאחורך, הלך וישב בסוף שמונה שורות ולא היה יודע מה הן אומרים, תשש כחו. כיון שהגיע לדבר אחד, אמרו לו תלמידיו, רבי מנין לך, אמר להן הלכה למשה מסיני, נתיישבה דעתו חזר ובא לפני

וְעַתָּה נְבָאֵר עְנָיִינָם של בחינות ז"א הנקרא עולם, **דַּע כִּי הַכֵּלִים שֶׁהֵם גּוּף דז"א, הַנִקְרָא עוֹלָם,** הרב ז"ל מדגיש שהכלים דז"א **הֵם בְּחִזְינַת אוֹתִיוֹת, וּבָהֶם נִכְלָלִין הַתַּגִּין שֶׁהֵם** בחינת **הַנֶּפֶש.** אָמְנָם מִן הַכ"ב אוֹתִיוֹת נַעֲשָׂה הַגּוּף דז"א, **כּוֹלֵל** י' **עִילָּיטִים**[103] **שֶׁהֵם** י' ספירות הנקראים **כְּחָזְב"ד, זּחַג"ת, נַחְהִי"ם, כַּנָּזְכֵּר**[104] בתיקוני הזהר,

---

הקב"ה. אמר לפניו רבונו של עולם יש לך אדם כזה ואתה נותן תורה על ידי, אמר לו שתוק כך עלה במחשבה לפני, אמר לפניו רבונו של עולם הראיתני תורתו, הראני שכרו, אמר לו חזור]לאחורך[חזר לאחוריו, ראה ששוקלין בשרו במקולין, אמר לפניו רבש"ע זו תורה וזו שכרה, אמר לו שתוק, כך עלה במחשבה לפני.
100

נתינת מוחין לז"א מפרצופי או"א רמוזים בקדושת כתר דמוסף הלכה למעשה בסדורו הטהור של מרן הרש"ש. **תרשים ה – י"ד.**

שער הכוונות, דרושי קידוש ליל שבת, דרוש א', עניין תפילת מוסף של שבת – ופעם אחד שמעתי כי כל עליות ז"א עתה הם באבא בלבד, ועליית רחל נוקבא הם באימא בלבד, ונמצא כי בחזרת תפילת מוסף ירש ז"א מקום אביו, ונוקבא מקום אימא וזהו הנכון. והנה עליית ז"א בכתר דאבא, נרמז בקדושת חזרת מוסף, שהיא כתר יתנו לך הוי"ה אלהי"ו כו', וכמו שכתוב בספר הזהר. ופירושו לך הוי"ה אלהי"י התחתונים, יתנו לך או"א הנקראים מלאכים, המוני מעלה, בחינת כתר שלהם, וסרסהו ודורשיהו, לך הוי"ה אלהי"ו יתנו מלאכים המוני מעלה כתר. וכבר נתבאר בספר התיקונים כי או"א נקראים מלאכים של א"א, כתר דאצילות.
101

זהר פנחס, רעיא מהימנא דרמ"ב ע"ב תרגום והסבר – **דשם הוי"ה** השורה על בני ישראל בשבת, **מוכתר עלייהו בכתריה** הוא מוכתר עלהם בכתר שלו, **דאיהו כתר עליון** הוא הכתר העליון דאצילות, **והאי איהו נשמה יתירה דכל ישראל** והיא הנשמה היתירה של כל ישראל, **בשבת ויומין טבין** נמשכת הנשמה היתירה. **ובגין דא תקינו בכל יומין** בגלל שאין תוספת נשמה בימי החול, התקינו בימי החול **למחתם בשם הוי"ה** לחתום בשם הוי"ה, **דאיהו חותם דכל ברכאן דצלותין** שהוא חותם וסיום לכל הברכות בתפילה, ר"ל כי שם הוי"ה הוא בתפארת, והוא בחינת ז"א, הרמוז על ו' ימי השבוע, **ולא אמרין מוסף בלא כתר** ולא אומרים מוסף בלי הארת הכתר, לכן אין תפילת מוסף בימי החול, כי אין נשמה יתירה. **ובשבת תקינו למימר במוסף** בשבת התקינו לומר בתפילת מוסף **כתר יתנו לך הוי"ה אלהינ"ו** מפני שאז נמשכת תוספת נשמה מהכתר.
102

בית לחם יהודה ש"ה פ"ה - כולל יו"ד שליטים שהם כחב"ד חג"ת נהי"ם. פתח ביו"ד שליטים, ונקט כחב"ד חג"ת נהי"ם שהם י"א, כדי לכוין הכ"ב אותיות כל ב' אותיות בספירה אחת, כי אף על פי שאין הדעת מכלל הי"ס, מכל מקום הוא מכלל בנין הגוף.
103

שלמה המלך קורא לבחינת הספירות שליטים, והם השולטים ומנהיגים את הגוף. עם כל זאת הרב ז"ל מזכיר כאן י"א ספירות שהם כחב"ד, חג"ת נהי"ם. וידוע מספר יצירה שיש י' ספירות ולא י"א, י' ולא ט'. יש מספר תירוצים למספר זה.

א – נצח והוד נחשבים לספירה אחת, בסוד רגליהם רגל ישרה.

ב – הדעת הוא נשמת ז"ת, והוא חלק מהגוף, אבל ההנהגה היא על ידי י' ספירות.

ג – בחינת המלכות הנזכרת כאן, היא עטרת היסוד דז"א.

ד – בחינת הכתר היא פנימיות, והדעת היא חיצוניות.

ה – דעת הבל"י כי הסיבה שהרב ז"ל מביא י"א ספירות, מפני שהדעת הוא מכלל הגוף, ויש כ"ב אותיות, ולכל ספירה יש ב' אותיות.

הלכה למעשה בסדור הרש"ש עובדים עם כל הבחינות של כחב"ד חג"ת נהי"ם.
תרשים ה – י"ד.

בהקדמה ב' הנקראת פתח אליהו ל"ג די"ג וכן ל"ג בדי"ג צ"ל די"ז ע"א[105] וז"ל[106] – בדרך כלל המוסג ספירות מתיחס לבחינת הכלים, כאן הרב ז"ל רוצה להביא ראיה שעיקר המוסג ספירה הוא על העצמות האור

ע"ח שכ"ג פ"ח דק"ט ע"ג - לכן תמצא כיון שהם ז' מלכים לבד יש בהם רפ"ח ניצוצין, שהם ע"ב ס"ג מ"ה ב"ן. לסבה הנ"ל כי הו"ק)ב"א כשהו"ק(נעשו י' ספירות גמורות דחיצוניות, ומתחילין מחכמה שהוא ע"ב, ולא מן הכתר הנ"ל, לכן גם כן תבין למה אין הכתר נמנה בכלל הי"ס, אך החכמה נקרא ראשית, כי משם ראשית חיצוניות ז"א, שהוא בחינת ז' מלכים דב"ן, אך הפנימיות והכתר הוא מ"ה עצמו דז"א החדש, שלאחר התיקון. לכן בבחינת החיצוניות נחשב כתר דז"א מאמא, ובבחינת הפנימיות נחשב מכלל הז"א. ואמנם החיצוניות דכתר נטלו הדעת דז"א, הנעשה מב' שלישים ראשונים דתפארת דז"א, כנזכר במקומו. ולכן הדעת משלים לי"ס במקום הכתר, וזהו בבחינת חיצוניות, אך בבחינת הפנימיות הכתר הוא מכלל הי"ס דז"א, לכן אל תתמה אם אנו מונין לפעמים הדעת במנין י"ס, ולפעמים הכתר, כי זה בחיצוניות וזה בפנימיות.

קהלת ז' י"ט - החכמה תעז לחכם מעשרה שליטים אשר היו בעיר.

ספר יצירה, פרק א' משנה ג' - עשר ספירות בלימה, עשר ולא תשע, עשר ולא אחת עשר, הבן בחכמה, וחכם בבינה, בחון בהם, וחקור מהם, והעמד דבר על בורייו, והשב יוצר על מכונו.

שם משמעון דקע"א – ומן הכתר עד הנצח הם ח' ספירות, כשתמנה הדעת עמהם. עיין להשמ"ש נר"ו אות ד' דאין זה סותר למה שכתב בשער כ"ב פרק א', דבזמן העיבור אין לו דעת להז"א, דכבר כתב מהר"י צמח ז"ל במבוא שערים דק"ט דהכוונה היינו שאין לו היכר, אבל לעולם יש בו דעת גם בעיבור, יע"ש. ומה שהקשה עוד שם ממה שכתב הרב **שער ה'** דאיך מונה הדעת מאחר שאנו מונין הכתר, כי הם יו"ד, ולא י"א, והנה בצריך עיון. ולעניות דעתי דאינה קושיה דנהי, **דאין אנו מכניסים שניהם במנין הי' ספירות כדי שלא יהיו י"א**, מכל מקום קושטא **הוא דתרווייהו איתנהו מיהא בז"א**, ושניהם צריכים תיקון חדש לכל אחד ואחד, ואם כן מנין לחוד, ותיקון לחוד, וקל להבין.

ע"ח ש"א ענף ה' די"ד ע"ג – הנה המלכות שבו הוא בחינת עטרה שעל הצדיק, הנקרא יסוד, בסוד ברכות לראש צדיק.
104

בית לחם יהודה ש"ה פ"ה - כנזכר בהקדמה ב' די"ב. צ"ל די"ז ע"א, והוא בפתיחת אליהו.
105

תיקוני הזהר, הקדמה ב' פתח אליהו, די"ז ע"א הסבר ותרגום – **אלין עשר ספירן** ואלו הי' ספירות, שהם האורות, **אינון אזלין כסדרן** הם מסודרים בסדר של הנהגת החסד, הדין, והרחמים, **חד אריך** והוא קו הימין, חסד, **וחד קצר** והוא קו השמאל, דין, **וחד בינוני** והוא קו האמצע, רחמים, **ואנת הוא דאנהיג לון** ואתה, ר"ל המאציל, מנהיג את העולם על ידי ז"א, ע"י י' ספירות אלו, בג' הבחינות של חסד, דין, ורחמים, **ולית מאן דאנהיג לך** ואין מי שינהיג אותך, **לא לעילא** לא למעלה, שהם כח"ב, **ולא לתתא** ולא למטה, שהיא המלכות, **ולא מכל סטרא** ולא מכל צד, שהם ו"ק, חג"ת נה"י. **לבושין תקינת לון** לבושים שהם הכלים דספירות תקנת להם, **דמנייהו פרחין נשמתין לבני נשא** שמשם אלו הלבושים פורחות ויוצאות נשמות לבני אדם, **וכמה גופין תקינת לון** וכמה גופים תקנת והכנת לאורות והכנה של י' הספירות, והם הכלים הרוחניים המגבילים את אור הספירות, כאשר לכל ספירה וספירה יש ג' כלים, שהם כלי פנימי, כלי אמצעי, וכלי חיצון, **דאתקריאו גופא לגבי לבושין דמכסיין עליהון** שנקראים גוף רוחני כנגד הלבושים שמכסים עליהם. **ואתקריאו בתקונא דא** והעשר ספירות נקראות בסדר זה, **חסד דרועא ימינא** ספירת החסד נקראת זרוע ימין, **גבורה דרועא שמאלא** ספירת הגבורה נקראת זרוע שמאל, **תפארת גופא** ספירת התפארת נקראת גוף, שהוא עיקר הו"ק, **נצח והוד תרין שוקין** ספירות נצח והוד הם ב' שוקים, הם ענפי חסד וגבורה, **ויסוד סיומא דגופא** וספירת היסוד בסיום הגוף, היא נקראת **אות ברית קדש** על שם בית המילה שמקימים בני ישראל, **מלכות פה** ספירת המלכות נקראת פה, על שם עטרת היסוד שהיא הפה דיסוד, וקוראים לה **תורה שבעל פה קרינן לה. חכמה מוחא איהו מחשבה מלגאו** החכמה היא כללות המוחין, ובמוחין נמצא כח המחשבה, **בינה** שם פרצופי ישסו"ת, ופרצופים אלה מתפשטים עד לבא הלב, **ובה הלב מבין** ובה אמרו חז"ל לב מבין, **ועל אלין תרין כתיב** ועל ב' ספירות אלו כתוב, **הנסתרות להוי"ה אלהינו, כתר עליון** הכתר העליון שהוא עליון על כל שאר הספירות **איהו כתר** הוא הכתר שנעשה ממלכות של העולם היותר עליון, **ועליה אתמר** ועל המלכות נאמר מגיד מראשית אחרית.

המתלבש בכלים, שהוא הנרנח"י, ולא על הכלים עצמם[107] **וכמה גופין תקינת לון** וכמה גופים, שהם הכלים של הספירות, והם נקראים כחב"ד, חג"ת, נהי"ם תקנת להם, ר"ל לספירות דאצילות, **דאתקריאו**[108] **גופין לגבי לבושין** והם נקראים גוף, בערך הלבוש שהגוף מתלבש בו, והלבוש הם עולמות בי"ע. כלומר עצמות האור שהם הספירות מתלבשים בגוף שהוא ז"א, וז"א הוא בחינת הכלים, והכלים מתלבשים בלבושים שהם עולמות בי"ע, יוצא שהספירות הם פנימיות בערך הכלים והלבושים, **דמכסיין עליהון** והכלים והלבושים מכסים על הספירות, ר"ל על עצמות האור, **ואתקריאו בתיקונא דא**, ונקראים בתיקונים אלה, **זזסד דרועא ימינא** חסד זרוע ימין, **כו'. ואזור כך נבאר איך מכ"ב אותיות נעשין י' תקונין** שהם הכלים לאור הספירות. **והנה להיות שהתגין משותפין באותיות, לכן נכללין נפש וגוף יחד בכ"ב אתוון, וכולן** גם התגין וגם האותיות **נקרא** צ"ל נקראים כ"ב נקראים **כ"ב בזיונת אתוון**[109]**. והנקודות**[110] **הם עשר** נקודות[111], **כמו שנבאר בע"ה**, והנקודות הם

בית לחם יהודה ש"ה פ"ה - וז"ל וכמה גופין תקינת לון. כלומר כמה גופין תקינת לון, לספירן, הגופין הם הנקראים כחב"ד חג"ת נהי"ם, כמו שכתוב לעיל בסמוך, והספירן הם אור הפנימי, הנקרא עצמות, והוא שם מ"ה, כדמפרש בסמוך.

בדרך כלל המוסג ספירה מתייחס לכלים, והוא מלשון מספר, כמו מונה מספר לכוכבים, מפני שהכלי קוצב את כמות האור המתלבש בתוכו, כי לאור אין גבול, והכלי הוא המגביל אותו שלא התפשט יותר מידי, ובחינה זאת היא חיצוניות הספירה. כאן הרב ז"ל מיחס את מוסג הספירה לנרנח"י, וספירה מלשון ספיר, והיא בחינת עצמות הספירה. כמו שמובא בספר יצירה בל"ב נתיבות...... וברא את עולמו בשלשה ספרים, בספר וספר וספור.

ספר – בחינת מספר, והוא בחינה כמות. והם כ"ב האותיות.

ספר – בחינת ספיר, והוא איכות, והם י' הספירות.

ספור – בחינת תקשורת והנהגה.

תהילים קמ"ז ד' – מונה מספר לכוכבים לכולם שמות יקרא.

שמות כ"ד י' – ויראו את אלוה"י ישראל ותחת רגליו כמעשה הספיר וכעצם השמים לטהר.

ספר יצירה פ"א משנה א' - בשלשים ושתים נתיבות פליאות חכמה, חקק י"ה, הו"ה, צבאו"ת, אלה"י ישראל, אלהי"ם חיים, ומלך עולם, א"ל שד"י, רחום וחנון, רם ונשא, שוכן עד וקדוש שמו, מרום וקדוש הוא, וברא את עולמו בשלשה ספרים, **בספר וספר וספור.**

בית לחם יהודה ש"ה פ"ה - דאתקריאו גופא לגבי לבושין דמכסיין עליהון. הלבושין הם סוד חלוקא דרבנן, המלבישין על אור הפנימי שהם הנר"ן, והכהב"ד חג"ת נהי"ם הם גופא ללבושין דמכסיין עליהון. ר"ל המכסין על אור פנימי הנזכר, הנקרא י' ספירות.

מכאן הראיה שגם לאותיות מלאכ"ת סוף"ר יש תגין, כמו לאותיות שעטנ"ז ג"ץ, ולאותיות בד"ק חי"ה, רק שהתגין של האותיות מלאכ"ת סוף"ר הם נעלמים. בהכרח שגם לאותיות אלו יהיה בחינת נפש, והוא הבלא דגרמי. עם כל זאת דבר זה לא מבואר בדברי הרב ז"ל.

בית לחם יהודה ש"ה פ"ה - והנקודות הם עשרה. אף על פי שהנקודות אינם כי אם ט' בלבד. נקט עשרה משום שהם י' ספירות, אלא שהמלכות היא הוי"ה בלא ניקוד.

45

בזֹזִינַת רוזז כמו שהרב ז"ל ביאר בתחילת הפרק, **והם**[112] הנקודות, **נִקְראו י' סְפִירות בָּאֱמת** כי
בחינת הניקוד הוא בחינת נרנח"י, האור שמחייה את הכלים, **בסוד**[113] הפסוק **הַשָּׁמַיִם** שהוא ז"א[114]
מְסַפְּרִים מלשון ספיר, ולא מלשון מספר, כי אין גבול וקצבה באורות, **כי הַשָׁמִים הוא** פרצוף **ז"א**,
ויש בו את **בזֹזִינַת הרוזז** והם האורות, ופרצוף ז"א **הוא כולל י' סְפִירות, הַמְסַפְּרִים** המאירים
כמו שהספיר מאיר **וּמַזְהִירים לַמלכות, הַנִּקְרא** צ"ל הנקראת[115] **כבוד א"ל** מפני שכבוד המלך
הוא שהמראה את הכוחות והפעולות שלו על ידי שליחו, כך ז"א מאיר למלכות להוציא את פעולותיו מהכח לפועל, הרב
ז"ל מביא ראיה לביאורו **כנֹזְכּר** בזהר **בפרשה תרומה דקל"ו ע"ב**[116] **מאי מִסַפְּרִים כו',**

הרב ז"ל כותב כי הנקודות הם עשר, ידוע שהם רק ט' סוגי נקודות, שהם קמץ, צרי, פתח, סגול, שבא, חולם,
חיריק, קובוץ, שורוק. והסיבה שהרב ז"ל מזכיר י' נקודות היא כי הוא מזכיר שיעור קומה של י' ספירות, לכן
נקט בלשון י' ספירות, אפילו שהמלכות נעדרת מניקוד, אבל העדר הבחינה היא גם הבחינה ממש.
תרשים ה – ט"ו.
112

בית לחם יהודה ש"ה פ"ה – והם נקראים י' ספירות באמת. כי עיקר שם י' ספירות אינם כי אם באור פנימי
שהוא העצמות, ומה שאנו קורין לכחב"ד וחג"ת ונהי"ם שהם הכלים בשם י' ספירות, אינו כי אם לשון
מושאל, והטעם כי שם ספירות אינו לשון מנין ומספר, אלא הוא לשון ספירים, כמו שכתוב בסמוך, וזה אינו
שייך בכלים, אלא בעצמות בלבד.
113

תהילים י"ט ב' – השמים מספרים כבוד א"ל ומעשה ידיו מגיד הרקיע.
114

ז"א נקרא שמים, ונוק' נקראת ארץ.
ע"ח שי"ד פ"ד מ"ק דע"א ע"ד – כבר בארנו כי מן יסוד דעתיק)בנ"א א"א(יוצא הבל, ונחלק ב' ראשים
לאו"א, והנה ראשים דאו"א מגיעין עד דיקנא דא"א, דבמזלא אתכלילין, ולכן אין האורות שלהם צריכין לחזור
בסוד אור חוזר ממטה למעלה, דרך השערות כמו ג"ר דא"א, ואמנם כוונתם לתת מוחין אל בניהם זו"ן, מחמת
חשקם ואהבתם אל בניהם, בסוד ושמים לא זכו בעיניו. **כי ז"א נקרא שמים**, לא זכו בעיניהם של או"א,
ותמיד נראה להם שעדיין צריך תיקון יותר, ולכן מתקנים אותם תמיד, ומנחילין להם עטרות, שזה סוד בורא
שמים ונוטיהם.
ע"ח ח"ב של"ד פ"א מ"ב דמ"ה ע"א – והנה סבת התחלת תיקון רחל מן החזה הוא, כי עד שם אורות
הנה"י של התבונה מכוסים, ושם נסתיים יסוד תבונה, והאורות מגולין, ובפרט כי שם מתחיל גילוי יסוד דאבא
להתגלות, וזה סוד ה' בחכמה יסד ארץ, הנאמר בתקונים כי אבא יסד ברתה. והענין כי במקום גילוי יסוד אבא,
שם מתחיל בנין **המלכות רחל הנקראת ארץ.**
115

ע"ח ח"ב שמ"ד פ"ז דק"א ע"ג – ודע כי זה שכתוב בזוהר פרשת בראשית, כל יומי שתא אקרי א"ל,
והשתא אקרי כבוד א"ל. פירוש כי הנה כל השנה אין להמלכות אלא שם א"ל, אבל השתא יש לה דעת פנימי
כנודע שהוא שם ס"ג, שהוא גימטריא כבוד א"ל. והדעת הזה אין לה אלא בעת הזווג, שהוא ביום השבת, או
ביום השבועות, שהוא דוגמת שבת כנודע.
116

זהר תרומה דקל"ו ע"ב - כד נהיר יממא ביומא דשבתא כשמאיר היום ביום שבת, **סליקו דחדוה סליק**
בכלהו עלמין עלית השמחה עולה בכל העולמות, **בנייחא בחדוה** במנוחה ובשמחה. **כדין אז השמים** שהוא
ז"א **מספרים** מאיר למלכות הנקראת **כבוד א"ל ומעשי ידיו מגיד הרקיע** שהוא היסוד. **מאן שמים** מי אלו
השמים. **אלין שמים דשמיא עלאה** אלו השמים שהשם העליון שהוא שם מ"ה, והוא האור המחייה את הכלים
דז"א, **אתחזי בהו** נראה בהם, **דשמא קדישא אתרשים בהו** שהשם הקדוש, שהוא שם מ"ה רשום בהם.
מספרים, מאי מספרים מה השמים שהם ז"א מספרים, **אי תימא כמאן דמשתעי ספור דברים** אם תאמר כמי

אלא דְּנַהֲרִין וְנַצְצִין אלא שהם מאירים ונוצצים, בְּנִצּוֹצֵי דִּנְקוּדָה עִלָּאָה בניצוצות של הנקודה העליונה, שהם הנקודות שבחכמה, כו'. הֲרֵי[117] כי עצמות הַסְּפִירוֹת שהם אורות הנרנח"י הֵם מזזכמה נְקוּדָה עִלָּאָה.

[הגהה] צ׳במזז[118] לְסֵפֶר הַלִּיקּוּטִים שהוא מכתבי מ"ק לרבי חיים ויטאל, וספר זה הוא לא משמונה השערים המפורסמים, מִסְפַּר זו"ן יְסוֹד, עַל שֵׁם ה' חֲסָדִים וְה' גְּבוּרוֹת, הָעוֹלִים בגימטריא מִסְפָּר. (נ"ב גהה זאת להר"ם מטראן ז"ל כמו שמובא בסוף ההגהה. הרב מטראן מבאר איך חו"ג עולים מספר, והוא ביסוד, כמו שמובא בספר הלקוטים פֵּירוּשׁ כי ה' חֲסָדִים וְה' גְּבוּרוֹת הֵס י' הֲוָיו"ת מפני שכל קצה אחד של חסדים או גבורות רמוז בהוי"ה אחת עם נקוד הפרטי שלה[119], והעשר הויו"ת הֵס מ' אוֹתִיוֹת כי כל הוי"ה היא בת ד' אותיות, וביחד הם מ' אותיות, הרי הול אות מ' מתיבת מסְפר, וְאוֹתָן י' הֲוָיו"ת בְּמִילוּי שלהם הֵס בגימטריא ק' אותיות, כי המילוי של שם הוי"ה דמ"ה הוא בן י' אותיות, כך שלכול הוי"ה במילוי שלה יש י' אותיות, ולעשר הויו"ת יש ק' אותיות, הֵס אותיות מ"ס שֶׁל תיבת מסְפר, ואותיות מ"ס הם גימטריא ק' . וּמִילוּי דְמִילוּי של כל הוי"ה דמ"ה הֵס כ"ח אוֹתִיוֹת, י' פְּעָמִים שהם י' הויו"ת כ"ח אותיות שבכל הוי"ת הֵס גימטריא פל, ואותיות פ"ר הם אותיות פר של תיבת מסְפר[120], הגהות מהר"ס מטרלאן ז"ל), ועתה בפרק זה נדרש ר"ל הרב דורש שתיבת מספר היא בתפארת, כי גם הול התפארת כולל אותן כלומר התפארת כולל את חו"ג, מפני שהתפארת הוא שורש ו"ק, שהוא שם מ"ה, והיסוד הוא חלק מהתפארת, בסוד אלא תולדות יעקב יוסף, לכן עיקר תיבת מספר היא בתפארת.

שמדבר ספור דברים. לָאו הֲכִי לא כך הוא, כי הוא לא לשון של סיפור דברים, אלא מלשון ספיר, שמאיר ומתנוצץ. אלא דְּנַהֲרִין וְנַצְצִין בְּנִצִיצוּ דִנְהוֹרָא עִלָּאָה אלא שהם מאירים ונוצצים בהתנוצצות של העור העליון, שהוא הנקודות דחכמה, וְסָלְקִין בִּשְׁמָא ועולים בשם מ"ה, דְּכָלִיל בִּנְהִירוּ דְּשְׁלִימוּ עִלָּאָה הכולל אור של שלמות עליונה.
117

בֵּית לֶחֶם יְהוּדָה שׁ"ה פּ"ה - הרי כי הספירות הם מחכמה נקודה עלאה. דהא קתני ונצצין בנציצו לנקודה עלאה. והוא ראיה על מה שכתב לעיל, ונקודות מן החכמה וכו', כי הספירות שהם העצמות הם נמשכין ממנה, כי בחכמה דאצילות מתלבש אור א"ס, ומתפשט באצילות, כמבואר בריש פרק י"ג דשער מ"ב, יעו"ש.
118

הגהות וביאורים)ז(– עיין שער הפסוקים הנ"מ)הנדפס מחדש(דף קנ"ד ע"א, בפסוק מונה מספר כו', תהילים קמ"ז.
119

ה"ח רמוזים בה' בהוי"ת, כאשר החסד דחסדים הוא הוי"ה בניקוד סגול, גבורה דחסדים בניקוד שבא, תפארת דחסדים בניקוד חולם, נצח דחסדים בניקוד חירק, והוד דחסדים בניקוד קובוץ. וכן ה"ג רמוזים בה' הוי"ת כאשר החסד דגבורות הוא הוי"ה בניקוד סגול, גבורה דגבורות בניקוד שבא, תפארת דגבורות בניקוד חולם, נצח דגבורות בניקוד חירק, והוד דגבורות בניקוד קובוץ. כמו שמובא בסידור הטהור לרש"ש.
תרשים ה – ט"ז.
120

תרשים ה – י"ז.

הרב ז"ל מביא עוד ראיה כי הספירות הם בחינת אורות ולא כלים **גַם יֹדְעַת מִפָּסוק**[121] **מוֹנֶה מִסְפָּר לַכּוֹכָבִים, כִּי**[122] **תִּפְאֶרֶת** שהוא פרצוף ז"א[123] **הַנִּקְרָא מִסְפָּר, וְהוּא** בחינת **רוֹזֵז**[124], **כְּמוֹ**[125] **שֶׁכָּתוּב** בהקדמה ב' של תיקוני הזהר **דִי"ו** צ"ל די"ז ע"א[126] **וְקָרִינָן לוֹן י' סְפִירוֹת** וקראת לעצמות האור המתלבש בכלים י' ספירות, **וַאֲזַר כָּךְ אָמַר לְבוּשִׁין תְּקִינַת לוֹן** לבושים תקנת להם, שהם עולמות בי"ע, והם לבושים לכלים דז"א דאצילות, **וְכַמָּה גוּפִין תְּקִינַת לוֹן** וכמה גופים, שהם הכלים היותר פנימיים מהלבושים, והם נקראים כחב"ד, חג"ת נהי"ם דז"א, כו'. **הֲרֵי כִּי י'** הספירות הם **עַצְמוֹת, שֶׁהֵם הַנְּקוּדִים שֶׁבְּתוֹךְ הָאוֹתִיּוֹת, הַנִּמְשָׁכִין**[127] מַחָכְמָה **עִלָאָה**[128] (הגהה צבוז אבא במלכות) **הַנִּקְרָא נְקוּדָה עִלָאָה**[129] צ"ל הנקראת **גַם כֵּן**. ועל שמה

121

תהילים קמ"ז ד' – מונה מספר לכוכבים לכולם שמות יקרא.

122

בית לחם יהודה ש"ה פ"ה - כי תפארת נקרא מספר. מביא ראיה אחרת שהנקודות הם מחכמה, וקאמר כי התפארת שהוא הז"א נקרא מספר, על שם הי' ספירות שבו.

123

המקובלים הראשונים, וגם הזהר הקדוש בהרבה מקומות העלימו את פרצוף ז"א, וקראו לו תפארת, כי בחינת התפארת הוא כמו גזע של כל הקצוות דז"א, וייוצאים ממנו הענפים שהם חסד, גבורה, נצח, הוד, יסוד.

124

פרצוף ז"א בערכי נרנח"י נקרא רוח.
תרשים ה – י"ח.

125

בית לחם יהודה ש"ה פ"ה - ואחר כך אמר לבושין וכו'. כלומר ואין לומר כי מה שכתב בתיקונים וקרינן לון י' ספירות וכו', הוא קאי על הכלים, ולא על אור העצמות. לזה אמר ואחר כך אמר לבושין תקנת לון, לאותם הי' ספירות שהם בחינת מלבושי הנר"ן, הנקראים חלוקא דרבנן. ואחר כך אמר וכמה גופין תקנת לון, לאותם הי' ספירות, הרי כי הי' ספירות וכו'.

126

תיקוני הזהר, הקדמה ב' די"ז ע"א- פתח אליהו ואמר, רבון עלמין דאנת הוא חד ולא בחושבן, אנת הוא עלאה על כל עלאין, סתימא על כל סתימין, לית מחשבה תפיסא בך כלל, אנת הוא דאפיקת עשר תקונין, **וקרינן לון עשר ספירן**, לאנהגא בהון עלמין סתימין דלא אתגליין, ועלמין דאתגליין, ובהון אתכסיאת מבני נשא, ואנת הוא דקשיר לון, ומיחד לון, ובגין דאנת מלגאו, כל מאן דאפריש חד מן חבריה מאלין עשר, אתחשיב ליה כאלו אפריש בך. ואלין עשר ספירן אינון אזלין כסדרן, חד אריך, וחד קצר, וחד בינוני, **ואנת הוא דאנהיג לון,** ולית מאן דאנהיג לך, לא לעילא ולא לתתא ולא מכל סטרא, **לבושין תקינת לון,** דמנייהו פרחין נשמתין לבני)נ"א דבני(נשא, **וכמה גופין תקינת לון,** דאתקריאו גופא לגבי לבושין דמכסיין עליהון, ואתקריאו בתקונא דא, חסד דרועא ימינא, גבורה דרועא שמאלא, תפארת גופא, נצח והוד תרין שוקין, ויסוד סיומא דגופא אות ברית קדש, מלכות פה תורה שבעל פה קרינן לה.

127

בית לחם יהודה ש"ה פ"ה - הנמשכין מחכמה עלאה. נ"ב צמח אבא במלכות. כוונתו לפרש שהחכמה עלאה הנזכרת היא אבא, ולא חכמה עלאה דא"ק, המאיר באצילות. אמנם מה שכתב במלכות אינו מובן. וגרסת ע"ח כתב יד דשנת ע"ת צמח אבא כנז"ל, והיא גירסה נכונה. ובע"ח דפוס קארעץ ליתא להגהות צמח הנזכר.

128

חכמה עלאה היא בחינת אבא, כמו שמביא הרב יעקב צמח ז"ל בהגהה.

129

של הנקודה העלאה **נֻקְרָא** צ"ל נקראים]דכ"ג ע"ב 46[**נְֻקֻוֹדֹות** מפני שהנקודות שהם הרוחניות שבכלים נמשכים מהחכמה, והם מחיים את הכלים, כמו שהנקודות מחיים את האותיות• **וֹזֹה שֹׁכֹתֻוֹב אֹזֹור כֹּך** בהמשך הקדמת תיקוני הזהר **מלֻגֹאו אֹיֹהֻו** מבפנים בתוך שיעור הקומה הוא **שֹׁם** מ"ה, הוי"ה דאלפי"ן, שהוא **יֹו"ד הֹ"א וֹא"ו הֹ"א, דֹאֹיֹהֻו בֹאֹורֹזֹ אֹצֹילֹות** והוא מקשר את הספירות שבעולם האצילות, **וֹידֹוֹעֹ כֹּי שֹׁם** יֹו"ד הֹ"א וֹא"ו הֹ"א הֹזֹה הוא בגֹ'ימטריא אדֹ"ם, הֹרֹמֹוֹזֹ בֹתֹיבֹת זֹוֹכֹמֹה, כי תיבת חכמה בנויה מב' תיבות שהם **כֹּ"זֹ מֹ'"ה** ר"ל הכח של ז"א[130] שהם האותיות, והנקרא שם מ"ה, בא מהחכמה, שהם הנקודות, ומכח הנקודות יש לז"א חיות, **כֹּי הֹעֹשֹׂר סֹפֹירֹות** שהם עצמות האור, שהם הנקודות **הֹן הֹן הֹעֹשֹׂר אֹותֹיֹות דֹשֹׁם מֹ'"ה** כי בשם מ"ה יש י' אותיות, וכל אות רומזת לספירה אחת[131], ושם מ"ה הוא האור המתלבש בתוך הכלים דז"א• **וֹזֹה**[132] **שֹׁכֹתֻוֹב בֹהֹקֹדֹמֹת** תיקוני **הֹזֹּהֹר** די"ב ע"ב[133] **וֹהֹמֹשֹׂכֹּילֹים אֹלֹין אֹתֻוֹן** אלו האותיות, **דֹּכֹּלֹּךֹּ בֹבֹ' דֹבֹרֹאֹשֹׁית** הנכללים באות ב' שבתיבת בראשית המתחילה את התורה, ואות ב' דבראשית היא אות גדולה, הרומזת לבינה, כמו שמבואר בזהר שאותיות גדולות בבינה, וכל האותיות שהם בחינת זו"ן מצטירים בבינה שהיא אימא, וזה שכתב שהאותיות נכללים באות ב' דבראשית,

---

[130] חכמה עלאה נקראת בזהר נקודה עלאה.

[131] שם מ"ה הוא רומז על פרצוף ז"א בערכי עסמ"ב.
תרשים ה – י"ט.

[132] **תרשים ה – כ.**

[133] **בית לחם יהודה ש"ה פ"ה** – וזה שכתוב בזוהר והמשכילים אלין אתוון. הוא בתיקונים די"ב ע"ב, ודע"ב ע"ב.

תיקוני הזהר, הקדמה די"ב ע"ב תרגום והסבר – **קם בוצינא קדישא** עמד המאור הקדוש, והוא רבי שמעון בר יוחאי, **פתח כמלקדמין** התחיל לדרוש בסודות התורה בענין האותיות והנקודות, **ואמר** על הפסוק **והמשכילים יזהירו, אלין אתוון** אלו כ"ב האותיות שבתורה, **דכלהו כלילן באת ב' מן בראשית** וכולם כלולים באות ב' של תיבת בראשית, אות ב' היא בחינת יסוד דאימא, ואבא נותן לא את בחינת הטיפה שהיא בחינת נקודה הדגש בתוך אות ב, וזהו **ב' איהי בית אות ב'** היא במילואה אותיות בית, ר"ל **בי מקדשא** בית המקדש העליון, שהוא יסוד דאימא, ויסוד דאימא נקרא בית מקדש כי הוא בית לבחינת אבא, הנקרא קדוש, **דתמן בה** שם בזמן היחוד **נהרין כל אתוון** מאירות בה כל האותיות שאבא נותן לה, והחכמה שהיא בחינת אבא, נקראת **ראשית** בסוד הפסוק ראשית חכמה יראת ה', **נקודה** שהוא יסוד דאבא עם העטרה שלו, והם סוד אות י', שהיא נקודה, **בהיכלא** נמצאים בתוך ההיכל, שהוא יסוד דאימא, **כגוונא דא** בצורה זאת ב, **עלה אתמר** ועליה נאמר הפסוק **כל כבודה** החכמה נקראת כבו"ד, **בת** היא הנקודה שבתוך אות ב,)בת הוא מלשון בת עין(, **מלך פנימה** תוך יסוד דאימא. **ט' נקודין תליין מינה** תשע נקודות תלויות מאבא, שהם קמ"ץ, פת"ח צר"י וכו', **ואיהי ספיר גזרתם** והם נחצבו מהספיר, והמלכות היא **עשירית** לון להם. **ואלין אינון דנהרין באת ב'** ואלו הנקודות מאירים באות ב', דבינה שהיא אימא, **דאיהי בי מקדשא דלעילא** שהיא בית המקדש שלמעלה, שהוא יסוד דאימא, **וספירים אתקריאו** ר"ל הנקודות נקראים ספירים בהיותם תוך אבא, **על שם** הפסוק **השמים מספרים** ר"ל מזהירים את **כבוד א'"ל** שהיא המלכות, **ולבתר דאינון מספרים כבוד א'"ל** הם ניתנים ביסוד דאימא, **אתקריאו** ונקראים, **עשר ספירות בלי מה** בלי מהות, כלומר לא ניתנים להשגה.

רֵאשִׁית[134] ואותיות ראשיות בתיבת בראשית היא החכמה, בבחינת הנקודות, **נְקֻדָה בְּהֵיכְלֵיה** נקודת הדגש בתוך אות ב' דבראשית, ונקודה היא בחינת יו"[135], שהם י' נקודות, ונקודה זאת היא בחינת הטיפה שבא נותן באימא, **ט' נְקוּדִין תַּלְיָין מִנֵּיהּ** תשע נקודות תלויות בה, שהם קמ"ץ, פת"ח, וכו', ועם המלכות הם עשר, **וְאִתְקְרוּן**[136] ונקראים **י' סְפִירוֹת בְּלִימָה** בלי מ"ה, ר"ל בלי מהות, או מלשון בלום פיך[137]. **וְיָדוּעַ כִּי ב'** הגדולה דבראשית **הִיא בְּבִינָה** כי אותיות גדולות הם בבינה, **דְּמִנָּהּ אַתְוָון** ממנה יצאו האותיות, כמו שזו"ן נולדים מאימא, ותיבת **רֵאשִׁית דָּא** היא **בְּחָכְמָה, דְּמִנָּהּ נְקוּדִין** שמהחכמה הנקודות יוצאים, והם ט' נקודות, **וְהֵם י' סְפִירוֹת** ר"ל הט' נקודות עם הבינה. הרב ז"ל חוזר לתחילת הדרוש, ומבאר איך נוצר העולם הנקרא ז"א[138], וממשיל משלים מגוף האדם, וכל זה מפני ששורש הפעולות הגשמיות בעולם הזה, הוא

134

בית לחם יהודה ש"ה פ"ה - ראשית נקודה בהיכלא. מפרש בסמוך כי אות ב' דתיבת בראשית היא מאותיות גדולות, והיא בינה. והאותיות הם בחינת גוף, וכלים. וראשית היא חכמה, כמו שאמר הכתוב – ראשית חכמה יראת הוי"ה. וראשית הנזכרת היא בחינת נקודה תוך היכל הבינה, כי בתוך אות ב' של תיבת בראשית יש נקודה, והיא נקודת דגש קל, שמספרה עשרה, כי הנקודה היא צורת יו"ד עגולה, שמספרה עשרה, ונקודה זו רומזת לעשרה נקודות, שהם אור העצמות המתפשט תוך הגוף, שהם האותיות. ולכן הנקודה היא בתוך אות ב', ולפי שהנקודות אינם כי אם ט' לבד, משום הכי אמר בתקונים ט' נקודין תליין מנה.

135

תרשים כ – כ"ב.

136

בית לחם יהודה ש"ה פ"ה - ואתקרון י' ספירות בלימה. היא מלשון תולה ארץ על בלימה, כלומר י' ספירות ואין זולתם. אי נמי הוא לשון סתימה, כמו עדיו לבלום. וכמו שאמרו חז"ל אין העולם מתקיים אלא על מי שבולם את פיו בשעת מריבה, שנאמר תולה ארץ על בלימת, כלומר סגור פיך מלדבר בהם, כי אם ברצוא ושוב.

137

פירוש הראב"ד לספר יצירה, פ"א משנה ב' – מאמר עשר ספירות בלי מה, רמז אל היו"ד העליונה אשר היא מקפת לכל ההוי"ת, אשר נבראו ביש מאין, שמיד נבדלו עשרה רקיעים זה מזה באמצעות היו"ד, אשר הוא נאצל מבלי מה, ר"ל מכח זאת היו"ד יש לו מהות, ולכן נקרא חכמה, כלומר **חך אמר מה**. וכל מה שנזכר בתורה ובנביאים ובכתובים רומזים אל החכמה שנאמר מה רבו מעשיך ה' כולם בחכמה עשית, מלאה הארץ קנינך, לרמוז אל כל ההוי"ת שהן מצויירות בחכמה, כמו שרמזנו לעיל. אבל כח עליון הנקראת אין, נקרא בלי מה. ויש מפרשים בלי מה, מלשון **עדיו לבלום** שפירושו סתימת פה, שאין רשות לדבר, ולא להרהר.

ספר יצירה פרק א' משנה ו' – עשר ספירות בלימה, בלום פיך מלדבר ולבך מלהרהר, ואם רץ פיך לדבר ולבך להרהר שוב למקום, שלכך נאמר רצוא ושוב. ועל דבר זה נכרת ברית.

138

כרם שלמה ש"ה פ"ה אות י"ד - והנה בתחילה המזריע האב, והוא חכמה טיפת חומר הוא האותיות שעליה נאמר, והארץ היתה תהו ובהו, כי מעכירות המים יצא חומר הראשון הנקרא תוהו, כמו שכתוב בספר יצירה, שלש מים מרוח, חקק וחצב בהן כ"ב אותיות מן תהו ובהו, ורפש וטיט. ועשאן וכו'. עכשיו חוזר לריש פרקין שכתב – והנה הבורא עולם זה הוא חכמה, על ידי שמזדווג עם אימא, ואבא נותן בה טיפה שכלולה מחומר וצורה וכו', שמשמעה שנזרע נותן הצורה השכלית, שהוא הנפש וכו'. ובתחילה התחיל הרב ז"ל לפרש הנפש, והרוח, והנשמה, והגוף שהם האותיות, והתגין, והנקודות, והטעמים מהיכן הם שורשם, ואמר כי זה מאבא ואימא וכו', והאריך הרבה בענין הנקודות שהם מהחכמה, מפני שהוא היה מדבר על הצורה, שהם האורות הנמשכים מאבא אחר זמן, והוא בגדלות, והואיל והפסיק בענין הצורה. עכשיו חוזר לראש פרקין לפרש טיפת החומר של אבא, וטיפת החומר של אימא מה נעשה בהם, כי בשלמא מן הצורה של שניהם נעשים בהם מוחין

50

בעולמות הרוחניים[139] **וְהִנֵּה**[140] **בַּתְחִלָה הַזּוֹרִיעַ הָאָב וְהוּא** אבא הנקרא ספירת הַזְכְמָה, **טִפַּת זֹוֹמֶר** הגשמית באימא, **וְהוּא** ר"ל טיפת הזרע, והם בחינת כ"ב **הָאוֹתִיּוֹת, שֶׁעָלֶיהָ**[141] על טיפת הזרע **נֶאֱמַר וְהָאָרֶץ**[142] שהם הכלים, כמובן שבתוך הטיפה גשמית יש בחינה רוחנית, כמו שהרב ז"ל ביאר בתחילת הדרוש, **הָיְתָה**[143] בלשון עבר, כלומר בהתחלה לפני שהיתה ארץ, הארץ היתה **תֹהוּ**[144] מלשון תהייה, דבר נעלם ולא נראה, והוא עכירות המים[145] ורפש **וָבֹהוּ**[146] מלשון בו הוא, כלומר יש ידיעה בדבר, והוא בחינת טיט, שהוא יותר גשמי מעכירות המים, **כִּי**[147] **מֵעֲכִירַת הַמַּיִם** שהיא טיפת הזרע היוצאת מאבא, **יָצָא זֹוֹמֶר הָרִאשׁוֹן** מאבא לפני שניתן באימא הוא **הַנִּקְרָא תֹהוּ, כְּמוֹ שֶׁכָּתוּב**[148] **בְּסֵפֶר יְצִירָה** –

של תגין, ומוחין של נקודות, וזהו גדלות. אבל מן החומר שלהם מה נעשה מהם. ועכשיו מתחיל לפרש אחת לאחת, והוא על פי ספר יצירה.
139

כרם שלמה ש"ה פ"ה אות י"ד - ומה שכתב האב שהוא חכמה. כפל לשון, ורצונו לרמוז לנו גם כן שאנו מדברים על האב התחתון, וממנו תבין מלתא למלתא לאב העליון שהוא חכמה. כי מבשרי אחזה אלו"ה, וכבוד אלהי"ם הסתר דבר. אלא מה שהוא למעלה, הוא בדרך רוחני, ואין אנו יכולים להשיג איך הוא החומר, ואיך הוא הצורה, ואיך הם האותיות, ואיך הם הבל דגרמי, וכו' וכו'. אלא אנו מדברים בדמיון התחתונים, ומהם תבין לעליונים בדרך רוחני. כי אין למעלה ח"ו לא גוף כמו שלנו, ולא כח בגוף ח"ו. ואין אנו יכולים להשיג מהות הרוחניות של מעלה איך הם, אבל התורה כללה ואמרה - כי בצלם אלהי"ם נעשה אדם וכו'. בצלם דמות תבניתו וכו'. ומבשרי אחזה אלו"ה וכו'. וכך אמר אליהו ז"ל – ובראת שמיא וארעא וכו', ובני נשא לאשתמודעא בהון עילאין וכו'. ואיך אשתמודעא מעלאי ותתאי, ולית דידע בך כלל, וכו' וכו'. ודי בזה למבין, כי אין צורך להאריך בדבר הפשוט. כי הואיל ושכלנו מלובש בגשמי, אי אפשר להשיג עכשיו כי אם דבר גשמי ולא רוחני, עד יערה עלינו רוח ממרום, אכי"ר.
140

בית לחם יהודה ש"ה פ"ה - והנה בתחילה הזריע האב וכו'. חוזר על דבריו הראשונים שבתחלת הפרק, שכתב ואבא נותן בה טפה, שכלולה מחומר וצורה וכו'.
141

בית לחם יהודה ש"ה פ"ה - שעליה נאמר. שעל טפת אבא נאמר.
142

בית לחם יהודה ש"ה פ"ה - והארץ. שהיא טפת החומר, שהם האותיות, בחינת הכלים דז"א.
143

בית לחם יהודה ש"ה פ"ה - היתה. בתחלה אחרי זריעת אבא.
144

בית לחם יהודה ש"ה פ"ה - תהו. רפש והוא עכירת המים.
145

כאשר המים עכורים, אי אפשר לראות מה בתוך המים.
146

בית לחם יהודה ש"ה פ"ה - ובהו. שהוא טיט והוא עב מהרפש.
147

בית לחם יהודה ש"ה פ"ה - כי מעכירת המים. היינו מן העב והקרוש שבטפה, והוא הזך שבה, אלא לפי שקרא לטפה בשם מים, קרא לקרוש שבה בשם עכירה.
148

להבין את דברי קודשו של הרב צריך לדעת כי הרב ז"ל התחיל באמצע הסוגיא בספר יצירה, לפני בחינת מים מרוח שהיא הבחינה השלישית , יש את הבחינה הראשונה שהיא **רוח אלהי"ם חיים**, היא בחינת החכמה,

שַׁלְּשׁ[149] הבחינה השלישית היא **מים** שהיא הטיפה היוצאת **מרוזז** והוא אבא, ומהטיפה הזרעית שיצאה מאבא **זִקְקָ**[150] **וַזַצַּב בָּהֶן** את כ"ב[151] **הָאוֹתִיּוֹת, מֵן**[152] טיפת הזרע דאבא הנקראת **תֹּהוּ** המתחברת עם הטיפה הזרעית דאימא, שהיא נקראת **וָבֹהוּ** וב' בחינות אלו של תהו ובהו נקראים **רֶפֶשׁ וְטִיט.**

הרב ז"ל מבאר את ההבדלים בין האותיות[153] על פי מה שכתוב בספר יצירה **עֲשָׂאָן**[154] **כְּמִין עֲרוּגָה** כגון אותיות ט', ס', מ', פ'. **הַצִּיבָן כְּמִין חוֹמָה** כגון אותיות ב', ג', ח', נ', ת'. **סְבָבָן**[155] צ"ל סככן, מלשון סכך,

---

הנקראת רוח. הבחינה השנייה היא בחינת **רוח מרוח**. הבחינה השלישית שהרב ז"ל דן בה היא בחינת **מים מרוח**. והבחינת הרביעית היא **אש מרוח**.

ספר יצירה פרק א' משנה י"א – שלש, מים מרוח, חקק וחצב בהן תהו ובהו רפש וטיט, חקקן כמין ערוגה, הציבן כמין חומה, סבבן כמין מעזיבה.
149

בית לחם יהודה ש"ה פ"ה – שלש מים מרוח. לפי שאמר בספר יצירה מקמי הכי, אחת רוח אלהים, ב' רוח מרוח, משום הכי אמר אחר כך שלש מים מרוח. ר"ל טפת הזרע שהיא מים, נמשכה מאבא הנקרא רוח, מטעם שאבא הוא נקודות, והנקודות הם רוח, כמו שכתב לעיל מזה.
150

בית לחם יהודה ש"ה פ"ה - חקק וחצב בהם. במים הנזכרים.
151

בית לחם יהודה ש"ה פ"ה - כ"ב אותיות. שהם הכלים דז"א.
152

בית לחם יהודה ש"ה פ"ה - מן תהו בהו רפש וטיט. כך צ"ל ואות ו' של ובהו, ווא"ו של ורפש נמחק, וכן הוא בספר יצירה. ור"ל מן תהו עשה בהו, ותני והדר מפרש דתהו ובהו הנזכר הם רפש וטיט. והיינו נמי דקתני חקק והצי שהם כנגד ב' בחינות דרפש וטיט.
153

כל אחת מכ"ב האותיות בעלי צורה שונה, חלק מכ"ב האותיות הם בעלי ד' דפנות, וחלק בעלי ג' דפנות, וחלק בעלי ב' דפנות. הרב כרם שלמה לא מתיחס לאות ה', וגם לאותיות מנצפ"ך הפתוחים.
תרשים ה – כ"ב

כרם שלמה ש"ה פ"ה אות י"ד – ומה שכתוב בספר יצירה, עשאן כמין ערוגה, הציבן כמן חומה, סככן כמין מעזיבה, וכו'. לא כולם נעשו כמין ערוגה, ולא כולם נעשו כמין מעזיבה וכו', אלא יש מהם כמין ערוגה, ויש מהם כמין חומה, וכן על דרך זה השאר. וזהו כונת הרב ז"ל מה שכתב אחר כך – ויש אותיות עגולות כמין חומה, ויש פרוסה וארוכה כמין מעזיבה וכו'. והוא לאפוקי כדי שלא תבין שכולם נעשו כמין מעזיבה, או כולם כמין ערוגה, ופשוט הוא, וה' יראנו מתורתו נפלאות. אבל צריך להבין, איזה מן האותיות הם כמין ערוגה, ואיזה מהם כמין חומה, ואיזה מהם כמין מעזיבה. והואיל ולא פורש, אפשר שהם על דרך זה, כל אות שיש בו ארבע רוחות, כמו **ט'**, ו**המ'**, ו**הס'**, ו**הפ'** הם שחקקן כמין ערוגה. ומה שנקטם חקקן כי בתחילה היו גולם, ועל ידי שנחקקו מהאמצע, מה שנשאר ממילא היה כמין ערוגה. והאותיות שהם כמין חומה, כגון ה**ב'**, וה**ג'**, וה**ח'**, וה**ב'**, וה**ת'** כל אות שיש בו ג' רוחות, הוא כמין חומה, כמו שהחומה הוא יש לו ד' צדדים, וצד אחד מהם הוא פתוח, שהוא פתח העיר, כך אלו האותיות, ולזה נקט בלשונו הציבן, כמו הכותלים שעומדים וניצבים. ושאר האותיות כגון ה**א'**, וה**ד'**, וה**הה'**, וה**ו'**, וה**ז'**, וה**י'**, וה**ל'**, וה**ע'**, וה**ק'**, וה**ר'**, וה**ש'**. הואיל ויש מהם שטוחות, וארוכות וקצרות, הם דומין למעזיבה, שהוא מה שצריך להתקרה, כי יש חלק ממנה שצריך לה דבר שטוח, ויש חלק ממנה לה דבר ארוך או קצר, בארכו או ברוחבו, ולזה נקט בלשונו סככן, לשון סיכוך.
154

בית לחם יהודה ש"ה פ"ה - עשאן כמין ערוגה וכו'. מפרש בסמוך.
155

כך הגירסא בספר יצירה **כמין מעזיבה**[156] כגון אותיות א', ד', ו', ו', ז', י', ל', ע', ק', ר', ש'. **הרי כי** זומר הכ"ב **אותיות מן מים** שהם הטיפה הזרעית **שבחכמה** שהוא אבא **יצאו, ותזדילה נעשה תהו**, ואזר כך בהו, ואזר כך **נרשמו ונצטיירו** במעי אימא. **ויש**[157] **אותיות** בעלי ג' דפנות, והם **עגולות** ולאו דוקא עגולות[158] אלא **כמין זוומה** שיש לה ג' דפנות ופתח. **ויש**[159] **פרוסה וארוכה**, ואלו אותיות בעלי ב' דפנות, שהם **כמין מעזיבה. ויש**[160] אותיות בעלי ד' דפנות והם **של בית קיבול**, כמין ערוגה ששוהה המים בתוכו. **וזה**[161] **שאמר**

בית לחם יהודה ש"ה פ"ה - סבבן כמין מעזיבה. צ"ל סככן, והוא מלשון סכך, וכך הוא בספר יצירה, וכן נראה ממאי דקתני כמין מעזיבה, כי מעזיבה היא שייכה בסכך, כי המחצלאות והקנים שנותנים על הגג, להחזיק את עפר הגג שלא יפול, הם נקראים מעזיבה, מלשון עזוב תעזוב עמו.
156

מעזיבה היא תיקרה שאין לה דפנות, כמו חלק מהאותיות שיש להם גג, אבל לא מחיצות, או רק מחיצה אחת. והיא לצל.

גמרא בבא בתרא דע"ה ע"א - אמר רבה, אמר רבי יוחנן, עתיד הקב"ה לעשות סעודה לצדיקים מבשרו של לויתן, שנאמר יכרו עליו חברים, ואין כרה אלא סעודה, שנאמר ויכרה להם כרה גדולה ויאכלו וישתו, ואין חברים אלא תלמידי חכמים, שנאמר היושבת בגנים חברים מקשיבים לקולך השמיעני. והשאר מחלקין אותו ועושין בו סחורה בשוקי ירושלים, שנאמר יחצוהו בין כנענים, ואין כנענים אלא תגרים, שנאמר כנען בידו מאזני מרמה לעשק אהב. ואי בעית אימא מהכא, אשר סוחריה שרים כנעניה נכבדי ארץ. ואמר רבה, אמר רבי יוחנן, עתיד הקב"ה לעשות סוכה לצדיקים מעורו של לויתן, שנאמר התמלא בסוכות עורו, **זכה עושין לו סוכה, לא זכה עושין לו צלצל**, שנאמר ובצלצל דגים ראשו. זכה עושין לו צלצל, לא זכה עושין לו ענק, שנאמר וענקים לגרגרותיך. זכה עושין לו ענק, לא זכה עושין לו קמיע, שנאמר ותקשרנו לנערותיך. והשאר פרשו הקב"ה על חומות ירושלים, וזיוו מבהיק מסוף העולם ועד סופו, שנאמר והלכו גוים לאורך ומלכים לנוגה זרחך, ושמתי כדכד שמשותיך. **מפרש רש"י** - סוכה. היינו מלמעלה גג וארבע דפנות. צל היינו סיכוך בלא מחיצות.

גמרא סוכה דט"ו ע"א - תקרה שאין עליה **מעזיבה** כו', רבי יהודה אומר בית שמאי אומרים מפקפק ונוטל אחת מבינתים, ובית הלל אומרים, מפקפק או נוטל אחת מבינתים. רבי מאיר אומר, נוטל אחת מבינתים, ואינו מפקפק. **מפרש רש"י** - תקרה שאין עליה מעזיבה. סתם תיקרה בנסרים שיש בהם ארבע. **מעזיבה רצפת טיט....**
157

בית לחם יהודה ש"ה פ"ה - ויש אותיות עגולות כמין חומה. כלומר כמין חומת העולם, שיש לה ג' צדדים לבד, כי צד הצפון הוא פתוח, והם אות ב', וכ"ף, וחי"ת, ותי"ו.
158

כרם שלמה ש"ה פ"ה אות ט"ו - ומה שכתב הרב ז"ל כאן, ויש **אותיות עגולות כמין חומה**, לאו דוקא עגולות, כי ערוגה היא עגולה, ולא חומה, ואפשר שהיה כתוב עגולות כמין ערוגה, וכו'.
159

בית לחם יהודה ש"ה פ"ה - ויש פרוסה וארוכה כמין מעזיבה. תיבת פרוסה כמו פרושה, באות ש' שמאלית, והוא מלשון פרש ענן למסך. והם רמז לאות ד', ולמ"ד, ורי"ש, וכיוצא שיש להם גג פרוש כמין מעזיבה, שהוא סכך.
160

בית לחם יהודה ש"ה פ"ה - ויש של בית קבול כמין ערוגה. והם מ"ם, וסמ"ך, וטי"ת, ושי"ן, וכיוצא. שכל בחינות אלו הם נמצאים בכ"ב אותיות הפשוטים דקאי בהו.
161

בית לחם יהודה ש"ה פ"ה - מה שכתב כי לשלג יאמר הוי ארץ. מפרש בסמוך.

הפסוק[162] **כי לשלג**[163] והיא הטיפה הלובן הזרעית, והיא בחינת אבא **יאמר הוי** ר"ל השורש של הבחינה הגשמיות, והיא ה**ארץ** בטיפה הזרעית דאבא. **נמצא כי מעכירת המים** שהיא הטיפה הזרעית שבזכמה, יצא זוומר (**האותיות**) **הראשון** שהם כ"ב האותיות, **הנקרא תהו** והיא בחינת הטיפה בכח ולא בפועל. הרב מבאר כאן את בחינת המנצפ"ך הפשוטות והסתומות, כאשר ב' בחינות מנצפ"ך בכללותם הם גבורות, רק שהמנצפ"ך הפשוטות הם בחינת חסד דגבורה, והסתומות הם גבורה דגבורה **ואזור** כך[164] בזיווג או"א **נותן** אבא את הטיפה הזרעית **בבינה** שהיא אימא, **ונצטיירו**[165] הכלים **במעי** שהוא היסוד

איוב ל"ז ו' - כי לשלג יאמר הוא ארץ וגשם מטר וגשם מטרות עזו.

163

שלג הוא בחינת רחמים, ואו בחינת אבא, כמו שהרב ז"ל מפרש בהמשך הדרוש – לובן שבלבנון שהוא חכמה. בדרך כלל הרב ז"ל מיחס את בחינת שלג לאימא, וכאן לאבא, וצ"ע.

ע"ח ח"ב של"ח פ"ח מ"ב דס"ד ע"ד - אמנם בקדושה עצמה יש ב' בחינות אלו, שהם מד"ת ות"ם, כי בקליפה מת, ובקדושה ת"ם, ויעקב לא השיג בכל מדת, רק בב' אותיות ת"ם, כי בשורש ד' אלפי"ן לא השיג, וזהו ויעקב איש תם, ואם תמנה ב' אהי"ה הראשונים שהם של יודי"ן בבחינה אחת, אם כן יהיו ג' אהי"ה לבד, וג' אלפי"ן שבהם גימטריא של"ג. וזה סוד הנותן שלג כצמר, כי כמו שתסתיר שרשי ד' אלפי"ן מן מדת, ישאר ת"ם, גם כשתסתיר שורש ג' אלפי"ן מן של"ג, נשאר צמ"ר, וזהו הנותן שלג כצמר. **וזה סוד אם יהיו חטאיכם כשנים כשלג ילבנו, כי מתלבנים העונות על ידי אמא עלאה, ששם השלג והצמר**, בסוד שמות אהי"ה כנ"ל. וזה סוד יום הכיפורים שמלבין עונות ישראל, כי יום הכיפורים הוא בסוד אמא, לכן אמרו בזוהר על – והוא הכה את הארי ביום השלג, דאתהדן בבי דינא עלאה, שהוא בינה בית דין העליון, דמינה דינין מתערין.

מאיר עינים ח"ב אות י' דפ"ח ע"ג - ישראל זקן. ישראל סתם הוא תפארת, ישראל וזקן שנתלבנו שערותיו, ויצא מכלל השחרות ואדמימות, אלא נעשה לבן **המורה רחמניות, ונקרא זקן על שם שהוא לבן כשלג** בלי שום מראה אחרת, אודם, או שחרות. מפני זה זקן הגשמי אשר זכהו השם באריכות ימים ושנים, אז תדע שהוא דוגמא העליונה, **שלבן כשלג וצריך שיהיה מלא רחמים**, וישילך עם הבריות בתכלית הרחמניות, ושיהיה נאמן במשא ומתן, וכן ילמוד לשונו לומר תמיד אמת, ולא ימלא כריסו כל עיקר, ושלא ימלא תאותו, רק שיהיה עניו ושפל רוח, ויזהר שלא יצער שום אדם אשר נשמה באפו. עיין קנה גדול ד"ח ע"ג.

164

בית לחם יהודה ש"ה פ"ה - ואחר כך ניתן בבינה ונצטיירו במעי אימא. היינו שבתחילה נעשו בהו שהוא טיט, ואחר כך נצטיירו. ובכלל חומר האותיות דאבא הם בחינת הכ"ב אותיות דבטפת אימא, ובחינת כל הכלים דז' מלכים. כי מכולם נעשה גופא דז"א. וקצת קשה דהכא קאמר שהציור היה על ידי החומר דאימא ואלו בפרק ה' דשער כ' כתב שהציור הוא נעשה על ידי הנפש, וכך כתב בריש פרקין, ובמה שנכתב לקמן בד"ה יצא חומר וכו', יתייישב קושיא זו.

165

אימא היא בקו הגבורה, והגבורה היא בחינת גבול ומידה, הניקוד דבינה הוא **צירי**, המורה על בחינת נתינת צורה, וציור.

ע"ח ח"ב שמ"ב שער דרושי אבי"ע פ"ה דצ"א ע"ג - ונודע הטעם כי אבא נקרא מחשבה, ואין בו שום תפיסה, אבל בינה היא נוקבא, ונקרא **צירי כי בה כח ציור לציור הכלים**, והיא יותר גשמית מהחיה, לכן נקרא בינה לשון בנין, והבן זה.

גמרא ברכות ד"י ע"א - בא וראה שלא כמדת הקדוש ברוך הוא מדת בשר ודם, מדת בשר ודם, צר צורה על גבי הכותל, ואינו יכול להטיל בה רוח ונשמה, קרבים ובני מעים, והקב"ה אינו כן, צר צורה בתוך צורה, ומטיל בה רוח ונשמה, קרבים ובני מעים, והיינו דאמרה חנה – אין קדוש כה' כי אין בלתך ואין צור כאלהי"נו, מאי אין צור כאלהי"נו, **אין צייר כאלהי"נו**.

דאמא, עַל יְדֵי זְוזמר שהוא טיפה הזרעית[166] **שֹבַה** ר"ל שבאימא, כלומר לא יכול להיות שרק מהטיפה דאבא יוצר ולד, אלא הטיפה דאבא צריכה להתערבב בטיפה דאימא כדי להביא ולד לעולם, והחומר דאימא **גַם כֵּן שֶׁהוּא אֵפֶר** והם אותיות מנצפ"ך[167] הסתומות הנמצאות באמצע התיבות[168], והאפר הוא התולדה **שֶׁל הָאֵש**[169], **כִּי (כמו כ"ג) הַבִּים מִיּמִין** הוא קו החסד **שֶׁהוּא זַכְּמַה, וּמִמֶּנּוּ יֵצֵא בְּעֵקִירוֹתִיו** של המים **הַכ"ב אַתְוון, וּבָהֶם**[170] **ה' זַזַסדים**[171] **שֶׁל מְנַצְפַּ"ך הַפְשׁוּטִים**

166

וִיקרא י"ב ב'- דבר אל בני ישראל לאמר **אשה כי תזריע** וילדה זכר וטמאה שבעת ימים כימי נדת דותה תטמא.

167

אותיות מנצפ"ך גימטריא אפר עם הכולל. הרב ז"ל קורא לטיפת אימא אפר, כי אבא נותן את כ"ב האותיות, ואימא נותנת את בחינת אותיות מנצפ"ך הסתומות, וביחד הם כ"ז אותיות הבונות את הולד, שהוא ז"א. ידוע כי לכל ספירה יש בחינת כלי פנימי, אמצעי, וחיצון. וכ"ז האותיות הם מתחלקות לכלים דז"א.

תרשים ה – כ"ג.

ע"ח ח"ב ש"ל דרוש ב' מ"ב דכ"ו ע"ד - האמנם בענין הגוף וכלים, אשר לו לא היה רק ג' חלקים דכלים לבד, כי כנגד חיה ויחידה אין כלי יכול לסובלו, ואין נולד באמצעיתו כלי, באופן כי יש לכל פרצוף י' ספירות, הנקרא כלים, ונחלקים לג' חלקים, והם י' כלים חיצוניות, מדור אל הנפש. י' כלים אמצעים, מלובשים תוך חיצוניות, והם מדור אל הרוח. וי' כלים פנימים, מלובשים תוך הכלים אמצעים, והוא מדור אל הנשמה. והם ל' כלים, אבל גובה קומתן אינם אלא י', לפי שהם י' תוך י', וי' תוך י'. אלא צריך שתדע כי בזכר אין בו רק ט' ספירות, כי המלכות נוקבא משלימתו לי' ספירות, ואם כן אין בזכר רק ט' כלים בתוך ט', וט' בתוך ט', והם כולם כ"ז כלים, כמנין **כ"ז אותיות התורה**, וכל ספירה נבנית מג' כלים, והם ג' אותיות בכל ספירה, ומתחלק בסדר אי"ק בכ"ר כו'. הט' אחדים, הם ט' כלים פנימים. והט' עשיריות הם כלים האמצעים. והט' מאות הם ט' כלים דחיצוניות. וגובה קומת י' כלים החיצונים, ואמצעים, ופנימים, כולן שוין בקומה אחת ממש, והבן זה מאד.

168

האותיות שבאימא הם אותיות מנצפ"ך הבאות באמצע התיבה, והם **כ', מ', נ', פ', צ'** נקראות סתומות. ואותיות סוֹף"ך הבאים בסוף התיבה, והם **ם', ן', ץ', ף', ד'** נקראות פתוחות, כמו שמובא בסידורו הטהור למרן הרש"ש.

תרשים ה – כ"ד.

169

תכלית האש היא היא אפר, ר"ל שהאש הופכת את הנשרף לאפר, כך אימא אשר דינין מתערין מינה, היא בקו הגבורה והיא בחינת אש, בערך אבא שהוא בקו החסד, והוא בחינת מים. בחינת הגבורה היא בחינת נתינת גבול ומידה, כך הולד במעי אימא מקבל צורה בגבול ומידה.

ע"ח שי"ד פ"ב ד"ע ע"ד - גם בזה תבין מה שכתוב בזוהר על פסוק מי ימלל גבורות ה', כי בינה נקרא גבורות, בסוד ואם בגבורות שמונים שנה, וכן אמרו בזוהר כי **הבינה דינין מתערין מינה** כנזכר פרשת אחרי מות, ופרשת ויקרא, וכן בהרבה מקומות, והטעם הוא לפי שכולה אינה נעשית ונבנית אלא מגבורות לבדם.

170

בית לחם יהודה ש"ה פ"ה - ובהם ה' חסדים של מנצפ"ך הפשוטים הראשונים. אבל מנצפ"ך הכפולים כבר נתנם באימא בביאה ראשונה, בסוד רוחא דשדי בגווה, כמבואר בפרק ה' דשער כ'.

171

ה' חסדים הם הכח המחיה את הטיפה.

ע"ח ח"ב שכ"ה דרוש ג' ד"ח ע"א - הנה הז"א לא היה רק בעל ו"ק הנקרא קטן, והוא גדל והולך עד תשלום י"ג שנה ויום אחד, על ידי ה' החסדים כנ"ל בדרוש הקודם לזה, שהם ה' חסדים של הדעת התחתון הנ"ל, הנקרא מים, **ומטבע המים להגדיל האילן ולהחיותו**, ולטעם זה נקרא ז"א אילנא דחיי.

הראשונים שהם המנצפ"ך הסופיות[172], ורוב האותיות מנצפ"ך הפשוטות נמשכות למטה, והם מורים על החסד המתפשט, **ונעשה**[173] הלשון כאן מסורסת **עפר לובן מעכירות השלג** ר"ל מעכירות השלג הלובן נעשה עפר, כלומר כאשר המים התערבבו באש נעשה עפר[174], השלג הוא **לובן שבלבנון**[175], שהוא **זכמה** והוא אבא, **בסוד כי לשלג** שהיא הטיפה היוצאת מאבא **יאמר** בזיווג עם אימא **הוי ארץ** שהוא בחינת הכלים ◆ עד כאן הרב ביאר את הטיפה היוצאת מאבא, כאן הרב מבאר את הטיפה דאימא[176] **אך האש**

172

מאבא יצאו אותיות א', ב', ג', ד', ה', ו', ז', ח', ט', י', **ד', ן' ם'** ל' **ם', ן', ץ'**, ע', ס', ל' **ם', ן', ץ'**, ק', ר', ש', ת'. והאותיות שיצאו מאימא הם כ', מ', נ', פ', צ'.

173

בית לחם יהודה ש"ה פ"ה - ונעשה עפר לובן. כלומר ונעשה עפר לבן שהוא השלג, מטפת הלובן דאבא.

174

אותיות עפ"ר הם אותיות אפ"ר, רק שאות ע' מתחלפת באות א' בחילוף אחע"ה.

175

כאן רומז הרב ז"ל על לבנון שהוא בחינת אבא, לפעמים הרב ז"ל רומז על הלבנון שהוא בחינת אבא, ועל לבן שהוא בחינת חכמה ובינה. במקומות אחרים הלובן או לבנון רומזים על בחינת הכתר, או על א"ק.
ע"ח ח"ב של"ח פ"ח דס"ב ע"א הגהה מהרב חיים ויטאל – והנה בן רומז **לחכמה שנקרא לבנון**, ויעקב רומז לז"א, ורחל רומז לנוקבא דז"א, לכן **לבן** חמיו של יעקב. והנה ידוע כי זהב חשוב יותר מן הכסף, לכן הגבורות חשובים יותר מחסדים, וזה שארז"ל צדיקים יושבין ועטרותיהן בראשיהן, שהיא נוקבא, גבורה עטרת בעלה, שהוא חסד. והנה זהו בזמן מתוק הגבורות, אבל כשעדיין אינם נמתקים, אז ודאי החסדים חשובים מהגבורות, ולכן קודם שנתקן לבן היה רומז בו מתחלה חכמה, שהוא ל"ב מלבן ל"ב נתיבות חכמה, ואחר כך ן' שערי בינה, שהיא הנקבה.
ע"ח ש"ו פ"ו מ"ת דכ"ד ע"ג - ופירוש הענין, כי הנה כתיב וארא בחלום והנה העתודים העולים על הצאן, עקודים, נקודים, וברודים, וגם כתיב כי ראיתי את כל אשר לבן עושה לך. ובפסוק זה רמוז כל בחינות אלו שאנו מדברים בכאן, כי **לבן הוא סוד לובן העליון** אשר הוא קודם כל האצילות הזה, והוא (היה)העושה כל אלו הבחינות, שהם עקודים, נקודים, ברודים, לצורך האצילות שיאציל אחריהם.
פרדס רימונים שכ"ג פי"ב - לבנון הוא כתר עליון, ונקרא כן לרמוז אל רוב לבנותו, שהרמז אל הרחמים הפשוטים. ונקרא כן בהורדת השפע כדכתיב)שה"ש ד טו(ונוזלים מן לבנון, וכן פירש בזהר פרשת ויקרא דף כ"ו.

176

לפי פשט דברי הרב ז"ל בסוגיה זאת, לאימא נותנת רק ה' אותיות מנצפ"ך הסתומות. אך בעומק הענין, גם הטיפה דאימא יש כ"ב אותיות. כמו שמבאר הבל"י בהמשך הסוגיא.
ע"ח של"ד פ"ד מ"ב דמ"ז ע"ב)כלל כ'(- כבר בארנו במקום אחר ענין הגדלת נקבה, ואמנם דרך כלל הוא כי אז מאחורי התפארת האירו]בהן[ה"ח וה"ג, ויצאו וניתנו בה. וגם שם היה בבחינת צלם על ראשה, והיו נכנסין בי"ב שנים כנודע, ואז ה"ח ניתנו בג"ר שבה, להגדילה מבחינת נקודה אל מדה שלימה, והגבורות הגדילו שאר גופה, באופן שנעשה י' ספירות שלימות, ופרצוף שלם, וירדו ה"ג הרושם שלהם והאירתם שם ביסוד שלה, דוגמת הארת ה"ח ביסוד דז"א. **והנה כל האברים נעשו ונצטיירו בכ"ב אתוון, כנודע כי גוף הוא מן האותיות, לכן הארת כ"ב אתון דכורין שמהם נצטייר עצמותו לצורך גופו עצמו, נתקבצו ביסוד שבו, ונעשה כלי. והארת כ"ב אתוון דנוקבא]שבה[שמהן עצמן נצטייר גופא נתקבצו ביסוד שבה, ונעשה בה כלי.** והנה ה' אותיות מנצפ"ך היתרות הזכרים, הם המ"ד שבתוך פי היסוד שלו, שנעשה מכ"ב אתוון, והם ה"ח, וכל זה לוקח במוחין דגדלות קודם הנסירה, וה' אותיות מנצפ"ך הנקבות היתרות, הם מ"ן שבתוך היסוד שלה, שנעשה מכ"ב אתוון דילה, והם ה"ג, והרי יש עתה דלת א' וציר א' מהכ"ב אתוון דילה, ומ"ן פשוטים ממנצפ"ך ביסוד שלה, כל זה קודם הנסירה הנזכרת במקום אחר. ונמצא כי מן הארת כ"ב אותיות דדכורא, שהם האברים שלו ממש נעשה כלי דיסוד דכורא, ומהארת ה"ח עצמן המגדילין

שהוא בחינת הגבורות **הוא בבינה** דמינה דינין מתערין, **ומעכירותה ושמריה** של הטיפה דאימא

יצא[177] זוומר הנקרא אודם[178], **והם ה' אותיות מנצפ"ך כפולים** צ"ל סתומות, שהם

באמצע האותיות, **שהם ה' גבורות**, והם גימטריה אפ"ר עם הכולל[179], **כי ה**אפר **עכירות**

שמרי האש הוא כלומר כאשר כל דבר נשרף, סופו להיות אפר, **ואז נצטייר** אחרי שהתערבבו טיפת

אבא עם טיפת אימא **גוף הולד** הנקרא ז"א בתוך **במועי** שהוא היסוד ד**אבא**, והולד מצטייר **בכ"ב**

אותיות דכורין הבאים מטיפת אבא, **וה' אותיות מנצפ"ך הכפולים** ר"ל הסתומים הבאים

מטיפת אימא שהם **נוקבין, ומהם** מכ"ב אותיות הבאים מטיפת אבא, שהם בחינת טיפת הזכר, וה' האותיות

מנצפ"ך הבאים מטיפת אימא, שהם בחינת טיפת הנקבה, **נוצר הולד** שהוא ז"א• עד כאן הרב ביאר כי יש אותיות

שהם מצד הזכר, שהם כ"ב אותיות, ויש ה' אותיות מצד הנקבה, שהם מנצפ"ך הסתומות. כאן הרב מבאר כי בכל בחינה

מבחינת הזכר והנקבה, יש ב' בחינות שהם זכר ונקבה שבזכר, וזכר ונקבה שבנקבה, והם מ"ה וב"ן דמ"ה, ומ"ה וב"ן

דב"ן[180] **וגם בכ"ב אותיות ה**דכורין **יש בהם** ר"ל בחלק מהם בחינת אותיות **נוקבין, כי**

החכמה שהוא פרצוף אבא **יש בה** צד ימיני, והוא צד הזכר, שהוא בחינת חח"ן דאבא, **וצד שמאלי,**

שכולה נקבה, כגון בג"ה ומלכות[181] דאבא, **לכן יש בשאר הכ"ב** האותיות דאבא

את האברין נעשו מ"ד. וכן בנוקבא מהארת כ"ב אותיות שהם האיברים עצמן כלי שלה, נעשו יסוד כלי שלה,
ומהארת ה"ג שלה נעשה מ"ן שבה.
177

בית לחם יהודה ש"ה פ"ה - יצא חומר הנקרא אודם והם ה' אותיות מנצפ"ך הכפולים. נראה דמנצפ"ך
הכפולים הם בחינת הרוחא דשדי אבא בגו אימא, שהם בחינת הנפש שלה, כמבואר בפרק ה' דשער כ', אבל
חומר דטפת אימא הוא לחוד, כי הוא בחינת כ"ב אותיות שלה, כי בודאי גם באימא יש בחינת כ"ב אותיות,
אלא דרז"ל קיצר מאד, ולא הזכיר הכא אתוון דאימא. וקרא לחלק הנפש של רוחא דשדי בגווה בשם חומר.
אך מריש פרק ו' שבסמוך לא משמע כן.
178

הרב ז"ל ביאר כי מאבא יוצאת טיפת הלובן, כאן הרב ז"ל מבאר כי טיפת אימא היא אודם. ב' בחינות אלו
רומזות לתיקון כל בחינה בעולמות התיקון, כאשר כל בחינה נבנית מחסדים וגבורות, שהם חלקים משם מ"ה,
וחלקים משם ב"ן.
גמרא נידה דל"א ע"א - תנו רבנן, שלשה שותפין יש באדם, הקב"ה, ואביו ואמו. אביו מזריע הלובן, שממנו
עצמות, וגידים, וצפרנים, ומוח שבראשו, ולובן שבעין. אמו מזרעת אודם, שממנו עור, ובשר, ושערות, ושחור
שבעין. והקב"ה נותן בו רוח, ונשמה, וקלסתר פנים, וראיית העין, ושמיעת האוזן, ודבור פה, והלוך רגלים,
ובינה, והשכל, וכיון שהגיע זמנו להפטר מן העולם, הקב"ה נוטל חלקו, וחלק אביו ואמו מניח לפניהם.
179

אותיות מ, נ, צ, פ, כ, הם בגימטריא אפ"ר עם הכולל.
180

הקדמת רחובות הנהר ד"ח ע"א - באופן כי כל הי' ספירות דכל פרצוף אבי"ע, נחלקים לג' קוים, קו ימין
חח"ן, חכמה נקרא פרצוף דעתיק דכורא, וחסד פרצוף אבא, ונצח פרצוף ז"א. וקו שמאל בג"ה, בינה נקרא
פרצוף נוקבא דעתיק, וגבורה פרצוף אימא, והוד פרצוף נוקבא דז"א. וקו האמצעי דת"י, דעת כלול מחו"ג,
נקרא א"א ונוקבא. ותפארת פרצופי ישסו"ת. יסוד פרצופי יעקב ורחל. וכל פרצוף כלול ממ"ה וב"ן, וגם
מלכות דמ"ה ומלכות דב"ן נקרא נוקבא רחל, אלא שמלכות דמ"ה נקרא מלכות דב"ן שנקרא
רחל, וכנז"ל.
181

בְּזִינַת נוּקְבִין, ובחינת דוכרין, **אַך בָּעֵרֶך הַכְּפוּלִים** שהם טיפת אימא, כל הכ"ב אותיות דאבא **נִקְרָא** צ"ל נקראים **כּוּלָן** הם אותיות **זכרים.** ובזה תבין איך כל רמ"ח איברים, שהם בזינת רמ"ח עצמות, כולם מזכר המזריע לובן, אך מאודם האשה אינו רק השזוזר שהוא אדום[182] שבעין, והדם שבתוך הגידין, כו' והם שס"ה גידין. **אך כל העצמות שהם** בחינת הלובן, הם **הַשָׁרָשִׁים שֶׁל רמ"ח איברים**, והם **מאבא. והנה בכ"ב אותיות אלו, משותפת הנפש** כי אין מציאות של גוף בלי נפש, ובחינת הנפש **הם תָּגִין** אשר הם מחוברים לאותיות, רק שלתגין בחינה יותר רוחנית מהאותיות, והם הנפש המחייה, או הבל דגרמי, **והנפש הִיא מאימא.** הרב ז"ל ביאר כי לטיפה דאבא יש חומר וצורה, שהם כלים ונפש, עם כל זה, הנפש שבטיפת אבא היא לא הנפש העיקרית, **כי אין** עיקר **הַנֶפֶשׁ נכְנֶסֶת בזוומר, רק אזור ש**הטיפה דאבא **נוֹרַע, ושהוא במעי אימא. אך אבא לא נתן בו רק הַזוּומר** אלא גם צורה, והחומר הוא **הכ"ב אתון**, שהם **העצמות**, אך **בהכרזה היה בתוכה** של הטיפה דאבא, בחינת צורה, שהיא הרוחניות שבטיפה, הנקראת **הַבֵל דְּגַרמִי** כי בלי הבחינה הרוחנית הזאת לא יוכל המת לקום בתחיית המתים, **הַנִזְכָּר** בזהר ב**פָּרָשַׁת שלזז דַף קָס"ט** ע"א[183]. **כִּי**[184] **ודאי טִפַת אבא לא היה רק זוומר יבש** בלי בחינה רוחנית, [לא גורסים

המלכות היא בקו האמצעי, עם כל זאת היא בחינת גבורה, בסוד דינא מלכותא דינא, גם היסוד הוא בחינת גבורות.

פרדס רימונים שי"ח פ"ה - בקדמיתא בדינא פירוש, כי היסוד הוא ח"י, והוא נוטה לצד השמאל, וזהו יצחק, ק"ץ ח"י. כמו שביארתי בשער א' פ"ב. ולכן בקדמיתא בדינא נוטה אל השמאל, מטבעו שיחודו תמידי בנקבה, ואח"כ חזר ואוחז בזכר, ונוטה אל החסד, ומתיחדים על ידו הדין והרחמים ואתבסם בכלא. ומפני כן חייב היות היסוד כלול מדין ורחמים. וזהו שברית יסוד נקרא יומם ולילה, מדת יום ומדת לילה בעצמו נכללים בו. כדי שעי"כ יוכל ליחד ב' המדות. וזה שאמר דאחיד בתרוייהו, פירוש עי"כ אוחז בשתי מדות שהוא כלול משתיהם, כדי שיוכל להכריע כמו שבארנו בשער המכריעים.

אור עינים אות א ב - אב האמונה נקרא חכמה, כי הוא אב למלכות רחל, הנקראת אמונה, וסימן – ה' בחכמה יסד ארץ, כי אבא יסד ברתא, **והוא עיקר בנין המלכות הוא מה' גבורות דאבא.**

מדרש תלפיות, אות כף, ענף הכינוים, אות מ' - מידת הדין הקשה, גבורה. מדת הדין הרפה, מלכות.
182

הדם עצמו הוא אדום, אך כאשר יוצא הדם מהגוף ומתיבש ונקרש, הוא הופך לצבע שחור.
גמרא נידה די"ט ע"א - אמר רבי חנינא, שחור, אדום הוא, אלא שלקה.
183

זהר שלח לך דקס"ט ע"א תרגום והסבר - **ורב מתיבתא הכי אמר** כך אמר ראש הישיבה, **דקדוקא דא לא ידע שלמה מלכא** את הדקדוק הזה לא ידע שלמה המלך, **דהא ההוא קלא איהי כלילא רוחא ונפשא** כי אותו קול החוזר הוא כלול מרוח ונפש, **והבל גרמי** ומהבל שבעצמות, שהוא אותו חלק הנפש שנשאר בקבר העצמות, עד תחיית המתים, **מעצבונא דבשרא** וגם הכח העצוב שבבשר. **ומשטטא באוירא** וקול זה משוטט באויר, **וכל חד מתפרש דא מן** וכל אחד מאלו, היינו חלק הגוף והנפש והבלא דגרמי, ופרשים זה מזה, **וכד מטא להההוא אתר דעאל ביה** וכאשר הקול מגיע לאותו מקום שנכנס ונגנז בו, **יתבא כמיתא** יושב שם הקול כמת, **וכל אינון חרשין וקוסמין ידעין אתרין אלין בחרשייהו** וכל המכשפים והקוסמים יודעים את המקומות של הקולות בכישופיהם, **וגחנין לארעא** וגוחנים לארץ כמו נחש, ומשביעים את השרים הממונים על הקולות, ומקטירים להם, **ושמעין קלא דא** והם שומעים את הקול הזה, **דמתחברן אינון רוחא ונפשא והבל**

רק] אלא היה בה **קצת זויות** רוחנית **בתוכה** ר"ל בתוך הטיפה החומרית, והבחינה הרוחנית שבתוך טיפת החומר **היא נקראת הבל דגרמי. והם סוד הש"ך ניצוצין דנפקי מוזכמה** שהם ל"ב שמות אלהי"ם דמעשה בראשית[185], **דהיינו** החכמה היא **אבא כנודע אצלינו, כי זה** הבל דגרמי **הוא מוזובר וזיבור גמור בעצמות** המת **אזור המיתה** כדי לתת חיות לגוף המת עד תחיית המתים, **אך הנפש** האמיתית **שהוא** צ"ל שהיא **מצד אבא** והם התגין, **זוופפת עליהם** ר"ל על העצמות **מלמעלה, בסוד** הפסוק[186] **ונפשו עליו תאבל, עליו דייקא** כלומר דוקא מעליו

דגרמי וכאשר הרוח והנפש והבל שבעצמות מתחברים בו ביחד, **ואודעין מלה** והם מודעים למכשפים את מה שהם מבקשים ורוצים לדעת, **ודא איהו** וזה מה שכתוב, **אוב מארץ** הכישוף שנקרא אוב או שעושים המכשפים מתחת לארץ, **ועל דא רדיף שלמה למנדע מה דאתעביד מההוא קלא** ועל כן רדף שלמה לדעת מה נעשה מזה הקול, **ולא ידע** אבל לא ידע.
184

בית לחם יהודה ש"ה פ"ה - כי ודאי טפת אבא לא היה רק חומר יבש. תיבת רק יש למחוק.
185

במעשה בראשית מוזכרים ל"ב שמות אלהי"ם, כאשר לכל שם אלהי"ם שיעור קומה שלה, הכלול מי' ספירות, ביחד הם ש"ך ניצוצין שיוצאים מהחכמה הנקראת מחשבה, כמו שהרב ז"ל יבאר בהמשך הדרוש. צריך לדעת כי יש ן' סוגי ש"ך, והרב ז"ל מבאר רק ו' סוגי ש"ך מתוכם. ש"ך הניצוצין הם בעצם ל"ב נתיבות היוצאים מהחכמה, אשר כל אחד מהנתיבות הוא בעל י' ספירות, וביחד הם ש"ך ספירות. וכאשר נחסיר את בחינת הכתרים שלהם, והיא בחינת השורש של כל נתיב ונתיב, והם ל"ב כתרים, נשאר רפ"ח ניצוצין, שהם בחינת הרפ"ח ניצוצין המחיים את הכלים שנשברו עד התחייה. והם הם הבל דגרמי.
ע"ח שי"ח פ"ה מ"ת דפ"ח ע"א - והטעם לפי שכל המדידה והקצבה אינם אלא מצד הגבורה, לפי שמצד החסד מורה התפשטות יותר מן השיעור בכל הדברים, אבל הגבורה אינה מנחת לאור עליון שיתפשט, אלא נותנת לו קצבה ומדה, עד מקום שצריך שעד שם יתפשט האור ולא יותר. וזהו הבוצינא דמדיד ועביד משחתין בכל ספירה וספירה, וכבר נתבאר כי היא גנוזה במעוי דבינה, והנה כל אלו המלכים שמתו יצאו מגו האי בוצינא דקרדינותא, וכמו שכתוב באדרא זוטא רצ"ב, ניצוצין אפיק זיקין לש"ך עיבר, וכל אלו ניצוצין דזריק האי בוצינא דקרדינותא הם המלכים ועלמין קדמאין דאתברו ומיתו, שהיה בהם מספר ש"ך ניצוצין כנ"ל, ועל ידי אותן הה"ג קדישין אחרינן שהם טפה דאבא,)נ"א דאמא(וכנ"ל וכנזכר באדרא קל"ז, וקמ"ב. בהם נתבסמו ונתקנו אותן מלכים קדמאין שהם ש"ך ניצוצין הנזכר פרשה נשא דקל"א, ואז נצטרפו ונתבררו ויצא מהם פסולת, והמבורר עלה למעלה, בסוד העיבור גו מעוי דאמא, כנ"ל בדרוש ובפרשת פקודי דרע"ז, בוצינא דקרדינותא זרק ניצוצין לש"ך עיבר, שהם ז' מלכים הנ"ל, ואח"כ בירר פסולת מגו מחשבה, על ידי ה"ג קדישין אחרינן.
שער הכוונות, דרושי פסח, דרוש י"א - עוד יש כונה אחרת בענין ספר הזהר, וצריך לכוין בה. הנה ימי העומר הם בחינת דינין וגבורות, והם ענין הש"ך דינין הנודעים, והם בגימטריא העומר. והנה שורש כל הדברים הם אלו הש"ך דינין, ולכן אנו צריכים למתקם ולבסמם. והנה ענין אלו הש"ך דינין הם בחכמה, וגם בבינה, כי הנה בחכמה יש בו ל"ב נתיבות, כל נתיב כלול מי"ס, הם בגימטריא ש"ך ניצוצין, ואלו נרמזו ב' פעמים בספר הזהר, בפרשת פקודי, ואמרו שם דבוצינא דקרדינותא בטש במחשבה עילאה וניצוצין זריק לשכ"ה עיבר, כו'. והם סוד הל"ב נתיבות חכמה, כי במחשבה הוברר אלו הש"ך ניצוצין, זהו ענין ל"ב אלהי"ם דמעשה בראשית, שהם ל"ב נתיבות חכמה, וכולם דין משם אלהי"ם. ואחר שנמשכים מן החכמה אל הבינה נעשים שם נ' שערים, הם בחינת ה' גבורות, כל אחת כלולה מי', והנה כל שער ושער כלול מכולם, ונמצא **כי ן' מיני ש"ך נצוצין הם**, כל שער ושער חלוק ומשונה מחבירו, והם בבחינת צרופים או גימטראות, כל אחת משונה מחברתה, ומאלו הן נ' שערים שהם ה"ג נמשכות נשמות בני אדם, כל אחד ואחד נמשך משער פרטי, **ולא קבלתי ממורי ז"ל פרטן זולתי ה' או ו' שערים מהם** ואלו הן........
186

ולא בתוכו או מחוברת בו, כמו הבחינה הרוחנית שאבא נתן, והיא בתוך העצמות[187]. **כי כמו כשהֹזריע**
(נ"א שמזריע) אבא, יצֹא זֹובֹר שהוא הטיפה הזרעית, **עם** הבחינה הרוחנית הנקראת **הֹבל**
דֹגֹרמֹי, וב' הבחינות **משֹותֹף** צ"ל משותפים **יזֹזֹד** והם בחינת חומר וצורה, כמו שהרב ביאר בתחילת הדרוש,
(לכן לא נפרדֹין לעולם כ"ֹג) כן לעולם אֹינֹן נֹפֹרדֹין ב' בחינות אלו אפילו אחר שהגוף
מת, הבל דגרמי נשאר בתוך העצמות, **אך** עיקר **הֹנֹפֹש בֹאֹה אֹזֹור כך מאבֹא** בזמן העיבור, והיא
בחינה נוספת על הבל דגרמי דאבא, ובחינה זאת לא מתלבשת בתוך העצמות, **וזֹזֹופֹת עֹל הֹהֹבֹל** דגרמי אחר
המיתה, **וֹאֹז** בזמן העיבור כאשר אבא נותן את הטיפה **בֹבֹטֹן האֹשֹה** והיא אימא, **נֹכֹנֹסֹת הֹנֹפֹש** מצד
אימא **בֹט' זֹודֹשֹים** ההריון **מֹעֹט מֹעֹט** ר"ל בהדרגה[188], **וכשֹנֹגֹמֹרֹת** בחינת הנפש להיכנס בזמן

איוב י"ד כ"ב - אך בשרו עליו יכאב ונפשו עליו תאבל.
187

נמצא כי יש ב' בחינות אשר נשארות בגוף עד תחיית המתים, האחת הבל דגרמי הנמצאת בתוך העצמות.
והשניה חלק מבחינת הנפש הבאה מאימא, והיא חופפת על המת מחוץ לגוף. ואין לטעות בענין הבל דגרמי
ולחשוב שהוא בחינת הנרנח"י שבמוח העצמות, כי הם ב' בחינות שונות.
תרשים ה – כ"ה.
נהר שלום די"ב ע"ג – והענין הוא בקיצור עם מה שכתב במקום אחר, כי בכל עת שנמשך צלם דמוחין לז"א
הוא נמשך כלול מה' בחינת נרנח"י דנפש, ורוח, ודנשמה, ודחיה, ודיחידה. והוא נמשך מלובש בה' בחינת
כלים דאו"א, שהם עור, וגידים, בשר, ועצמות, ומוח שבעצמות. והם כתר, וחכמה, ובינה, וו"ק, ומלכות,
דפרצוף ההוא דאו"א, המתייחס אל הצלם דמוחין ההם, כפי המצוה והעת ההיא. **והנה הנרנח"י דיחידה,**
המלובש במוח שבעצמות דאו"א, נמשך ומתלבש תוך פרצוף הכתר, שהוא המוח שבעצמות דפרצוף
ההוא דז"א, הראוי והמתייחס למוחין ההם. והנרנח"י דחיה המלובש בעצמות דאו"א, נמשך ומתלבש בפרצוף
החכמה, שהוא העצמות דפרצוף ההוא דז"א. והנרנח"י דנשמה המלובש בגידים דאו"א, נמשך ומתלבש תוך
פרצוף הבינה, שהוא הגידים דפרצוף ההוא דז"א. והנרנח"י דרוח המלובש בבשר דאו"א, נמשך ומתלבש תוך
פרצוף הו"ק, שהוא הבשר דפרצוף ההוא דז"א. והנרנח"י דנפש המלובש בעור דאו"א, מהראוי היה שימשך
ויתלבש בפרצוף המלכות שהוא העור דפרצוף ההוא דז"א, אבל לא כן הוא אלא שהוא נמשך מחוץ לפרצוף
המלכות, הוא העור דפרצוף ההוא דז"א סובב ומקיף עליו כולו, מכל צדדיו, ומתחת רגליו, והוא בחינת
הצפרניים, ונעשה עור על גבי עור, והוא להפסיק בין עור דז"א, לקליפת נוגה, שלא תתאחז בו.
188

אין אפשרות לעובר לקבל את כל בחינת הנפש בבת אחת, אלא מדרגה אחר מדרגה. יש בחינות של נשמות
הנקראות נשמה חדשה לגמרי, אשר יכולה להסיג את כל הבחינות בבת אחת.
ע"ח ש"כ פ"ה מ"ק דצ"ח ע"ג – ונחזור לענין כי אלו הניצוצין שנמשכו מאב ואם בתוך הטפות שלהם,
הנה מהניצוצין נעשה מלבוש אל הנפש של הולד, בסוד בבגדו בה, כנזכר בסבא, ומן הטפות עצמן נעשה
פנימיות החומרים של גוף הולד, לפי שבתוך טפת אלו נכנסת נפש הולד להצטייר ולברר הכלים שלו, וזה
הטעם הנזכר לנו במצות כבוד או"א. ואמנם אחר שכל טפות אלו כל אחד מהם נמשכת מרמ"ח איברי או"א,
לכן יש בכללותיה רמ"ח איברים, ותחלה מתחלת אותה ניצוץ הנפש שנמשך מאו"א, שגם בה יש כללות רמ"ח
ניצוצין, ואז הניצוץ הראשון והמעולה מתחיל להצטייר טפת איברי הכבד שיש בתוך אותה טפה, כנודע לחכמי
הטבע. ואז ממשיך אותם הבירורים של הולד עצמו, מבחינת הכבד שלו, ומתחיל להצטייר בחינת הכבד של
הולד, ונמשך שם חלק הנפש מכבד של הולד, ומצטייר הכלי של הכבד, וכל זה ע"י טפת האב עם ניצוץ הנפש
אשר שם, משל אב כנודע, כי זהו דמיון הקום שנותנין בתוך החלב, שהוא טפת האם ונקפית ומצטיירת, ואז
משם ואילך מתחיל הכבד לברר בירורי הולד לצורך רמ"ח איבריו, ונעשה בו דם, ואז משתלח הדם ההוא דרך
הוורידין, ומצטיירין האיברים, ונעשו בשר, וגידין, ועצמות, וכפי מה שמתבררים ניצוצי נפש הולד ונכנסה שם
בכבד, כך הוא שיעור הבירור בחינת איברים של הולד, וכן כפי מה שנתרבה ונגדל בחינת הכבד עצמה, כך

העיבור, עד אשר הוא **נּוֹלָד** ויוצא לחוץ לחוץ הולד, שהוא ז"א. **לכֵן גָּם אֲזור מִיתָה זוופֶת** חלק מבחינת הנפש מצד אימא **עַל עֲצמוּת, ולא בְּתוכֶם כְּמו הֶבֶל דְּגָרמֵי** הבא מאבא, **דְּאִשְׁתָּאָר**

נגדלים כל הכלים של רמ"ח האיברים של הולד, עד"ז הם הולכים ומתגדלים כל ט' חדשי העיבור, ונגמרין ט' ספירות דז"א בבחינת כלים, ונפש, וניצוצין, של זעיר אנפין עצמו. וכל זה היה לסבת השאור של הטפה של או"א, בחומר וצורה, באופן כי כשנולד ז"א כבר יש בו בחינת רמ"ח איברים דכלים, וניצוצין, ואורות, מבחינת נפש של ז"א. ואמנם ניצוצין נפשין דאו"א נעשו לבושים אל הנפש עצמו דז"א כנ"ל, ובאו מלובשים תוך ניצוצי טפת החומר דכלים דאו"א. נמצא סדרן כך הוא, חוץ מן הכל הם רמ"ח איברים דגופא דז"א, ובתוכם טפת אמא, כלולה מרמ"ח בחומר שלה, ונפש שלה, ובתוכו טפת אבא, כלול מרמ"ח בחומר שלו, ובנפש שלו, ובתוך הכל הוא נפש אדם עצמו דז"א, נתון שם. ונמצאת נפש דז"א עומדת בכבד, מלובשת תוך טפת נפש אבא, ונפש אמא, והם מלובשים בטפת הכלים, ומשתלחים ענפים וניצוצות נפש דז"א, ברמ"ח איבריו, בהיותן מלובשים תוך נפש דאו"א, בתוך טפת כלים שלהם דאו"א כנ"ל, **נמצא כי מתחלת הריון התחילו להצטייר כל הבחינות הנ"ל ביחד. אמנם ראשית כולם היו טפת או"א, חומר וצורה, והיו ממשיכין שם בירורים הכלים, והנפש דז"א עצמו מעט מעט, בין מהכלים, בין מהאור, באופן שבשהשתלם זמן העיבור נשלמו ביחד כל הבירורין של רמ"ח איברים, בבחינת כלים, ובבחינת נפש שבהם.** אמנם דע כי עדיין לא נכנסו שם רק בחינת נפש שבנפש דז"א, ולכן לא נתבררו רק הכלים של החלק של הנפש שבנפש דז"א, כי כפי הנברר מן הנפש נתברר מהכלי, ולכן עדיין קומת גוף העובר קטן מאד, עם היותו כלול מי' ספירות, ומרמ"ח איברים שלו, שהם מבחינת נפש שבנפש כנ"ל. ואמנם הטפה הנ"ל שהטילו או"א בחומר וצורה לצורך שאור של העיסה כנ"ל, נמשכה מבחינת החיצוניות של מלכות יש"ס, ומלכות דתבונה, ובכל זווג וזווג שבזמן העיבור היה נמשך ומתרבה אותו הטפה באופן שבהשתלם ימי העיבור, נגמר החיצוניות דמלכות הנ"ל, כל י' ספירות שלהם לכנוס תוך זו"ג, וכבר ידעת כי זה החיצוניות נקרא צלם דמוחין דעיבור, ויש בו צלם, והם ב' צלמים, אחד דיש"ס, ואחד דתבונה, וכולם נכנסו בזמן העיבור, שהם בחינת כל ט' ספירות דחיצוניות דמלכות יש"ס ותבונה. כי הרי ביניקה נכנסין מדרגות אחרות מעולות מאלו, כנלע"ד, והיותר נלע"ד, כי עד עתה לא נתבררו רק נפש שבנפש, דבחינת אור וכלים, לכן גובה הולד קטן מאד.

ע"ח שי"ח פ"ו מ"ק דפ"ט ע"א - אכן מסוד היניקה ולמטה אני זוכר היטב מה שאמר לי מורי זלה"ה, והענין כי ימי היניקה הם כ"ד חדש, והוא כי נשאר ג' ספירות להתברר והם הוד, יסוד, מלכות. וכבר ידעת שהאשה אחר שילדה היא זבה דמים, והענין כי כבר ביארנו שבמעי האשה נתברר הולד ובהמשך ימי העיבור, הם מתבררין מעט מעט, עד שנמצא בסוף ימי העיבור אז נשלם להתברר וכל מה שיוכל להתברר נתברר ונעשה ממנו גוף הולד, **ולכן הולד הוא מתגדל תוך מעי אמו מעט מעט כי מתברר מעט מעט ומתגדל גופו מאותו בירור עד שנשלם להתברר**, ומה שהוא סיגים גמורים שאין בו תועלת הוא נעשה דם טמא. ואז כשיולדת נפתח רחמה ויצא ממנה דם טמא, שהם הסיגים, ויצא הולד מבורר ומתוקן, וכל הסיגים הללו הם מאותן ח' ספירות שנתבררו כנ"ל, ונשארו ג' ספירות שלא נבררו כלל, ואלו הסיגים שלהם נשארו תוך מעי דאימא, והג' ספירות עצמן יצאו לחוץ עם ז"א, כי בודאי שלא יצא חסר. ואמנם הסיגים שלהם המעורבים עם מעט הקדושה, לא יכלו להתברר מטעם הנ"ל, כי הם תחתונים שבכולם, וזה סוד הדם שארז"ל שנשאר תוך אשה, שלא יצא לחוץ עם השאר, כי השאר כבר נתברר ואין בו תועלת, לכן יצא לחוץ בסוד דם טמא, אך זה הדם שעדיין לא נברר נשאר תוך מעי דאמא, ועל ידי אריכות זמן היניקה הוא מתברר בתוכה ונעשה חלב, וזה נעשה על ידי עלייתו אל מקום הדדים. וכמו שנכתוב בע"ה בס"ד הדם איך הוא מתברר ומתהפך לחלב. וכשתחלק הכ"ד חדשים דיניקה לג' ספירות, יהיה ח' חדשים לכל ספירה, והטעם שצריך ח' חדשים בירור לכל ספירה מאלו הג' הוא, כי החלב אינו יונק הולד כולו ביום אחד, רק יונק מעט מעט, ועל ידי שהוא יונק הוא מתגדל כנודע, כמו שבסוד עיבור מתגדל מעט מעט, כן עתה על ידי בירור זה שהוא יונק הוא מתגדל.

שער הגלגולים, הקדמה ו' - והנה המדרגה הראשונה, היא נקראת נשמה חדשה לגמרי, ולכן כאשר תרד נשמה זו בעולם הזה בגוף איזה נפש כשנולד, עליו רמזו רז"ל, בריש פרשת משפטים דף צ"ד ע"ב, וז"ל, ת"ח בר נש כד אתייליד, יהבין ליה נפשא וכו', זכה יתיר וכו'. כי באותה הפעם הראשונה שבא לעולם, יכול להשיג מנפש דעשיה, עד נשמה לנשמה של אצילות, מדרגה אחר מדרגה, כמו שכתוב זכה יתיר וכו'. **וכל זה בקלות גדול, שלא ע"י טורח מרובה.**

בְּזֶבּוּרָא וְהבל דגרמי נשאר מחובר גּוֹ גּרְמֵּי בתוך העצמות, כַּנזְכר בְּזהר פָּרָשַׁת שֶׁלֶּח דְּקּס"ט ע"א. וְאַף עַל פִּי שֶׁבַּדַף קֵ"ע ע"א[189], אָמַר בזהר הקדוש את זֶה עַל בחינת הַנֶּפֶשׁ, אבל באמת הַכַּוָּונָה הוּא צ"ל היא עַל בחינת הַהֶבֶל דְּגַרְמֵי שהוא הבחינה הבאה מאבא, הנמצאת בתוך העצמות. לעומת הנפש שהיא בחינת התגין הבאה מאימא, החופפת עליהם מלמעלה וְעַיֵּין שָׁם בזהר פרשת שלח. נראה שסוגיא זאת היא הגהה מהרב חיים ויטאל זלה"ה, ולא דברי האר"י, הרב ביאר כי בחינת הגוף הם האותיות. הנפש היא התגין. הרוח הם הנקודות. והטעמים הם בחינת הנשמה. לבחינת הבל דגרמי לא מצינו בחינה בטנת"א, הרב דן בסוגיא זאת בבחינות של הדגש והרפה, שהם דין ורחמים[190]. לרב יש ספק ביחס לבחינות אלו, וְאוּלי דְגֵשׁ שהיא נקודה בתוך האות וְרָפֶה שהיא אות בלי נקודה[191] הוּא הַהֶבֶל[192] דְּגַרְמֵי והיא הבחינה הבאה מאבא, שֶׁדגש ורפה אֵינָם לֹא טְעָמִים, וְלֹא נְקוּדוֹת, וְלֹא תַגִּין, כַּנזְכר בְּתִיקּוּנִים סוֹף תִּיקּוּן ה' ד"כ ע"ב[193], וְלֹא קִבַּלְתִּי זֶה של הדגש והרפה מֵמֹורִי האר"י זלה"ה,

---

189

זהר שלח לך דק"ע ע"א תרגום והסבר - **וְאִי תֵּימָא** ואם תאמר, **דְּאֵין** הרי הרוחות **פְּקּדִין לְבֵי קִבְרֵי בְּרֵישׁ כָּל לֵילְיָא** פוקדים את בית הקברות בכל לילה, **לָאו עַל גוּפָא** לא את הגוף הם פוקדים, **אֶלָּא עַל נַפְשָׁא** את הנפש הם פוקדים, והיא הבל דגרמי שבתוך העצמות.

190

ע"ח ח"ב שכ"ח פ"ב די"ח ע"ב - לכן מקום הדדים הם בחזה שבין חג"ת, וכל בחינותו יחד הם שד"י, ומזה השם של שד"י שהוא בדדים של אמא יונק ז"א, ומתפשט ונתקנו הג' קצוות ראשונים שלו, שהם חג"ת, אשר יש בהם ע"ב רי"ו כ"ו, גימטריא שד"י כנ"ל. ואחר כך גם נה"י שבו ינקו משם, ונעשו ע"ב רי"ו כ"ו אחרים כנודע, כי כל מה שיש בחג"ת יש בנה"י, אלא שבבחינת חג"ת הם רחמים, ונקרא שד"י ברפה, בסוד בין שד"י ילין, שהם מקום הדדים ממש, ובנה"י נקרא שד"י בדגש, בסוד אל שד"י כנודע, לפי שהוא יותר דיני כנודע, כי הדגש ורפה הם דין ורחמים.

ספר הליקוטים, משלי סימן ח' דצ"א ע"ג - אומנם אותיות שד"י עצמם סוד שתי שמות אהי"ה, אחד בההי"ן [אָח"י - אל"ף ה"ה יו"ד ה"ה, שהוא קנ"א], ואחד ביודי"ן [אָח"י - אל"ף ה"י יו"ד ה"י, שהוא קס"א], ועם שני שמות הרי שד"י, וסוד זה רמוז בפסוק - בין שד"י ילין. ואמנם הרמוז לזה לרמוז כי כל חיבורים וזיווגים אלו הם על ידי היסוד, הנקרא שד"י, בין למעלה בין למטה, בבינה ובמלכות. **ואמנם שד"י שבבינה הוא רפה, ושד"י שבמלכות יש בו דגש**, ולכן בין שד"י ילין רמז אל הבינה ולכן הוא רפה.

191

אות עם נקודה בתוכה היא בחינת דגש, ואות בלי נקודה היא בחינת הרפה, כי העדר הבחינה היא בחינה בפני עצמה. למען האמת כמו שמובא בתיקוני הזהר, תיקון ה' – **וּדְמוּת עַל רָאשֵׁי הַחַיָּה** <u>רָקִיעַ</u> כָּעֵין הַקֶּרַח הַנוֹרָא נָטוּי עַל רָאשֵׁיהֶם מִלְמַעְלָה. וכמו שיביא הרב ז"ל בהמשך הסוגיא, בזמן קדום בחינת הרפה היתה קו מעל האות, וקו הנקרא רקיע מעל לאותיות.

תרשים ה – כ"ו.

192

193

תיקוני הזהר, תיקון ה' ד"כ ע"ב תרגום והסבר- בחינת הדגש הוא בחינת דין, והרפה הוא רחמים **רפ"ה אִיהוּ לְעֵילָּא מֵאַתְוָון** רפה הוא קו כמו פתח הנמצא למעלה מהאותיות, כך היו נוהגים לכתוב אות עם רפה בימים הקדומים, והאחרונים השמיטו קו זה מאות הרפה, כי העדר הבחינה היא בחינה בפני עצמה, **וַעֲלַיְיהוּ אִתְּמַר** ועל בחינת הרפה נאמר **עַל רָאשֵׁי הַחַיָּה** <u>רָקִיעַ</u> כָּעֵין הַקֶּרַח הַנוֹרָא נָטוּי עַל רָאשֵׁיהֶם מִלְמַעְלָה, **נָטוּי דָּא אִיהוּ רפ"ה** נטוי זה הרפה הנקרא רקיע, **נָטוּי עַל רָאשֵׁי חֵיוָון** נטוי על ראשי החיות, **דְּאִינוּן הֵוָי"ה** ארבע אתוון ודאי היינו ארבע אותיות הוי"ה הן נקראים חיות הקודש, והוא בחינת צורת פתח, הנקרא רקיע על האותיות, ובחינה זאת היא בחינת רחמים. בחינת הדין הוא דג"ש, **אִיהוּ מִלְגָאו דְּאַתְוָון** הוא נקודה בתוך

וְעַיֵּין מה שֶׁזּוֹסֵר בְּסוֹף תִּיקוּן כָּ"זז שֶׁל כְּתַב יָד[194], שֶׁאָמַר[195] כִּי הַדָּגֵשׁ וְהָרָפֶה הֵם הַנֶּפֶשׁ, וְאֶפְשָׁר שֶׁהוּא רמז לְהַבַל דְּגַרְמֵי שֶׁהוּא מִכְּלָל ר"ל בחינה ממוצעת בין הַנֶּפֶשׁ לגוף, וְעַיֵּין[196] שָׁם הֵיטִיב בתיקונים בְּעִנְיַן דָּגֵשׁ וְרָפֶה שנראה לפי דברי הרב הם הבל דגרמי, וְאוֹתִיּוֹת[197] הֵם הַגּוּף, והתגין שהם חלק בלתי נפרד מהאותיות הם נפש, וְנְקוּדוֹת הם רוח, וְטְעָמִים נשמה, שֶׁהֵם כולם ביחד[198] גּוּף וְנֹר"ן, עד כאן נראה שהיא הגהה מהמרח"ו ז"ל+ הרב ז"ל עולה למדרגת הרוח, שהיא מעל מדרגת הנפש וְהִנֵּה[199] הַנְּקוּדוֹת הֵם הֵי' סְפִירוֹת שֶׁבְּתוֹכֶם ר"ל שבאותיות, שֶׁהֵם בְּזְזִינַת רוּחַ, [דכ"ג ע"ג 46] וַהֲרֵי[200] כָּ"ב אָתְוָון שהם בחינת הגוף, עם התגין שהם נפש, וְהֵי' סְפִירוֹת שהם י' סוּגֵי הַנִּיקּוּד[201] הַמַּחֲיֶה את האותיות, ביחד הֵם גימטריא ל"ב, הרומזים על ל"ב נְתִיבוֹת הַנִּמְשָׁכִין מֵהַחָכְמָה בסוד ל"ב פעמים שמוזכר שם אלהי"ם במעשה בראשית, שֶׁבָּהֶם נִבְרָא הָעוֹלָם, שֶׁהוּא ז"א, כלומר בהתחלה היתה הטיפה דאבא, הכוללת חומר וצורה,

---

האותיות, **כְּגוּונָא דָא הוּי"ה**, כמו זה **הוּי"ה, רפ"ה מלבר כְּגוּונָא דָא הוּי"ה** רפה הוא מבחוץ מעל האותיות, כמו מעל אותיות הויה, **וְאֵינוּן** והדגש והרפה הם **כמתג ורסן לאותיות** כמו מתג שהוא מעל גבי הסוס כך רפה על גבי האותיות. וכמו שהרסן הוא בתוך פה הסוס, כך הדגש בתוך האותיות, **וּבְהוֹן** ובהם כתוב **וְהַחַיּוֹת** שהם האותיות **רָצוֹא וָשׁוֹב, רצוא בדג"ש, ושוב ברפ"ה.**
194

בזמן הרב חיים וויטאל ז"ל לא נדפס עוד תיקוני זהר חדש, וכל הכתבים של זהר חדש היו בכתב יד, וכאשר הרב ז"ל שולח לכתב יד של הזהר הכוונה היא לזהר חדש, או תיקוני זהר חדש.
195

כרם שלמה ש"ה פ"ה אות כ"א – ומה שאמר שהדגש והרפה הם הנפש, קשה, והלא ההבל דגרמי הוא אבא, והוא לחוד, והנפש היא מאימא, וכל אחד לחוד. אלא אפשר שהוא הבל דגרמי שהוא מכלל הנפש, פירוש הואיל והוא בא קודם הנפש האמיתי, וכל שכן קודם הרוח, לזה נקרא שפיר לזמנין בשם נפש, כי כמו שהנפש היא מדריגה האחרונה של נרנח"י, כך הבל דגרמי הוא מדריגה אחרונה, ולזה נקרא מכלל נפש, כי הם דומים.
196

כרם שלמה ש"ה פ"ה אות כ"א – ועיין שם היטב בעניין דגש ורפה, ואותיות ונקודות וטעמים שהם גוף ונר"ן, ר"ל כי שם מפורש האותיות הם גוף ונפש, כי התגין הם בכלל כמו שכתוב למעלה, והנקודות הם רוח, והטעמים הם נשמה, אם כן מה נשאר להדגש ורפה, על כן הוא הבל דגרמי.
197

בית לחם יהודה ש"ה פ"ה - ואותיות ונקודות וטעמים שהם גוף ונר"ן. לפי שהתגין הם בכלל האותיות, לכן אותיות הנזכר הם גוף, ונפש והנקודות והטעמים הם בחינת רוח ונשמה.
198

תרשים ה – כ"ז.
199

בית לחם יהודה ש"ה פ"ה - והנה הנקודות הם הי' ספירות שבתוכם. כלומר שבתוך האותיות שהם הגוף.
200

בית לחם יהודה ש"ה פ"ה – והרי כ"ב אתוון והעשר ספירות הם ל"ב. השתא מפרש מה שפתח בריש פרקין בל"ב נתיבות וכו', שהל"ב נתיבות הם טפת אבא, שעל ידה נברא העולם שהוא ז"א, כי בחינת הכלים שבו הם הכ"ב אתוון, ואור הפנימי שבו הם הי' ספירות, שהם בחינת הנקודות דמצד אבא.
201

יש ט' סוגי ניקוד והם – קמ"ץ, פתח, צירי, סגול, שבא, חולם, חיריק, קובוץ, שורוק, והם כנגד כח"ב חג"ת נה"י, ולמלכות אין ניקוד, אבל העדר הבחינה היא בחינה בפני עצמה.

והצורה היא בחינה רוחנית הנקראת הבל דגרמי, וכאשר אימא מקבלת טיפה זאת ביסודה, מצטייר הולד בתוך יסוד דאימא ומקבל את בחינת הנפש, וכאשר הוא נולד הוא מקבל את בחינת הרוח, וייותר מאוחר בגדלות את בחינת הנשמה[202]. **וזה שכתוב** בספר יצירה **בל"ב נתיבות פלאות חכמה** שהוא אבא **חזקק, והם י' ספירות בלימה** שהם בלי מהות, אשר לא ניתנים להשגה, **וכ"ב אותיות יסוד**[203] הבנין, שהם בחינת החומר לבנין הז"א, **כו', ונקרא** בשם **יסוד** הכ"ב אותיות **לרמז לטפת זוומר הזכר** שהוא אבא, **שהוא ראשון ויסוד** לבנין האברים דז"א, **שהם עצמות** הלבנות, והם באים מלובן הטיפה דאבא. **ואזור כך** הטיפה דאבא **מצטיירת** ביסוד דאימא שנקודתה צירי **בה ה' אותיות מנצפ"ך** הכפולות **הנקראת** טפת אודם. והבן זה למה זה נקרא תמיד בספר יצירה לבזוזינת כ"ב אותיות יסוד[204] הבנין[205]. טיפת אבא נקראת ל"ב נתיבות, מלשון נתיב שהוא

ע"ח שי"א פ"ט דנ"ה ע"ג - ובתיקון נתעברו עיבור ראשון, והיו מתבררין מעט מעט הכלים דו"ק, שהיו כולם בתוך אמא, וכל בחינת הכלים מתבררים לטובה, והיו)סכ"י המתבררים לטובה והיו נכנסין וכו' שהוא הולד(נכנסין בהם המוחין שהם הולד עצמו, ומה שלא נתברר מן הכלים ונשארו מעורבין טוב ורע נשארו בבטן אמא, ואז כשנולד הולד הזה לפי שנגמר בחינת הכלים הצריכין לבחינת כלי **הנפש**, ואז נעשו מוחין דיניקה בנ"י האמצעים בעת הלידה כנודע, כי מן הלידה מתחלת זמן היניקה, ואז מתבררין כלים שהם בחינת **הרוח**, ויונקים בסוד החלב ובתוכם הרוחניות של הרוח, שהם המוחין דיניקה, ונגמרין עד הגדלות, ואז חוזר הגדלות שהוא **הנשמה** נה"י דאבא, ונה"י דאמא.
202

היסוד המוזכר כאן הוא לא ספירת היסוד, אלא מלשון יסוד הבניין, והוא החומר.
203

הגהות וביאורים)א(– א"מ כי יסוד דאבא הוא הנתיב הנעלם, הוא שער הראשון מנ' שערי בינה הכלולים ביסודה, והבן.
204

ע"ח ש"כ פ"כ מ"ק דצ"ח ע"ב - ונתחיל ונבאר ענין ה' בחינות נרנח"י שמקבל מישסו"ת בלבד, הנה בעת העיבור נכנסה בו בחינת נפש לבד, והענין דע כי אי אפשר בשום אופן להצטייר הולד אלא ע"י נפש הנותן כח בו. ואמנם נפש הזה אינה יכולה לכנוס, עד שהתחיל איזה התחלה להצטייר בגוף הולד, ולכן הוכרח שתחלה יטילו הזכר והנקבה טפת זרע החומריים, וזה נמשך מחלק אבר הכבד של הזכר והנקבה עצמן, ואז נמשך בטפת ההם קצת רוחניות מנפש האב ואם עצמן, כנודע לחכמי הטבע. ואז כבר יש שאור להחמיץ, ואז מתבררין הבירורין של ז"א מעט, ומבררתן אימא ע"י אכילתה, ובזה נתוסף החומר בולד, וגם בנפשה מברית בירורי נפש דז"א, באופן שמתחילין להתברר מבחינת כלים ומהניצוצין ומאורות הנפש מעט מעט. ואמנם טפת הזרע נמשכת מהחומר של אב והרוחניות שבו, מן הנפש עצמה שבאב, וכן כיוצא בזה בטפת האם יש בה חומר האם עצמה, ורוחניותיה שבה מהנפש שבה. והנה הנפש ההוא נקרא רוחא דשדי בגווה כנודע, ומשם נותנה קצת מן אותה הרוח בתוך הטפה ההוא, ונמצא עתה כי התחלת שאור להחמיץ העיסה, שהם בירורי הולד עצמן, הנה הם ב' טפות זכר ונקבה, עם ב' ניצוצין נפשות או"א עצמן, והנה כפי אותן הניצוצין הנ"ל של או"א כך דוגמתן הם מתבררים בירורי נפש הולד עם הכלים גם כן, ר"ל אם עשו איזה מצות התלוין בעין, ממשיכין ברורי נפש התלויה בעין, וכיוצא בזה, ודי בזה. ונחזור לענין כי אלו הניצוצין שנמשכו מאב ואם בתוך הטפות שלהם, הנה מהניצוצין נעשה מלבוש אל הנפש של הולד, בסוד בבגדו בה כנזכר בסבא, ומן הטפות עצמן נעשה פנימיות החומרים של גוף הולד, לפי שבתוך טפת אלו נכנסת נפש הולד להצטייר ולברר הכלים שלו, וזה הטעם הנזכר לנו במצות כבוד או"א. ואמנם אחר שכל טפות אלו כל אחד מהם נמשכת מרמ"ח איברי או"א, לכן יש בכללותיה רמ"ח איברים, ותחלה מתחלת אותה ניצוץ הנפש שנמשך מאו"א, שגם בה יש כללות רמ"ח ניצוצין. ואז הניצוץ הראשון והמעולה מתחיל להצטייר טפת איברי הכבד שיש בתוך אותה טפה כנודע לחכמי הטבע, ואז ממשיך אותם הבירורים של הולד עצמו מבחינת הכבד שלו, ומתחיל להצטייר בחינת הכבד

דבר היוצא ונמשך, מתפשט ונכנס, **וְהִנֵּה** כל **אֵלּוּ הַל"ב נְתִיבוֹת הֵם** בחינות זָכְרִים והם טיפת החומר והצורה, כאשר החומר הוא כ"ב אותיות, והצורה היא הבחינה הרוחנית שהיא י' ספירות[206], והם נמשכים **מֵחָכְמָה** שהוא פרצוף אבא **וְנִתוּנִים** צ"ל וניתנים **בִּיסוד דְּאִימָא,** וטיפה זאת מתערבבת **תוֹך** חמש אותיות **מנצפ"ך** הכפולות שביסודה, והם טיפת האודם, שנמצאים ביסוד דאימא, **שֶׁהֵם** נקראים נ' **שְׁעָרִים שֶׁבָּה** ר"ל בבינה, שהיא אימא[207]. **כִּי כָּל אֶחָד** מאותיות מנצפ"ך יש שעור קומה שלם, לכן כל אות מאותיות מנצפ"ך **כְּלוּלָה מִי', הֲרֵי נ'** בחינות, הרב ז"ל מבאר למה הבחינות דאימא נקראים שערים **וְלָכֵן נִקְרָאִים שְׁעָרִים, יַעַן הֵם פְּתוּזִים פְּתוּזִים** שהוא יסוד דאימא, **וּנְקֵבִים שֶׁל אִימָא**

של הולד, ונמשך שם חלק הנפש מכבד של הולד. ומצטייר הכלי של הכבד, וכל זה ע"י טפת האב עם ניצוץ הנפש אשר שם, משל האב כנודע. כי זהו דמיון הקום שנותנין בתוך החלב, שהוא טפת האם, ונקפית ומצטיירת, ואז משם ואילך מתחיל הכבד לברר בירורי הולד, לצורך רמ"ח איבריו, ונעשה בו דם, ואז משתלחה הדם ההוא דרך הוורידין ומצטיירין האיברים, ונעשו בשר, וגידין, ועצמות, וכפי מה שמתבררים ניצוצי נפש הולד, ונכנסה שם בכבד, כך הוא שיעור הבירור בחינת איברים של הולד. וכן כפי מה שנתרבה ונגדל בחינת הכבד עצמה, כך נגדלים כל הכלים של רמ"ח האיברים של הולד. על דרך זה הם הולכים ומתגדלים כל ט' חדשי העיבור, ונגמרין ט' ספירות דז"א בבחינת כלים, ונפש, וניצוצין, של זעיר אנפין עצמו. וכל זה היה לסבת השאור של הטפה של או"א, בחומר וצורה, באופן כי כשנולד ז"א כבר יש בו בחינת רמ"ח איברים דכלים, וניצוצין, ואורות, מבחינת נפש של ז"א. ואמנם ניצוצין נפשין דאו"א נעשו לבושים אל הנפש עצמו דז"א כנ"ל, ובאו מלובשים תוך ניצוצי טפת החומר דכלים דאו"א, נמצא סדרן כך הוא, חוץ מן הכל הם רמ"ח איברים דגופא דז"א, ובתוכם טפת אמא כלולה מרמ"ח בחומר שלה, ונפש שלה, ובתוכו טפת אבא כלול מרמ"ח בחומר שלו, ובנפש שלו, ובתוך הכל הוא נפש אדם עצמו דז"א, נתון שם. ונמצאת נפש דז"א עומדת בכבד, מלובשת תוך טפת נפש אבא ונפש אמא, והם מלובשים בטפת הכלים, ומשתלחים ענפים וניצוצות נפש דז"א ברמ"ח איבריו, בהיותן מלובשים תוך נפש דאו"א בתוך טפת כלים שלהם דאו"א כנ"ל, נמצא **כי מתחלת הריון התחילו להצטייר כל הבחינות הנ"ל ביחד.** אמנם ראשית כולם היו טפת או"א חומר וצורה, והיו ממשיכין שם בירורים הכלים, והנפש דז"א עצמו מעט מעט מהכלים, בין מהכלים, בין מהאור, באופן שבהשתלם זמן העיבור נשלמו ביחד כל הבירורין של רמ"ח איברים, בבחינת כלים, ובבחינת נפש שבהם. אמנם דע כי עדיין לא נכנסו שם **רק בחינת נפש שבבנפש דז"א**, ולכן לא נתבררו רק הכלים של החלק של הנפש שבבנפש דז"א, כי כפי הנברר מן הנפש נתברר מהכלי, ולכן עדיין קומת גוף העובר קטן מאד, עם היותו כלול מי' ספירות, ומרמ"ח איברים שלו, שהם מבחינת נפש שבנפש כנ"ל. ואמנם הטפה הנ"ל שהטילו או"א בחומר וצורה לצורך שאור של העיסה כנ"ל, נמשכה מבחינת החיצוניות של מלכות יש"ס, ומלכות דתבונה, ובכל זו"ג וזווג ושבזמן העיבור היה נמשך ומתרבה אותו הטפה, באופן שבהשתלם ימי העיבור, נגמר החיצוניות דמלכות הנ"ל כל י' ספירות שלהם לכנוס תוך זו"נ. וכבר ידעת כי זה החיצוניות נקרא צלם דמוחין דעיבור, ויש בו צלם והם ב' צלמים, אחד דיש"ס, ואחד דתבונה, וכולם נכנסו בזמן העיבור, שהם בחינת כל ט' ספירות דחיצוניות דמלכות יש"ס ותבונה, כי הרי בינקה נכנסין מדרגות אחרות מעולות מאלו.
206

והם הנקודות.
207

ע"ח ח"ב שכ"ח פ"ה ד"כ ע"א - לכן לא היה עדיין היכר לל"ב נתיבות חכמה, ונ' שערי בינה, וגם הדעת לא היה נחלק לאדרין ואכסדראין, רק היה כל זה בבחינת כללות לבד. וכאשר נולד ויונק משדי אמו, אז על ידי היניקה נתגלו המוחין האלו, בסוד ל"ב נתיבות חכמה, וכן הבינה בסוד נ' שערים, וכן הדעת, ואז ניכר הכל. ולכן הולד כשיונק אז יוצאין לו השיניים שהם ל"ב, נגד ל"ב נתיבות חכמה. וזה סוד ולבן שינים מחלב, פירוש הל"ב של ולבן, הוא ל"ב נתיבות חכמה, ונ' היא נ' שערי בינה, והוא"ו של ולבן הוא סוד הדעת, סוד ו', וכל זה הוא לסבת]מסבת[החלב, וזו ולבן שיניים מחלב.

הַנִּקְרֵאת נְקֵבָה, כִּי הַנְּקֵבָה שְׁעָרֶיהָ שהוא היסוד שלה[208] **פְּתוּזִים,** כדי **לְקַבֵּל בְּתוֹכָה נְתִיבוֹת זְכְמָה** שהוא יסוד הזכר[209], לכן יסוד דאבא נקרא נתיב[210], ויסוד דאימא נקרא שער.

וּבְזֶה[211] תָּבִין[212] הֱיוֹת גְּבוּרוֹת מְנֻצְפָּ"ך הכפולות הבאים מאימא הם **נְקֵבוֹת** והם בחינת טיפת האודם, ונקראים פ"ר דינים, **וּגְבוּרוֹת שֶׁ"ך נִיצוֹצִין** שהם ל"ב נתיבות, אשר לכל נתיב שיעור קומה שלם, והם נמשכים מאבא, **שֶׁהֵם** החיות שבטיפה הבאה מאבא, והם נקראים **הֶבֶל דְּגַרְמֵי** המחיה את כ"ב האותיות

208

שער היא מילה נקייה ליסוד הנקבה.

209

יסוד הזכר נקרא צדיק, ושל הנקבה נקרא שער, בסוד זה **הַשַּׁעַר** לַהוי"ה **צַדִּיקִים** יבא בו. **תהילים קי"ח כ'** – זה השער להוי"ה צדיקים יבאו בו.

210

בשער הכוונות הרב ז"ל כותב ההפך, שיסוד דאבא נקרא שביל, ויסוד דאימא נקרא נתיב. לעומת זה בע"ח שט"ל הרב ז"ל כותב כי יסוד דאבא נקרא נתיב, כמו בסוגיא זאת. והגוב ל"ט בשער ל"י משאיר את הקושיה בצריך עיון.

שער הכוונות, דרושי כוונת הברכות – דע כי כל ברוך הוא ביסוד, וצריך לכוין כי זה הברוך הוא ביסוד העליון של חכמה, הנקרא **שביל**, ותכוין להמשיך בו השפע, ולחברו אחר כך עם היסוד של בינה, הנקרא **נתיב**, והנה השביל נקרא ברוך, והנתיב נקרא ברכה, ושניהם שוין בחשבון אחת. גם ברוך וברכה עם הכללות הם רכ"ח, ואם תוסיף עליהם ד' אותיות של ברוך, יהיה בגימטריא רל"ב, והם בגימטריא ד' שמות ע"ב, ס"ג, מ"ה, ב"ן, וארבעתן נמשכין אל השביל העליון הנקרא ברוך. וגם תכוין במלת ברכה הנרמז בברוך הנזכר, ותכוין כי גם היא בגימטריא רל"ב .... ופירוש הענין הוא כך, כי זווג או"א הוא זיוג תדירי, ואינו במקרה לפרקים כזווג זו"ן, ולכן **השביל שהוא היסוד דאבא, הוא מחובר תדיר עם הנתיב שהוא היסוד דאימא,** ותמיד גנוז שם ולכן לא אתיידע אם הוא לעילא בחכמה, או אם הוא לתתא בבינה, כי לעולם הוא בבחינת זווג תדירי, דלא פסיק. לכן זה השביל הנקרא פלא, הוא מתעלם ונגנז תוך היסוד דבינה, הנקרא אלף של אהיה דההין.

ע"ח ח"ב של"ט דרוש י' דע"ד ע"ג – והנה ראשית כל אלו ההמשכות הוא מדעת העליון דעתיק יומין, הנקרא רדל"א, אשר הדעת ההוא גנוז בין גולגלתא ומוחא דא"א, והוא בחינת ההוא אוירא דיתיב על קרומא דמוחא דא"א. והנה נמשך עד דעת דאבא, ממדרגה למדרגה, ומדעת דאבא נמשך **עד יסוד שבו, הנקרא נתיב לא ידעו עיט,** ומשם יצא ונכנס ביסוד אמא בביאה ראשונה, ונמצא דההוא רוחא דנפקי מיסוד אבא, הוא הנקרא אוירא דכיא, וכמ"ש בע"ה.

הגהות וביאורים)של"ט דרוש י' דע"ד ע"ד ג, הגהה ב'(– וצ"ע, דנתיב הוא יסוד דאימא, ויסוד דאבא נקרא שביל דקיק.

211

בית לחם יהודה ש"ה פ"ה - ובזה תבין היות גבורות מנצפ"ך נקבות וגבורות ש"ך ניצוצין שהם הבל דגרמי דכורין. זהו כשמועה שניה הנזכרת במבוא שערים דל"ז ע"א.

212

הגהות וביאורים)ב(– עיין במבוא שערים שער ה' ח"א פ"ג, ובשער רפ"ח פרק ה')דשם איתא דהפ"ר הם דכורין, והש"ך הם נוקבין, ובאמת איתא במבוא שערים שער ה' ח"א פ"ג שהם שמועות חלוקות, וזה לשון הרמ"ז שם – אין להקשות מה שבפעם אחת קורא לש"כ ה' דכורין ולפ"ר נוקבין, ובמקום אחר להפך, כי לפי דשורש שכ"ה מאבא, לכן נקראו זכרים, ולפי שהם ממלכות שבו, לכן נקרא נוקבא, וגם לפי שאבא יסד ברתא, שגלוי מלכותו ליסד המלכות. אבל הפ"ר שורשם הוא במלכות דאימא, הם נוקבא, ולפי שעיקר אור אימא הוא לז"א כמו שאמר הכתוב כונן שמים בתבונה, לכן נקרא דכורין, עד כאן לשונו. ועיין בשער המצות, פרשת שופטים, במצות לא ירבה לו נשים, דהכריע דהש"ך הם דכורין. אמת ליעקב(, ובשער ט"ל פרק א' כו'.

דְכוּרִין, וש"ך גבורות אלו הם בחינת הנוקבא בערך הדוכרא, אבל בערך טיפת אימא הם דוכרא. **וְהִנֵּה יֵשׁ ב'** **בְּחִינוֹת שֶׁל י' סְפִירוֹת, אֶחָד[213] י' סְפִירוֹת דִּבְחִינַת נֶפֶשׁ** והיא בחינת החיצוניות, ובחינה זאת היא הנפש הנותנת חיות לגוף, **וְאֶחָד[214] י' סְפִירוֹת דְּרוּחַ** ובחינה זאת היא בחינה פנימית, כמו שמבואר בדברי הרב כי רוח הוא שם מ"ה, ושם מ"ה הוא פנימי בערך שם ב"ן שהוא בחינת הנפש. **וְהִנֵּה כְּשֶׁאָנוּ** **מַזְכִּירִין הָאוֹתִיּוֹת, שֶׁהֵם הַגּוּפִין,** שהם **כְּלֵי הַנֶּפֶשׁ[215], נִמְצָא כִּי הַנֶּפֶשׁ הֵם י'** **סְפִירוֹת שֶׁלָּהֶם** ר"ל של האותיות, **וּבֵין כֻּלָּם** הכ"ב אותיות ועשר הספירות דנפש **הֵם ל"ב** **בְּחִינוֹת, שֶׁהֵם ל"ב אֱלֹהִי"ם דִקְטַנוּת[216]** כי שמות אלהי"ם הם בקטנות, ושמות הוי"ה הגדלות[217], **שֶׁכְּבָר יָדַעְתָּ כִּי** הבחינות הנקראות **כֵּלִים וְנֶפֶשׁ, הֵם כֻּלָּם בְּחִינַת אֱלֹהִי"ם** **דְּקַטְנוּת[218]. אַךְ יֵשׁ הֶפְרֵשׁ** בין בחינת הכלים שהם כ"ב האותיות, לבין י' הספירות דנפש שלהם, **כִּי י'** שמות **אֱלֹהִי"ם שֶׁהֵם כְּנֶגֶד הַנֶּפֶשׁ** עצמה הבאה מאימא, שהם בחינת התגין שמעל האותיות, והם

213

בית לחם יהודה ש"ה פ"ה - אחד י' ספירות שבחינת נפש. שהם פרצוף דקטנות.

214

בית לחם יהודה ש"ה פ"ה – ואחד י' ספירות דרוח. שהם פרצוף דגדלות, כמו שכתוב בסמוך.

215

הגהות וביאורים)ג(– עיין במבוא שערים שער ה' ח"ב פ"ו.

216

המילה **דקטנות** היא תוספת מכתב ידי קודשו של הרש"ש.

217

ע"ח ח"ב ש"מ דרוש א' דע"ט ע"א – ענין הקדמה אחת נכונה ואמיתית שיש לנו בענין הי' ספירות, כי יש בהם ב' בחינות. א' הוא בחינת העולמות עצמן, ובחינה זו נקרא חיצוניות הספירות. הב' הוא בחינת נשמות עצמן, ובחינה זו נקרא פנימיות הספירות. וצריך שתדע כי ג' פירושין יש בביאור הקדמה זו. פירוש אחד הוא זה, כי כל בחינת י' ספירות דקטנות נחלקות לג', והם עיבור, יניקה, ומוחין, שהם ג' תחתונות דאלהי"ם, וג' אמצעים, וג' ראשונים, וכל זה נקראו חיצוניות. ואחר כך כל בחינת הגדלות יש בהם עיבור, ויניקה, ומוחין, שהם ג' תחתונים דהויו"ת, וג' אמצעית, וג' ראשונים, וכל זה נקרא פנימיות. פירוש שני הוא כי הי' ספירות דקטנות דאלהי"ם כולו נחלק לב' בחינות, שהם עיבור, ויניקה, והוא כי ג' תחתונות דאלהי"ם הם עיבור, וו"ק עליונים יחד נקרא יניקה. ואחר כך כל הי' ספירות דגדלות דהויו"ת נקרא עיבור ב', וכל ג' בחינות אלו נקראים חיצוניות. ואחר כל ג' בחינות אלו הנ"ל שהוא בחינת אב"א, והם נקרא חצוניות. יש ג' בחינות דוגמתן, שהוא בחינת פב"פ, ונקראים פנימיות, ואמנם כל אלו ב' בחינות שהם חיצוניות הנקרא אב"א, והפנימיות הנקרא פב"פ, כולם הם מנה"י דתבונה ויש"ס, ויש כנגדן ב' בחינות אחרות, והוא אחור ופנים מאו"א עלאין, והם נקרא חיצוניות ופנימיות. פירוש השלישי כי י' ספירות דקטנות דאלהי"ם כולו נחלק לב' בחינות, שהם עיבור, ויניקה, והוא כי ג' תחתונות הם עיבור, וו' עליונות יחד נקרא יניקה. ואחר כך כל י' ספירות דגדלות דהויו"ת נקרא עיבור ב')ג'(, והרי ג' בחינות הנ"ל שהם עיבור יניקה דקטנות, ועיבור דגדלות, כל זה נקרא חיצוניות, יען כי הם מנה"י דתבונה ויש"ס. ואחר כך ג' בחינות הנזכר עצמן ב' דקטנות, ואחד דגדלות, יען כי הם מנה"י או"א עלאין, הם נקראים פנימיות. ואמנם ג' פירושים אלו הם יותר האמיתים ואין זולתן כלל.]הגהה – צמח פירוש שאין כמותן אמיתים, ומאלו ג' פירושים הפירוש ראשון הוא יותר נכון[.

218

משנה בבא קמא פ"ח משנה ד' – חרש, שוטה, וקטן פגיעתן רעה. החובל בהן חייב. והם שחבלו באחרים פטורין. העבד והאשה פגיעתן רעה. החובל בהן חייב. והם שחבלו באחרים, פטורין. אבל משלמין לאחר זמן. נתגרשה האשה, נשתחרר העבד, חייבין לשלם.

פנימיים, ונקראים מוחין דקטנות בערך הכלים שהם חיצוניים, **הם יותר מעולים** מכ"ב שמות אלהי"ם של בחינת האותיות, **ונזכר בתיקונים כתב יד הזוהר. והכ"ב** אלהי"ם **האזורים הם כנגד הגוף, שהם כ"ב אתוון** עצמם, שהם הכלים. **ומאלו**[219] **הל"ב אלהי"ם** דקטנות, שהם כ"ב אלהי"ם דאותיות, ועשר אלוהי"ם דמוחין דקטנות של ז"א הבאים מאבא **מתקבצ**[220] שורשם בחכמה דז"א, שהוא המוח הראשון, ונמשכת **הארתם בצאתם מהחכמה**[221] דז"א, **שהוא מוזא, לגבי** ר"ל נמשכת הארה זאת **ללבא** שהיא הבינה, כמו שכתוב בפתח אליהו – בינה ליבא והא הלב מבין, ובכח הארה זאת **ונעשה ל"ב** דז"א, כך שמספר ההארות שמהם נבנה ליבא דז"א הוא **כמנין ל"ב נתיבות הזוכמה** הנמשכים ממוחא דחכמה. **ולכן**[222] **הלב הוא אש שורף** כי הוא נעשה ממוחין דקטנות, שהם ל"ב שמות אלהי"ם, **כי הוא** הלב נעשה מהארת **האלהי"ם דקטנות.** אבר הלב הוא האבר הפנימי היחידי שמוציא קול בפעולתו, לעומת שאר האברים שהם פועלים את פעולתם בשקט. הרב ביאר כי הלב עצמו נעשה מבחינת כ"ב אותיות, שהם הכלים, וי' ספירות דנפש המחיה את הלב, והם ל"ב שמות אלהי"ם דקטנות, **אך הקול שבתוכו** ר"ל בתוך הלב **הוא** מוחין דגדלות שהם **שם הוי"ה, שהוא בזינת הרוח השורה בלב, שהוא** ט' סוגי **הנקודות** כמו קמץ, פתח, צירי, וכו', **העושים דפיקו** בלב[223] **מכוז הנקודות**

219

בית לחם יהודה ש"ה פ"ה - ומאלו הל"ב אלהי"ם. דקטנות.

220

בית לחם יהודה ש"ה פ"ה - מתקבץ הארתם בצאתם מהחכמה שהוא מוחא לגבי לבא. תיבת לגבי לבא קאי על מתקבץ הארתם, וכאלו הנוסח הוא מתקבץ הארתם לגבי לבא בצאתם מהחכמה שהוא מוחא. ולא מוח החכמה דז"א בלבד מתקבץ הארתו בלב, אלא גם מוח בינה, שהם החמשים שערים, כמבואר בפרק ד' דשער ל"א. ובפתיחת אליהו שאמר בינה ליבא, ובה הלב מבין. ובאדרא רבא דקל"ח אות ל"ב, יעו"ש. אלא דהכא מוח החכמה אצטריכא ליה דשבו הל"ב נתיבות. ודקדק לומר שהיא מוחא, כדי שלא נסבור שהיא אבא, אלא היא מוחא דחכמה דקטנות, דהוה קאי ביה לעיל.

221

הגהות וביאורים)ד(- פירוש דאחר צאתו ז"א ממעי אימא, באלו הל"ב אלהי"ם אז מתקבץ בו הארתו מחכמה שבו, לגבי לבה ונעשה ל"ב כו'.

222

כרם שלמה ש"ה פ"ה אות כ"ו – ולכן הלב הוא אש שורף, כי הוא האלהי"ם דקטנות, אך הקול שבתוכו, הוא שם הוי"ה שהוא בחינת רוח השורה על הלב, שהוא הנקודות העושים דפיקו, מכח הנקודות. ר"ל כנראה בחוש הטבע כשיתגבר החום על האדם, יחוש בנפשו כמו שנשרף ליבו, והוא החיצוניות של הלב, והכתוב גם כן מוכיח כן, דכתיב שימני כחותם על לבך וכו', רשפיה רשפי אש שלהבת י"ה וכו', וזה הוא מצד מוחין דאימא, שהם מוחין דקטנות. אבל מוחין דגדלות הם בתוכו בפנימיותו, שהם מוחין דהוי"ה, שהם הרוח מצד החכמה.
שיר השירים ח' ו' - שימני כחותם **על לבך**, כחותם על זרועך, כי עזה כמות אהבה, קשה כשאול קנאה, **רשפיה רשפי אש, שלהבתיה.**

223

שער רוח הקודש, דרוש א' ד"ג ע"א – דע כי גם בדפק האדם כמו שבו נודע וניכר תחלואים הגופניים, אל הרופאים הגופניים. כך מורי זלה"ה היה מכיר בו חולי הנפש בהיותו ממשמש בדפק האדם. וסוד הענין הוא זה – דע, כי הנה האדם העליון שהוא ז"א, וכבר ביארנו בסוד פסוק כלם בחכמה עשית, כי אבא עילאה, שהוא החכמה, הוא חיות כל האצילות, וכאשר הא"ס מתפשט אורו העליון בתוך האצילות, הוא מתלבש תחלה תוך

שהרי הנקודות הם שנותנים חיות לאותיות על ידי קריאת האותיות לפי שינוי הניקוד', כי לכל ניקוד יש הברה אחרת, **כנזכר**[224] בתיקוני הזהר[225] **דס"ט ופ"ט** צ"ל ד"ע ע"ב ד"ע ע"ב **וכד ייתי רוחא** כאשר בא הרוח, שהוא בחינת הנקודות **לגבי לבא** אל הלב, שהוא בחינת הנפש והאותיות, **דתמן נפשא** ששם נמצאת הנפש המחיה את הלב, **אתמר ביה** נאמר בו, ר"ל בבחינת הרוח **קול דודי דופק.** לרב ז"ל יש חידוש[226]

אבא, ומתעלם בתוכו. ואז מתפשט אבא בתוך כל האצילות כלו, עד סופו. ובתוך אבא, מלובש ומוצנע חיות כל האצילות, ונעלם בו, כנזכר. ועל ידי אבא שואבים כל האצילות החיות עליון של הא"ס, המחיה לכל עולם האצילות. וזה סוד כלם בחכמה עשית. והנה החכמה הזו, מתפשט בבחינת הוורידים והעורקים, של הדם החיוני של אדם, שהם בחינת הדפקים הדופקים הנודעים, ובתוך הדופקים ההם, גנוז, ונעלם, ומלובש, החיות העליון דא"ס, המחיה את האצילות כולו. באופן כי הדופק עצמו, שהוא הווריד, הוא אבא. והחיות שבתוכו, הוא אור וחיות של הא"ס, המחיה האדם. וכבר ידעת כי כלא אתברר במחשבה, כנזכר בהיכלות דפרשת פקודי)רנ"ד ע"ב(, שכל הש"ך ניצוצות אתבררו במחשבה, ויצא הפסולת והרע מתוך הטוב, ולכך בחינת הדם הטוב, שהוא החיות המשובח הוא נעלם בדפק. והדם הרע יוצא לחוץ. ולפעמים מחמת העונות של האדם, אין יכולת במחשבה לברר ולדחות מותר פסולת הדם הרע לחוץ, ואז יחלה האדם, וצריך להקיזו, כדי שיצא לחוץ כנודע אל הרופאים, כשמקיזין דם הדפק. והנה נודע, כי אבא הוא שם הוי"ה דיודי"ן דע"ב. והאחוריים שלו הם בגימטריא דפ"ק. והענין הוא, כי אין פנימיות אבא עצמו יורד למטה ומתלבש באדם, רק האחוריים שלו. כנודע כי כל דבר עליון אינו יורד למטה, אלא בחינת האחוריים שלו, והוא בחינת הדפ"ק הנזכר. וזהו הטעם שכל חיות האדם תלוי בדפק, וכל תחלואיו ניכרים בו. כי כפי העבירה והחטא שעושה האדם, כך יחסר בחינת האור והחיות ההוא שבתוך הדפק. והנה נודע מה שכתוב בתיקונין שיש עשרה מיני דפקים, והם – קמ"ץ, פת"ח, צור"י וכו'. וביאור הענין הוא, כי הנה הנקודות הם בחכמה כנודע. וכל אותם הדפקות שדופק, כלם הם בציור נקודות. והנה כאשר תמשש בידך על הדפק, תמצא לפעמים שהוא דופק נקודה אחת, ואחר כך דופק נקודה ב' בצדה. וזה סוד נקודת ציר"י. ולפעמים דופק נקודה אחת למעלה, ונקודה ב' תחתיה, והיא נקודת שב"א. ולפעמים דופק נקודה אחת ארוכה, והשנית נקודה אחת בלבד קטנה, והיא נקודת קמ"ץ. וכן על דרך זה כל שאר הנקודות. וזה מורה, כפי בחינת החיות הנמשך לה בעת ההיא, מאיזו בחינה שבחכמה. והמשל בזה, אם דופק כעין קמץ, אז הוא מורה על התגברות בחינת הכתר שבחכמה, אשר משם שולח חיות והארה אל כל האברים בעת ההיא. ואם הדפק הוא כעין פתח, מורה שנמשך היות האברים מן החכמה שבחכמה וכו', על דרך סדר הנקודות, בט' ספירות כנודע בספר התקונין. ולפעמים יהיה התחברות שתי נקודות יחד, כעין שב"א ציר"י, שב"א קמ"ץ, שב"א פת"ח, שב"א סגו"ל, וכיוצא בזה. אבל דע, כי בזה נבין ונדע בחינת חטא האדם, כי אם דופק כעין קמ"ץ, זה יורה שהחטא שבכתר, ולכן הוא המתגבר עתה להראות כחו, שלא יסתלק על ידי החטא. כי אדרבא אם אנו רואים שבחינה אחת גוברת, יורה על חסרון אותה הבחינה, על דרך מה שאומר הכתוב, תוסף רוחם יגועון, שכל מה שהוא חלוש, מתגבר בכחו כדי להתקים. ולפעמים זה מורה בהפך, על שעשה מצוה. בבחינה ההיא, ואין אתנו יודע עד מה.

224

בית לחם יהודה ש"ה פ"ה - כנזכר דס"ט ופ"ט. צ"ל דף ע' רייש ע"ב.

225

תיקוני הזהר, תיקון כ"ה ד"ע ע"ב תרגום והסבר – **וכד ייתי רוחא לגבי לבא דתמן נפשא** כאשר בא הרוח ללב ששם נמצאת הנפש המחיה את הלב, ולא הנפש הכללית שהיא נמצאת בכבד, **אתמר ביה** נאמר בו **קול דודי דופק**, הכוונה **דפיק לתרעא דלבא** דופק על שער הלב.

226

כאן הרב ז"ל מחדש שהנפש והרוח הם בלב, ויש על זה קושיה הרי הרב ז"ל ביאר שהנפש היא בכבד. אפשר לתרץ שמדובר בנפש והרוח שברוח, ר"ל בלב, כי לבחינת הרוח יש נרנח"י פרטים, כאשר הרוח הכללית היא בלב, וכאן הרב ז"ל מדבר על בחינות נפש ורוח דרוח. או אפשר שמדובר על חלק המזוכך שדם אשר יוצא מהכבד ללב. גם אפשר לפרש כי הדם הוא הבחינה הממוצעת בין הגוף לנפש.

וְהָבֵן זֶה הֵיטֵב, כִּי[227] **הַנֶּפֶשׁ וְהָרוּחַ הֵם שְׁנֵיהֶם** שׁוכנים **בְּלֵב, זֶה רוּחַ** שהוא הבחינה הרוחנית, **וְזֶה דָּם** הוא הבחינה הממוצעת הין הרוחניות לגוף, **בְּסוֹד** הפסוק[228] **כִּי הַדָּם הוּא**

ע"ח ש"א ענף ג' די"ב ע"ד – אמנם ההפרש בין הכלים של נפש והכלים של הרוח, כבר נודע כי אבר הכבד הוא משכן להאור הנקרא נפש, וסימן לדבר כי הדם שהוא כבד, שמלא דם הוא הנפש. ואבר הלב משכן לרוח. ואבר המוח משכן להאור הנקרא נשמה.

ע"ח ש"כ פ"ה מ"ק דצ"ז ע"ד – אך כלל גדול כי הנפש לבדה כלולה מכל ה' נרנח"י, וכולם נפש לבד, ודוגמתן ה' בחינות וכולם נקרא רוח, וכן בנשמה, וכן בחיה, וכן ביחידה. ונודע כי הז"א **כולו נקרא רוח, ויש בו נרנח"י**, ובנפש שלה יש בה ה' בחינות נרנח"י, וכן הרוח כו', באופן שהם ה' בחינות כל אחת כלולה מה', שהם כ"ה בחינות, וכולם נקרא רוח לבד. וכן כ"ה בחינות בנוקבא, וכולם נקרא נפש. אמנם נבאר ענין ז"א ומשם תקיש אל השאר, הנה ג' כלים יש בז"א, חיצון, ואמצעי, ופנימי, ואין לך אבר ואבר שאין בו ג' בחינות אלו, עובי החיצון מצד אחור, ועובי הפנימי מצד הפנים, ומה שביניהן, בסוד אמצעי. אכן ג' שרשי כלים אלו, החיצון שבכולם נמשך חיותו מן הכבד, שבהם שולח המזון שהוא הדם אל אותו החיצון, **והכלי אמצעי נמשך חיותו מן הלב, על ידי עורקים הדופקים הנמשכין מן הלב, שבהם שולח**)המזון(החיות הרוחני כעין רוח דק וזך, והוא בחינת דם חומרי גם כן, אלא שחוזר ונזדכך בלב כנודע, כי הכבד שולח דם הממשי אל כל אבר ואבר, והיותר מובחר שולח אל הלב, ואז הלב חוזר ומזככו)פעם ב'(, ונעשה בו בחינה)דם(רוחניות זך, ומשלחו אל כלי האמצעי אשר בכל אבר ואבר. ואחר כך הלב שולח)דם(רוחניות היותר זך אל המוח, ושם חוזר ומזדכך פעם ג', ואז שולחו המוח אל הכלי הפנימי של האבר דרך גידין הנמשכין מן המוח כנודע, ואותו הרוחניות הזך נקרא כח ההרגשה. אמנם הצד השוה שבשלשתן שכולם הם מיני דם אלא שזה מזוכך מזה, וזה מזוכך מזה. והנה בתוך ג' שרשים אלו שהם מוח, לב, כבד, אשר הם ג' שרשים של ג' בחינות הכלים של כל אבר ואבר כנ"ל, הנה בתוכם הוא נר"ן. ואם כן נמצא **כי הנפש שורה בכבד**, ובאמצעיתו משלח הארותיה אל הכלים החיצונים, על ידי ורידי הדם כנזכר, ואם כן נמצא כי אורות הנפש יאירו בכלי החיצון. **ורוח שורה בלב**, ובאמצעיתו שולח פארות הארותיו אל הכלים האמצעים, על ידי העורקים הדופקים כנ"ל. **והמוח שורה בו הנשמה**, ובאמצעיתו שולח הנשמה פארות הארותיו אל הכלים הפנימים, על ידי הגידין כנ"ל. ואמנם נגד חיה ויחידה אין עוד בחינת כלים דז"א כנגדן, כי אורם גדול, ואין כלי סובל אורם.

ע"ח ח"ב שמ"ב פ"א דפ"ט ע"א – וכן על דרך זה יש בכאן, כי בין הבורא יתברך ובין הנברא שהיא הבחינה הכוללת הרוחניות, יש בחינה באמצע, אשר עליה נאמר בנים אתם להוי"ה אלהיכ"ם, אני אמרתי אלהי"ם אתם, ונאמר ויעל אלהי"ם מעל אברהם, ואמרו רז"ל האבות הן הן המרכבה. והכוונה כי יש ניצוץ קטן מאד שהוא בחינת אלהו"ת, נמשך ממדרגה האחרונה שבבורא, וזהו הניצוץ מתלבשת בכח ניצוץ אחד נברא, שהוא נשמה דקה במאד מאד, ובניצוץ זה הנקרא יחידה, יש בה שרשי ד' בחינות הרוחניות, שהם נרנ"ח. **וכן בין בחינה הרוחניות לבחינת הגוף יש בחינה אחת כוללת שתיהן, והוא בחינת רביעית דם של הנפש, כי יש בה ניצוץ אחרון של הנפש, שהוא הרביעית שבנפש, פירוש בחינת נפש שבנפש, ולכן נקרא רביעית, וזה הניצוץ מתלבש ברביעית דם הנזכר לעיל.** והכל אחד וכמו שכתוב כי הדם הוא הנפש, רביעית דם הזה, וזה הרביעית דם הוא היותר מובחר מכל ד' בחינות הגוף הנ"ל, אשר כל חלק נחלק לד' כנ"ל, והוא רביעי הראשון והעליון מבחינת העצמות של המוחין, שהוא החיות שבתוכו, שהוא הדם המתפשט בהם להחיותם, ובזה הרביעית שבדם העליון, כלול כל שרשי ד' בחינות הנ"ל.

שמן ששון ש"ה פ"ה אות כ"ד די"א ע"ב – כי הנפש ורוח שניהם בלב. אין זה סותר כל דברי רבינו שהנפש בכבד, והרוח בלב, כמו שכתבנו באות ז' דבהדיא, כתב רבינו בשער המוחין ריש פרק ה' דעיקר חיות הנפש הרוחני הוא בלב, והוא בחינת חיות הנפש, ומשם שולח דם הממשי הארותיו אל כל אבר ואבר יע"ש. ועיין שער דרושי אבי"ע פרק א', ועיין מה שכתבנו בשער מ' פרק י"ב אות ד' גם כן.

227

הַנֶּפֶשׁ, שֶׁהוּא **טִיפַת אוֹדֶם דְּנוּקְבָּא** שהם אותיות מנצפ"ך הסתומות, והם בחינת מוחין דקטנות, **וְהֵכְלִי הוּא בְּשַׂר הַלֵּב עַצְמוֹ,** שֶׁהוּא נעשה מכ"ב **הָאוֹתִיּוֹת. וּבְבוֹא**[229] **הָרוּחַ** שהם בחינת אור הנקודות **אֲזֵי הֵם** סוד **הֲוָיָ"ת הַגְּדֹלוֹת** שהם מוחין דגדלות, **וְלֹא אֱלֹהִי"ם דְּקַטְנוּת** מוחין דקטנות. **וְהִנֵּה אָז נִשְׁלָם**[230] **שֵׁם מ"ב, שֶׁהֵם ל"ב נְתִיבוֹת גוּף וְנֶפֶשׁ, וְעֶשֶׂר**[231] **אֲמִירָן** המוזכרים בתחילת ספר בראשית[232], **שֶׁהֵם**[233] ר"ל העשר אמירן י' **סְפִירוֹת דְּרוּזֵז דִּגְדֹלוֹת**

בית לחם יהודה ש"ה פ"ה - כי הנפש והרוח הם שניהם בלב. אף על פי שכתב בענף ג' דשער א' שהנפש היא בכבד. כבר כתב בריש פרק ה' דשער כ' שהכבד הוא מברר דם הזך, ומשלחו אל הלב, יעו"ש. ונמצא שהנפש המזוככת היא בלב, כי דם הזך הוא הנפש)ש"ש(, ועיין עוד בסוף פרק ב' דשער כ"ז.
228

דברים י"ב כ"ג – רק חזק לבלתי אכל הדם **כי הדם הוא הנפש** ולא תאכל הנפש עם הבשר.
229

בית לחם יהודה ש"ה פ"ה - ובבוא הרוח אזי הם הויו"ת דגדלות ולא אלהי"ם דקטנות. כי גם אלהים דקטנות נעשים הויו"ת, כמו שכתוב בסוף פרק ח' דשער כ', ז"ל – ואז בבוא שם הנשמה משלחת אורותיה אל ב' כלים, וגם אל האורות שהם נפש ורוח, ונעשים בבחינת הויו"ת, כי אין הויו"ת אלא בגדלות, אלא שאז גם ב' כלים החיצונים נעשים הויו"ת, עד כן לשונו. ואף על פי דהתם קאמר בבוא הנשמת וכו', והכא קאמר ובבוא הרוח וכו'. רוח האמור הכא הוא עדיף מנשמה, כי הוא בחינת הנקודות שהוא מחכמה, כמו שכתוב בדברינו לעיל בסוף דיבור המתחיל – וזה שכתוב בתיקונים וכו', יעו"ש.
230

בית לחם יהודה ש"ה פ"ה - נשלם שם מ"ב, שהם ל"ב נתיבות גוף ונפש, ועשר אמירן, שהם י' ספירות דרוח וכו'. לא שהגוף והנפש הם הל"ב נתיבות, והמשלים למ"ב הם י' ספירות דרוח. שהרי לעיל מזה כתב רז"ל – והרי כ"ב אתוון והי' ספירות הם ל"ב נתיבות נמשכין מחכמה וכו', וכך כתב בסמוך, כי הנקודה והחוט הם ל"ב שבילין וכו'. אלא מה שכתב הכא, שהל"ב שבילין הם גוף ונפש וכו', תפש סדר המדרגות שהם גוף, ונפש, ורוח, ולא רצה להקדים הרוח לנפש. וכמו כן צריך ליישב מה שכתב בריש פרק ו' שבסמוך, שהל"ב נתיבות הם כללות הגוף והנפש וכו', יע"ש.
231

בית לחם יהודה ש"ה פ"ה – ועשר אמירן. הם יו"ד פעמים ויאמר אלהי"ם הנזכר במעשה בראשית, דבראשית נמי מאמר הוא.
232

עשר אמירן הם ט' פעמים **ויאמר** עם המילה הראשונה שבתורה "בראשית" הם עשרה מאמרות שבהם נברא העולם.

גמרא ראש השנה דל"ב ע"א – הני עשרה מלכיות כנגד מי אמר)רבי(, כנגד עשרה הלולים שאמר דוד בספר תהלים, הלולים טובא הוו הנך דכתיב בהו, הללוהו בתקע שופר, רב יוסף אמר כנגד עשרת הדברות שנאמרו לו למשה בסיני, רבי יוחנן אמר כנגד **עשרה מאמרות שבהן נברא העולם,** הי נינהו ויאמר)ויאמר(דבראשית ט' הוו, בראשית נמי מאמר הוא, דכתיב בדבר ה' שמים נעשו.

משנה פרקי אבות, פ"ה משנה א' – בעשרה מאמרות נברא העולם. ומה תלמוד לומר, והלא במאמר אחד יכול להבראות, אלא להיפרע מן הרשעים שמאבדין את העולם שנברא בעשרה מאמרות, וליתן שכר טוב לצדיקים שמקיימין את העולם שנברא בעשרה מאמרות.

בראשית א' א' – בראשית ברא אלהי"ם את השמים ואת הארץ.

בראשית א' ג' – ויאמר אלהי"ם יהי אור ויהי אור.

בראשית א' ו' – ויאמר אלהי"ם יהי רקיע בתוך המים ויהי מבדיל בין מים למים.

בראשית א' ט' – ויאמר אלהי"ם יקוו המים מתחת השמים אל מקום אחד ותראה היבשה ויהי כן.

בראשית א' י"א – ויאמר אלהי"ם תדשא הארץ דשא עשב מזריע זרע עץ פרי עשה פרי למינו אשר זרעו בו על הארץ ויהי כן.

והם הנקודות[234], **כנזכר** בתיקוני הזהר **דכ"ב** צ"ל דס"א ע"ב[235], **עַיֵּן שָׁם הֵיטֵב אֵיךְ** (לא גורסים **הַנְּקוּדוֹת וְהָאוֹתִיּוֹת ל"ג) הַנְּקוּדָה**[236] שהיא הדגש בתוך אות ב' דבראשית, הרומזת לחכמה **וְהַזּוּט**

בראשית א' י"ד – ויאמר אלהי"ם יהי מארת ברקיע השמים להבדיל בין היום ובין הלילה והיו לאתת ולמועדים ולימים ושנים.

בראשית א' כ' – ויאמר אלהי"ם ישרצו המים שרץ נפש חיה ועוף יעופף על הארץ על פני רקיע השמים.

בראשית א' כ"ד – ויאמר אלהי"ם תוצא הארץ נפש חיה למינה בהמה ורמש וחיתו ארץ למינה ויהי כן.

בראשית א' כ"ו – ויאמר אלהי"ם נעשה אדם בצלמנו כדמותנו וירדו בדגת הים ובעוף השמים ובבהמה ובכל הארץ ובכל הרמש הרמש על הארץ.

בראשית א' כ"ט – ויאמר אלהי"ם הנה נתתי לכם את כל עשב זרע אשר על פני כל הארץ ואת כל העץ אשר בו פרי עץ זרע זרע לכם יהיה לאכלה.

233

בית לחם יהודה ש"ה פ"ה – שהם י' ספירות דרוח דגדלות כנזכר בתיקונים דס"ב ריש ע"א, עיין שם היטב, איך הנקודה והחוט הם ל"ב שבילין, ותגא דעל חוטא יו"ד, הרי מ"ב וכו', כך צריך לגרוס. וז"ל התקונים דס"ב – חוטא דסחרא עלה היינו **ב**, ורזא דמלא בראשית. ב' ראשית. האי נקודה (שבתוך אות ב' של בראשית(עלה אתמר בעשרה מאמרות נברא העולם)כי הנקודה היא צורת יו"ד, שהיא עשרה, והנקודות הם רוח, הנקראים מאמרות שבה נברא העולם, שהוא ז"א (. מאי ב' ההוא חוט דאסחר עלה,)כי אות ב' דבראשית, הוא מקיף ומסבב על אותה הנקודה שבתוכה(והאי נקודה אית לה רישא, ואמצעיתא, וסיפא, ואתעבידת תלת יודי"ן, דסליקין לתלתין, וההוא חוט תרין,)הא(תלתין ותרין. תגא דעל חוטא)שהוא התג שעל אות הב' דבראשית. או קוץ העליון של אות הב', הרומז לי' ספירות, כי התגין הם נפש(, הא ארבעין ותרין, עד כאן לשונו.

234

ר"ל כ"ב האותיות, שהם בחינת הגוף עם הנפש הבאה מאימא, שהיא בחינת התגין שמעל לאותיות, ביחד הם ל"ב נתיבות. עם י' בחינות הניקוד, שהם הנקודות, והם בחינת רוח דגדלות, והם ביחד הם מ"ב בחינות, ובחינות אלו הם שם מ"ב שבו נברא העולם. עם כל זאת הרב ז"ל לא מגלה על איזה שם מ"ב מדובר, במרוצת לשונו אפשר להבין שמדובר בשם אב"ג......

תרשים ה – כ"ח.

ע"י ש"ט פ"ב מ"ת ד"מ ע"ד – ובזה תבין סוד שם מ"ב, שהוא אב"ג ית"ץ קר"ע שט"ן נג"ד יכ"ש בט"ר צת"ג חק"ב טנ"ע יג"ל פז"ק שק"ו צי"ת. כי כבר ידעת כי שם מ"ב הוא ביצירה, ויצירה הוא בחינת ז"א כנודע.

ע"ח ח"ב של"ט דרוש י"ד דע"ח ע"ב – והענין שהלא נודע שבריאת העולם היה ע"י שם מ"ב, הנרמז מבראשית עד ב' דובהו.

235

תיקוני הזהר, תיקון כ"א דס"א ע"א ע"ב תרגום והסבר – **קם** רבי שמעון **ונטיל תלת אבנין** ולקח שלוש אבנים, וכל זה כדי להמשיל את סוד מעשה בראשית, **דאינון** שהם י' י' י', **ואבנא עלאה דאיהי בקירטא** ועוד אבן עליונה שהיא בקלע, **תגא בחוטא** והיא סוד התג של חוט הקלע, **הא ארבע** הרי הם ד' יודי"ן, **דאינון ארבעין** והגימטריא של ד' היודי"ן היא ארבעים, **וחוט דסחרא עלה היינו ב'** וההחוט הסובב על האות י' היא אות ב', עם ד' היודי"ן שהם ארבעים, הכל ביחד גימטריא מ"ב. **ורזא דמלה בראשית** וסוד המילה בראשית מתחלקת לשתי חלקים, שהם אות **ב'** הרומזת לבינה, והמילה **ראשית** הרומזת לחכמה הנקראת ראשית חכמה, **האי נקודה** זאת הנקודה, שהיא נקודת הדגש בתוך אות ב' דבראשית, **עלה אתמר** על הנקודה הזאת נאמר בפרקי אבות – **בעשרה מאמרות נברא העולם** שהוא ז"א, **מאי ב'** ומי היא האות ב' דבראשית, **ההוא חוט דאסחר עלה** החוט שהוא הבינה הסובבת על הנקודה שהיא החכמה, **והאי נקודה** זאת נקודת הדגש שבתוך אות ב' דבראשית, **אית לה רישא ואמצעיתא וסופא** יש לה ראש ואמצע וסוף, **ואתעבידת** ונקודה זאת נעשת **תלת יודי"ן** שלש יודי"ן שהם י' י' י', **דסליקין לתלתין** שעולים בגימטריא שלושים, **וההוא חוט ב'** ועם החוט שהוא אות ב', **תלתין ותרין** הם בגימטריא ל"ב, **תגא דעל חוט י'** והתג שעל החוט, שהוא אות ב', כי אות ב' היא מאותיות בד' חי"ה אשר עליהם יש תג אחד שהוא בגימטריא עשר, **והא הכל ביחד ארבעין ותרין** מ"ב,

72

הסובב את הנקודה, הרומז לספירת הבינה, בסוד נקבה תסובב גבר, והיא אות ב' דבראשית עצמה. (לא גורסים **ותגָּא**

דעל זוטא) הם ל"ב שָׁבִילִין כאשר הנקודה היא אות י', ולאות י' עצמה יש ב' קוצים, אחד עליון, ואחד

תחתון, שהם ביחד גימטריא שלושים, עם אות ב' דבראשית הם ל"ב אלהי"ם דקטנות, שהם טיפת אבא ואימא, **ותגָּא**

דעָלֵיהּ והתג שעל אות ב', כאשר התג עצמו הוא גימטריא **י', הרי** הם היחד[237] הם בגימטריא **מ"ב** שהם

ל"ב אלהי"ם דקטנות, שהם גוף ונפש, וי' ספירות דרוח, שהם הוי"ה הגדלות. **והוא**[238] ר"ל אות י' שהוא התג שעל

אות ב' **סוד י' סְפִירוֹת הָרוּחַ** והם הגדלות האמיתית, והם י' הנקודות, **שֶׁהֵם נִקְרָאִים בֶּאֱמֶת י'**

סְפִירוֹת הבאים מהחכמה, **אַךְ י' סְפִירוֹת דְּנֶּפֶשׁ** דקטנות, **הוּא שֵׁם מוּשְׁאָל** שהם התגין, כי

לתג עצמו אין משמעות בקריאת התורה, ומה שעושה את ההבדל בן הברה להברה הם הנקודות, לכן גם התגין הם

בבחינת מיתה כמו האותיות, רק שבערך האותיות הם נקראים נפש המחיה את האותיות, אבל החיות האמיתית היא

מהנקודות, שהם בחינת רוח, **כי עִיקָר י' סְפִירוֹת הוּא הָרוּחַ**ְ, שהם הנרנח"י, **וְהוּא שֵׁם מ"ה**

יו"ד ה"ד וא"ו ה"א, שהוא פנימי בערך שם ב"ן **כִּידוּע. כִּי שֵׁם ב"ן** הוא בחינת הַנֶּפֶשׁ, **וְשֵׁם מ"ה**

הוא בחינת הָרוּחַ, **כַנִּזְכָּר** בהקדמת תיקוני הזהר **דִּי"ב** צ"ל די"א ע"א **כִּי מִלְּגָאו אִיהִי שֵׁם מ"ה**

הפנימיות הוא שם מ"ה, שהם הנקודות, בחינת הרוח, ובחינה זאת מחייה את הספירות.

לְקַבֵל ל"ב אלהי"ם כנגד שם אלהי"ם הנזכרים במעשה בראשית, **וְעֶשֶׂר אֲמִירָן** ועשרה מאמרות

הנזכרים שם **דְאִתְבְּרִי בְּהוֹן שְׁמַיָא וְאַרְעָא וְכֹל חֵילֵיהוֹן** שבמ"ב בחינות אלו נבראו שמים וארץ שהם סוד זו"ן

דאצילות. וכל צבאם, שהם עולמות בי"ע.

236

הגהות וביאורים)ה(– ר"ל הנקודה שבתוך הב' דבראשית אית לה רישא, ואמצעיתא, וסופה, אתעבידת ג'

יודי"ן, והחוט הוא הב', נעשית ל"ב, ותגָּא דעל החוט היא י', הרי מ"ב.

237

תרשים ה – כ"ט.

238

כללות הגימטריא של הנקודות הם קמ"ח, כאשר נקודת הקמץ היא ט"ז, נקודת הפתח ו', נקודת השורוק ט"ז,

כל נקודה בשאר כל הנקודות היא י'. ביחד הם גימטריא קמ"ח. הנרמז בפרקי אבות, אם אין קמח שהם

הנקודות, אין תורה, שהוא ז"א.

תרשים ה – ל.

בגדי ישע לרבי אהרן פיריריא , שׁ"ה פ"ה – ד"ה והוא סוד י' ספירות הרוח, שהם נקראים באמת י' ספירות.

נ"ב שמעתי מזקן אחד בבלי יצ"ו שאמר לי חידוש אחד. ומרב מתיקותו כדב"ש אכתבהו פה, והוא זה רמז מה

שנא התם "אם אין קמח, אין תורה" וכו'. היינו שהנקודות כולם עולים מספר קמח, היינו קמ"ץ ששה עשר,

פת"ח ששה, צר"י עשרים, סגו"ל שלושים, שב"א עשרים, חול"ם עשרה, חירי"ק עשרה, קובו"ץ שלושים,

שורו"ק חושב הו' דוקא. עולה גימטריא קמח. וזה סוד אם אין קמ"ח זה שהוא הנקודות, שהוא הרוח, שהוא

הזכר לאותיות שהוא נפש, אין תורה. כי מי ינענע האותיות זולת הנקודות, ואם לא ינענע אותם הרי הוא כגוף

בלא נשמה ח"ו. וכו להפך אם יצוייר שיהיה נשמה בלא גוף, לא יש מה לנענע, וזהו "אם אין תורה", שהם

האותיות , "אין קמח" שהם הנקודות, שאפילו הנקודות עצמם נקראו על ידי האותיות, כמו שכתוב להלן,

כאשר יראה המשכיל בדקדוק. ובזה סתם דברי דורי שקר לומר שהם שתים בחינות נפרדות ח"ו זו מזו, אבל

המשכיל על דבר ימצא טוב, שהם אחד ומיוחד בתכלית האחדות, כי אי אפשר זה בלא זה בשום אופן. ועם זה

אפילו כל הרוחות שבעולם באות אין מזיזין אותו מהאמת והאמונה. והרואה יראה שכיוון דעת עליון האר"י

ז"ל, בשער הבא, שער העקודים פרק ב', ונראה נכון מאד.

73

[הגהה] **צֵ֒מְצֵם וְנִרְמָז** שם מ"ב ושם מ"ה **בתיבת בלימה** הנזכרת בספר יצירה, כאשר אותיות בל"י דבלימה הם גימטריא מ"ב, ואותיות מ"ה דבלימה הם שם מ"ה, וב' בשמות **מ"ב מ"ה הם בגימטריא** בלימה[239].

הרב ז"ל נכנס לסוגית העלאת מ"ן והורדת שפע הנקרא מ"ד[240] **וּבַזֶ֒ה**[241] **תָּבִין מַה שֶכָּתוּב בְּ**תיקוני בְּ**זֹהַר דנ"ז ע"ב**[242] צ"ל דס"א ע"ב, **וְכַד֒ אִית בְּיִשְׂרָאֵל מַשְׂכִּילִים** כאשר יש בבני ישראל אנשים בעלי השגה שמסיגם למעלה בעולמות הרוחניים, ויכולים לפעול על ידי יחודים וכוונות למעלה **בְּחָכְמָה, דְּאִיהוּ יו"ד** דשם הוי"ה ב"ה, הרומז לבחינת החכמה[243], **מַחֲשָׁבָה עִלָּאָה** והחכמה היא המחשבה העליונה, והמשכילים שיודעים לעבוד את ה' בפנימיות העבודה, שהיא יחודים וכוונות **יָדְעִין לְזָרְקָא לְהַאי**

<hr>

239

תרשים ה – ל"א.

240

כאשר התחתונים רוצים שירד שפע מפנימיות העולמות העליונים, הם צריכים לעורר את העולמות העליונים שהורידו שפע, גם העולמות העליונים מעוררים את היותר עליון מהם, מדרגה מעל מדרגה עד רום המעלות, התעוררות זאת נקראת העלאת מ"ן, שהם מיין נוקבין, ונרמזת בדברי חז"ל כמו שאישה מתקשטת לבעלה. ירידת השפע נקראת מ"ד, שהם מיין דוכרין. באור הענין הוא, האדם הגשמי לא יכול לצייר את הבחינות הרוחניות, לכן הזהר הקדוש והמקובלים הראשונים והאחרונים, המשילו את בחינות הרוחניות לאור או למים. את הרצון לקבל שפע מהעליונים משלו רז"ל למ"ן, שהם מים נוקבין, והם אור העולה מלמטה למעלה לעורר את העליונים כדי להוריד שפע, והוא משל לאור חלש, כמו שהנקבה חלשה מהזכר, כמו שרמזו חז"ל תשש כחו כנקבה. ואת השפע היורד מלמעלה רמזו למ"ד, שהם מים זכרים, והוא כמו הזכר שמשפיע לנקבה. עוד צריך לדעת כי העלאת מ"ן הוא בחינת העלאת המלכים הברורים של המלכים דמיתו, שהם בחינת מלכיות דב"ן, וירידת מ"ד היא בחינת תשלום י' ספירות דב"ן המתחברים עם נלכויות דב"ן, וי' ספירות דמ"ה החדש. **מדרש רבה, שיר השירים א' כ"ד** – אמרו ישראל לפני הקב"ה, רבונו של עולם, **כלום האשה מתקשטת אלא לבעלה**. אמר רבי יהושע בן לוי, להוטים היו ישראל אחרי שכינה, כמה דאת אמר "יבא דודי לגנו", לגינונו.

גמרא ברכות דנ"ז ע"ב – שלשה מרחיבין דעתו של אדם, אלו הן דירה נאה, **ואשה נאה**, וכלים נאים.

גמרא ברכות דל"ב ע"א – אמר רבי אלעזר, אמר משה לפני הקב"ה, רבונו של עולם, עכשיו יאמרו אומות העולם **תשש כחו כנקבה**, ואינו יכול להציל.

241

בית לחם יהודה ש"ה פ"ה – ובזה תבין מה שכתוב בזוהר דנ"ז. הוא בתקונים דס"א ע"ב.

242

תיקוני הזהר, תיקון כ"א דס"א ע"ב תרגום והסבר – **וכד אית בישראל משכילים בחכמה** כשיש בישראל בעלי השכלה החכמה. **דאיהי י' שהיא אות י' דהוי"ה**, הרומזת לחכמה והיא **מחשבה עלאה, ידעין לזרקא לה להאי אבנא דאיהי בת יחידה** ויודעים לזרוק את אותה האבן, שהיא הבת היחידה, הנקראת מלכות, והם ברורי מ"ן, **לההוא אתר דאתגזרת** לאותו מקום שהאבן נחצבה ממנו, שהיא ספירת החכמה, **בגין דברתא באבא אתעבידת** בגלל שהבת, שהיא המלכות נעשית על ידי החכמה, **הדא הוא דכתיב** זהו שכתוב, **ה' בחכמה יסד ארץ** שהיא המלכות, **בחכמה דאיהו אבא** על ידי החכמה, שהוא אבא, **יסד ברתא** יסד את הבת, שהיא המלכות, **דאיהי ארץ** וזהו שהיא המלכות **הדום רגליו** של ז"א, והמשכילים מעלים אותה עד לשורשה בחכמה, בסוד ותרב חכמת שלמה מכל חכמת בני קדם.

243

אות י' דהוי"ה רומזת לספירת החכמה.

תרשים ה – ל"ב.

אבנא יודעים לזרוק את האבן, ר"ל לעלות את האבן, שהיא בחינת המלכות[244], שהיא בחינת העלאת מ"ן, כי הגימטריא של אב"ן הוא שם ב"ן[245])עם הכולל(, שהוא בחינת מלכויות דב"ן שנפלו במקרה המלכים, **להיא אתר דאתגזר** למקום שהאבן יצאה, ר"ל שהמשכילים יודעים לעלות[246] את המ"ן מחזירים אותם למקומם הראשון. ועומק ה**ענין** הוא **כי כשעולין** נשמת זו"ן **בסוד מ"ד** שהוא המ"ן דז"א, ונקרא מ"ד בערך דנוקבא, ו**מ"ן** של הנוקבא, **לגבי לאו"א**, כאשר עלית מ"ן זאת היא עליית רפ"ח הנצוצין, שהם חלקי שמות עסמ"ב, כאשר ז"א מעלה תחילה בירורי ג' שמות ע"ב דעס"מ **באבא, ונוקבא** מעלה אחרי שז"א העלה הם הברורים שלו, ברורי ע"ב דב"ן **באימא,** צריך לדעת כי לא הגוף שהם הכלים עולים לאבא ואימא,

---

244

אבן היא בחינת המלכות, בסוד אבן מאסו הבונים.
כלל – אבן בכל מקום היא המלכות, רחל.
תהלים קי"ח כ"ב – אבן מאסו הבונים, הייתה לראש פינה.
245

כלל – שם ב"ן בכל מקום הוא כינוי למ"ן.
246

ע"ח ח"ב ש"נ פ"ה דקט"ו ע"ד – אמנם אלו י' הרוגי מלוכה הם י' טפין דאזדריקו מצפרני יוסף, כנזכר בתקון ס"ח בדק"ח, והענין כמו שכתוב אצלינו כי אלו הי' טפין הם י' לבושי נשמותיהן, ולא נשמותיהן ממש, נמצא כי אותן לבושים הנקרא גופין דילהון, חלוקא דרבנן, הם טוב ורע, ונודע כי עץ הדעת הוא שיריים שלא נתבררו מאותן המלכים, שהם סוד ש"ך ניצוצין ממחשבה עלאה, רצה לומר כי טעם למיתת המלכים היה משום שלא היה זכר ונקבא כנודע אצלינו. ונמצא כי אותן המלכים הם שנמשכו מלעילא, ממוח מחשבה עליונה, בלי נוקבא כנודע מכמה דרושים, וזה היה קודם התיקון, קודם דאתתקן ע"ק כעין זכר ונקבה, כי לזה מתו. והנה אלו הבחינות הם טפת קרי הנקרא ניצוצין, והם ש"ך, וזה שכתוב לון לש"ך עיבר, והבן זה סוד נפלא, כי כל הנשמות הקדושים של י' הרוגי מלוכה נתלבשו בחלוקא דרבנן, שהם גופותם ממש, פנימית הנעשה מטפת קרי, שהם סוד עץ הדעת טוב ורע. נמצא כי נשמותיהן הם תכלית הקדושה, והוא דוגמת אורות הכלים של המלכים הנ"ל, אך גופם חלוקא דרבנן, הם מס"א דעץ הדעת, שהם דוגמת הכלים של המלכים הנ"ל. וכמו שבכלים ההם היה שבירה, וירדו למקום המות, בסוד עץ הדעת, כך אלו הגופים הוצרכו להריגה, כדי לברר הסיגים שבהם, ואחר שנתבררו הסיגים שבהם על ידי הריגה, אז נתברר הטוב שבהם, וחזרו לעלות למעלה ממקום שירדו, שהיא המחשבה העליונה, דוגמת הכלים של המלכים שעלו שם בסוד מ"ן להתתקן בפרצופי אצילות כנודע. וזה סוד שתוק כך עלה במחשבה, ר"ל על ידי זה עלו במחשבה, בסוד מ"ן, במחשבה עליונה בסוד מ"ן, במחשבה לתקן אותן הגופין דילהון, שהיה בהן פסולת מס"א. נמצא כי מפאת נשמתן היו צדיקים גמורים טוב ולא רע, לכן לא שלט בהו ס"א, וזה שכתוב מתים מ ידך ה', אמנם מפאת גופם הנעשים מעץ הדעת, שלטה בהם ס"א שהיא החלודה והפסולת שעל גבי הזהב, וזה סוד ממתים מחל"ד, ועל ידי כך עלו ונתברו בבחינת מ"ד ומ"ן כנודע, עד או"א ששניהן נקראים חיים, וזה סוד חלקם בחיים.
תהלים י"ז י"ד – ממתים ידך הוי"ה ממתים מחלד חלקם בחיים וצפינך]וצפונך[תמלא בטנם ישבעו בנים והניחו יתרם לעולליהם.
גמרא מנחות דכ"ג ע"ב – אמר רב יהודה, אמר רב, בשעה שעלה משה למרום מצאו להקב"ה שיושב וקושר כתרים לאותיות, אמר לפניו רבש"ע מי מעכב על ידך, אמר לו אדם אחד יש שעתיד להיות בסוף כמה דורות, ועקיבא בן יוסף שמו, שעתיד לדרוש על כל קוץ וקוץ תילין תילין של הלכות, אמר לפניו רבש"ע הראהו לי, אמר לו חזור לאחורך, הלך וישב בסוף שמונה שורות, ולא היה יודע מה הן אומרים, תשש כחו, כיון שהגיע לדבר אחד אמרו לו תלמידיו, רבי מנין לך, אמר להן הלכה למשה מסיני, נתיישבה דעתו, חזר ובא לפני הקב"ה אמר לפניו, רבונו של עולם יש לך אדם כזה ואתה נותן תורה על ידי, אמר לו שתוק כך עלה במחשבה לפני, אמר לפניו רבונו של עולם הראיתני תורתו, הראני שכרו, אמר לו חזור]לאחורך[חזר לאחוריו, ראה ששוקלין בשרו במקולין, אמר לפניו רבש"ע זו תורה וזו שכרה, אמר לו שתוק כך עלה במחשבה לפני.

ומבשרי אחזה אלו"ה כאשר האדם יושן, גופו וחלק קטן מנפשו נשארים בעולם הגשמי ורק רוחו עולה[247], לכן כותב הרב **אין עולה רק בבחינת הרוח שבהם**[248] לאו"א, **שהם אלו הנקודים** ר"ל הנקודות, **שהם י' ספירות דרוזו** שהם אורות הנרנח"י, **כי בבחינת הגוף** שהם כ"ב אותיות, ועשר ספירות **הנפש** שהם התגין **שלהם נשארין במקומן לעולם** כמו שהגוף וחלק מהנפש נשאר בזמן השינה, ורק חלק הרוח עולה, בסוד בידך אפקיד רוחי, כמו שהרב יבאר בהמשך הדרוש, **ולהיות כי אלו הנקודות** שהם בחינת הרוח **שרשם מזוכמה, כמו שכתוב שם** בתיקוני הזהר דס"א ע"ב **ידעין לזרקא**[249] יודעים המשכילים לזרוק, כלומר לעלות את בחינת המ"ן **להאי אתר דאתגזרת**[249] לאותו מקום שהוא שורשם, **וידוע**[250] כי זה הוא בחינת רוח, ורוח הם נקודות, **כי** שהם העלאת מ"ן דז"א **שהם הנקודות הם נקבות** והם מ"ן, והם **נקרא**ים **אור זוזר** שהוא חלש, ונקרא נקבה בערך אור הישר הנקרא זכר, **אף שהוא בבחינת ז"א** עם כל זאת הוא נקרא נקבה, **מפני שהוא אור זוזר שבו** שהוא בחינת מ"ן דז"א. **לכן נקרא**ים הנקודות בשם **אבנים נקבות**, אף **עם שהם בבחינת ז"א שהוא זכר. וזה סוד** הפסוק[251] **בידך אפקיד רוזי** שאומרים בקריאת שמע שעל המיטה, **כי הרוח**

247

דרך ה' לרמח"ל, ח"ד פ"ו ב' – שכבר הוכן בסדרי ההנהגה, שבהיות האדם יושן, חלקי נשמתו העליונים מסתלקים ממנו, וכמו שכתבתי בחלק ב', וטועם טעם מיתה במקצת, והוא מה שכתבו ז"ל, "שינה אחד מששים במיתה". ונמצא שאז מתגבר יותר בגופו החושך, בהעדר אור הנשמה המזכך אותו.

248

הגהות וביאורים)ו(– א"מ כי תמיד נשאר פנימיות דקטנות א' דאימא בז"א, כי זה סוד נפש דקטנות.

249

הגהות וביאורים)ז(– כנודע כי תמיד נשארים פנימיות דקטנות דאימא בזו"ן, כי זה סוד נפש דקטנות.

250

בית לחם יהודה ש"ה פ"ה – וידוע כי הנקודות נקראים נקבות אור חוזר. כך צריך לגרוס, והיינו לפי שעולים בסוד מ"ד ומ"ן, כמו שכתוב לעיל בסמוך.

251

הרב ז"ל מביא את הפסוק בידך אפקיד רוחי. ר"ל כי בחינת הרוח היא שעולה **ולא הנפש,** כי בחינת הנפש שהיא התגין נשארת בגוף, כמו שהתגין נשארים תמיד על האותיות, ובשעה שהקורא בתורה קורא בה, הוא קורא בטעמים ונקודות, שהם בחינת רוח ונשמה בסוגיה זאת, הקורא בעצם מחייה את התורה. ובשעה שהקורא בתורה מסתלק מהקריאה, מסתלקים הטעמים והנקודות, ונשארים בחינת התגין והאותיות, שהם בעצם גוף ונפש. כך גם באדם הגשמי, כאשר הוא יושן, מסתלקת בחינת הרוח)והנשמה(, ונשאר הגוף עם הנפש. לכן כותב הרב ז"ל בשער הכוונות, כי צריך לכוון בפסוק זה בכוונה הידועה הנקראת "באר", וגם לכוון בשם הוי"ה במילוי ההין, שהוא ב"ן, הרומז לנפש, ולמלכות.

תהילים ל"י ו' – בידך אפקיד רוחי, פדיתה אותי הוי"ה א"ל אמת.

שער הכוונות, דרושי הלילה, דרוש י' – נבאר פסוק בידך אפקיד רוחי כו', באר היטב מכמה כוונות, והוא כי צריך שתכוין אל מה שהודעתיך פעמים רבות ענין השני ידים דאימא עלאה, אשר יש בהם חמשה אצבעות בכל יד, והם נעשו כלי אל אל המלכות להיות לה בתוכם ענין המ"ן, ואלו הוא סוד ה' אותיות כפולות דמנצפ"ך, ואלו נמשכים לה ממשם בוכ"ו הנמשך מן שם אהי"ה שבבינה, שעולה בגימטריא ל"ד, כמנין יד"ך, כמבואר באורך בברכת אתה גבור, ועיין שם. ותכוין מלת בידך אל שם בוכ"ו הנזכר העולה גימטריא ידך, והנה על ידי השם הזה נעשית הנוקבא באר, וכלי דמ"ן הנרמז בראשי תבות – **בידך אפקיד רוחי**, ותכוין להעלות שם נשמתך בסוד מ"ן, כדי שתתקבל אחר כך המלכות מבעלה מ"ד, ותתמלא מהם. ואז תהיה נקרא **באר** כנודע. ואחר כך תכוין כי גם בסופי תיבות של בידך נרמזו אותיות ידך למפרע, והיא סוד היד השמאלית של הבינה העליונה

שהם בחינת הנקודות, **עוֹלָה בְּסוֹד מַ"ן לְמַעְלָה, אַךְ**[252] **הַנֶּפֶשׁ** שהיא בחינת התגין **נִשְׁאָרַה** צ"ל נשארת לעולם **לְמַטָּה עִם הַגּוּף** שהם כ"ב האותיות, והגוף והנפש לא עולים[253]. **אָמְנָם** יש הבדל בין בחינת הנפש כאשר האדם הוא ער, לבחינת הנפש כאשר האדם ישן, כי **מַה שֶּׁהָיְתָה הַנֶּפֶשׁ מִתְפַּשֶּׁטֶת**

כנזכר. ולכן היא למפרע כנודע בסוד ויסע ויבא ויט, **ודי למבין**. ולכן באה גם כן בסופי תיבות ולא בראשי תבות. ותכוין שאלו הב' ידים הם מתחברות יד ימנית על גבי יד שמאלית, ונעשות כדמיון בית קיבול לקבל בתוכן המ"ן, ותכוין להעלות שם בתוך אלו ב' ידים את נפשך בפקדון בסוד מ"ן. **וטעם אומרו אפקיד רוחי ולא נפשי או נשמתו הוא לפי שהרוחין הם מז"א הנקרא רוח כנודע, ולכן אנו צריכין להפקיד לה בסוד מ"ן בחינות הרוחין שלנו, לפי שהיא צריכה אליהם כדי להזדווג על ידיהם בז"א.** והנה נתבאר כי ביד"ך הראשונה תכוין לשם בוכ"ו. וביד"ך הב' תכוין אל ד"ל אותיות שיש במילוי המילוי של שם אדני, והם כמנין יד"ך שבסופי תיבות. וראשי תיבות פ'דית א'ותי י'הו"ה תכוין כי הוא שם קדוש מע"ב שמות, דויס"ע ויב"א וי"ט וכו', פא"י. ובשם ההוי"ה שבפסוק זה תכוין כי היא מנוקדת שבא סגול בכל אות ואות, ויחשוב ויכוין בהוי"ה זו המנוקדת כך עד שישתקע בשינה, מתוך מחשבה זו. גם יכוין למסור נפשו כשאומר פדית אותי הוי"ה, יכוין שהיא הוי"ה דב"ן דההין.
252

בית לחם יהודה ש"ה פ"ה – אך הנפש נשארה למטה עם הגוף. עיין בזוהר לך לך דף פ"ג ע"א, ששם מבואר שגם הנפש עולה בלילה למעלה, ולא אשתאר בהדי גופא בר חד רשימו וקסטא דחיותא בלבא. ופירש הרב מקדש מלך שם שהוא הבל דגרמי, נפש דקטנות יעו"ש. וכן נראה קצת ממה שכתוב בשער הגלגולים סוף הקדמה ג', על פסוק נפשי אויתיך בלילה, ועיין עוד בשער ו' דלקמן.
253

שער הגלגולים, הקדמה ג' – ועתה נבאר מה שידענו למעלה בתחלת הדרוש לבאר, והוא, כי גם בסוד הגלגול, בדוחק גדול אפשר, שיזכה החדשה קצת להשיג שלשתם ביחד, נר"ן בפעם אחד, בגוף אחד, ולא יצטרך לגלגולים רבים, וישלים תקון שלשתם בגלגול אחד לבדו. והענין הוא, כי הנה כאשר נתגלגל הנפש לבדה בתחלה, אם נתקנה בתכלית הזכוך לגמרי, והנה אז אין הרוח יכול לבא עמה כנז"ל לפי שהיא שלימה, והוא חסר התקון, אמנם יש לו תקנה אחת, כיון שנתקן הנפש לגמרי כנז"ל, והוא, **כאשר האדם ישן בלילה, ואז מפקיד נפשו בידו יתברך כנודע, אפשר שתשאר נפשו למעלה דבוקה בבאר העליון, בסוד מיין נוקבים,** כמבואר אצלינו בשער התפלה בשכיבת הלילה ועו"ש, וכאשר יעור משנתו בבקר, יכנס בו הרוח לבדו, והרי זה כאלו נתגלגל ממש פעם אחרת בגוף אחר, והולך ונתקן עד שיושלם לגמרי, ואז יכולה הנפש לחזור בגוף כבראשונה, כיון ששניהם נתקנים, ויתלבש הרוח בנפש, ותהיה הנפש מרכבה אליו. ואח"כ אם יזדכך הרוח לגמרי, אפשר כי גם יצאו הנפש והרוח בלילה בעת השינה בסוד פקדון כנזכר, וישארו שם למעלה, ואז בבקר בהקיצו משנתו, תכנס בו הנשמה, ותתקן בו. ואחרי שנשלם תקונה יחזרו לבא הנפש והרוח המתוקנים, ויתחברו שלשתם יחד בגוף הזה, ויעשה זה מרכבה לזה כנודע, ולא יצטרך עוד לגלגולים אחרים. והנה ענין התקון הזה, נרמז בפסוק נפשי אויתיך בלילה אף רוחי בקרבי אשחרך. פירוש, כי הנה בחינת הנפש שלי, כאשר נזדככה בתכלית הזכוך, עד שתוכל להתדבק עמך, בסוד ולדבקה בו, אז אויתיך ונשתוקקתי מאד לדבקה בך, וענין תאוה וחשק הזה, הוא בלילה, **בעת פקדון הנפשות, שעולות שם בסוד מיין נוקבים, לעורר זווג עליון. ומכח תאוה זו, כיון שהיא מזוככת, ויכולה להתדבק שם דבוק גמור, נשארת שם, ואינה יורדת. וכאשר הגיע השחר, עת ירידת הנפשות, היא אינה יורדת, אלא רוחי ירד ונכנס בקרבי אז בשחר.** ולכן לא אשחרך בבחינת נפשי, אלא בבחינת רוחי הנכנס אז בקרבי להתקן כנזכר. ולכן ר"ת של תיבות 'בלילה 'אף 'רוחי, הוא באר, לרמוז אל הנז"ל, כי נפשי אויתיך לעלות אל בא"ר העליון כנזכר. ואמנם האדם היודע בעצמו שהשלים בחינת נפשו, נכון הוא לו שיאמר פסוק זה, של נפשי אויתיך בלילה וגו', בכל הכונה הנז"ל, כשישכב על מטתו, ועל ידי כך ישיג אל סוד הרוח, וכן אל הנשמה, ולא יצטרך עוד לגלגולים אחרים, והבן זה הסוד הנעלם, והזהר בו. ואמנם מה שאנו אומרים פסוק בידך אפקיד רוחי וגו', איננו מועיל אל הנזכר, כי אין כונתינו בו רק שיעלו נפשותינו בבחי' פקדון לבד, ויחזרו לירד בבקר. אבל פסוק נפשי אויתיך, הוא להשאיר הנפש למעלה, ולהוריד הרוח או הנשמה כנז"ל.

בזמן שהאדם ער, היא מתפשטת **תוך** כל **הגוף בשס"ה גידין** שבכל האברים של הגוף, **שהוא דם** כי בדם שורה הנפש, **בסוד כי הדם הוא הנפש', עתה** כאשר האדם הולך לישון, ומכוון בפסוק בידך אפקיד רוחי **מסתלקת משם** בחינת הרוח לעלות מ"ן, באותו זמן מסתלקת בחינת הנפש מהשס"ה גידין, ומתקבצת בלב, ועל בחינת הסתלקות הנפש משס"ה הגידין **ונאמר** הפסוק[254] **אני ישנ"ה,** ישנה **בגימטריא שס"ה** כי בשעת השינה מסתלקת בחינת הנפש מהשס"ה גידין אל הלב, ולכן המשך הפסוק הוא וליבי ער[255], כי רק בלב נשאר עיקר חיות האדם, **כי השס"ה גידין של דם הוא מהנקבה** שהיא בחינת הנפש **הנקראת אני** ר"ל המלכות שהיא הנפש נקראת אני[256], ובחינת הנפש הנקראת אני מסתלקת בשינה מהשס"ה גידין, **והם הגוף** והנפש דקטנות **ישנים, ומסתלק כל כוז הנפש** מהאברים שבגוף, וכח הנפש הזה מתרכז **בתוך הלב לבדו. ובזה**[257] **תבין למה האדם מתעורר תכף מתוך** [דכ"ג ע"ד 46] **שינתו** ואינו צריך לחכות זמן רב מהתרדמה, אפילו שבזמן השינה הוא היה כמת[258], **כי אין לו** לאדם **צורך רק שיתפשט** בחינת הנפש המקובצת **מן הלב** ותכנס בחזרה **בתוך הגידין, וזה סיבת אדם המצטער** כשידו מונחת **על לבו בשינתו** כאשר היד מונחת על הלב, וכאשר הוא מתעורר כאשר היד שלו על הלב, הוא לא יכול לדבר או לזוז לכמה רגעים **כי הנפש** המקובצת בלב **אינה יכולה לדפוק** ר"ל להתפשט **על ידי הדם** המתלבש **בשאר איברים** של הגוף, **ואז**[259] **האדם צועק** מתוך השינה **ואינו יכול לקום** ולהתעורר **מאליו,**

254

שיר השירים ה' ב' – אני ישנה ולבי ער קול דודי דופק פתחי לי אחתי רעיתי יונתי תמתי שראשי נמלא טל קוצותי רסיסי לילה.

255

מדרש רבה, שיר השירים פ"ה ב' – אמרה כנסת ישראל לפני הקדוש ברוך הוא, רבונו של עולם אני ישנה מן המצוות, ולבי ער לגמילות חסדים. אני ישנה מן הצדקות, ולבי ער לעשותן. אני ישנה מן הקרבנות, ולבי ער לקריאת שמע ותפילה. אני ישנה מבית המקדש, ולבי ער לבתי כנסיות ובתי מדרשות. אני ישנה מן הקץ, ולבי ער לגאולה. אני ישנה מן הגאולה, ולבו של הקב"ה ער לגאלני.

256

כלל – המלכות נקראת אני, כי היא בחינת גילוי מלכותו בעולמות.

257

כרם שלמה ש"ה פ"ה אות ל"ב – ובזה תבין למה האדם מתעורר תיכף מתוך שנתו וכו'. פירוש על ידי הקריאה של האחר שקורא אותו, ומעורר אותו תיכף מתעורר. ואיך זה, והלא רוחו ונפשו עלו למעלה, אלא הוא הדבר האמור לעיל בסמוך, כי הנפש שהם המוחין דקטנות, מה שהיתה מתפשטת בתוך השס"ה גידין בעת השינה, נקבצה כוחה בתוך הלב, אם כן בתוכו מונחת ואינה רחוק ממנו, ורק צריך שתתפשט כח הנפש מן הלב עד בתוך השס"ה גידין, וזה תהיה על ידי הקול של חבירו שמעורר אותו כמו שכתוב בסמוך לקמן, ומתעורר תיכף, וזה שכתוב כי אין לו צורך רק שיתפשט מן הלב בתוך הגידין.

258

גמרא ברכות דנ"ז ע"א – חמשה אחד מששים, אלו הן אש, דבש, ושבת, ושינה, וחלום. אש, אחד מששים לגיהנם. דבש, אחד מששים למן. שבת, אחד מששים לעולם הבא. **שינה, אחד מששים למיתה.** חלום, אחד מששים לנבואה.

259

עַ֖ד שֶׁיִּקְרָאוּהוּ וִיעוֹרְרוּ אֶת נַפְשׁוֹ המקובצת בלב, **וְאָז יְכוֹלָה** הנפש **לְהִתְפַּשֵּׁט בְּאֵיבָרָיו בְּכֹ֫זַ חֹזֶק הַקְּרִיאָה** קול של אדם אחר, כי הקול הוא סוד הרוח המעורר את הנפש[260]. **וְזֶה סוֹד** מה שכתוב בזהר ב**פָרָשַׁת פִּנְחָס דַּף רכ"ב** ע"א[261] **כִּי בְּלֵילָה תַּרְעִין** השערים **דְּגַן עֵדֶן סְתִימִין** סתומים, **דְּאִינּוּן עַיְינִין דְּלִבָּא** שהם העינים שבלב, והעינים[262] הם בחינת החכמה, והם בחינת הרוח, ניקוד,

---

בֵּית לֶחֶם יְהוּדָה שׁ"ה פ"ה - ואז האדם צועק ואינו יכול לקום מאליו. וזהו מה שקוראים אותו הנשים בעיר בגדאד **קַמ' עַ א' ל' כְּבּוֹ"ס**, ר"ל עוקץ הכובש את האדם במכבש.
260

כֶּרֶם שְׁלֹמֹה שׁ"ה פ"ה אות ל"ג – וזה סיבת האדם המצטער כשידו מונחת על לבו בשינתו, כי הנפש אינה יכולה לדפוק על ידי הדם בשאר האברים, ואז האדם צועק ואינו יכול לקום מאליו עד שיקראוהו ויעורר נפשו, ואז יכול להתפשט באבריו על ידי חוזק הקריאה. ר"ל הואיל וכח הנפש הוא מקובץ בתוך הלב דוקא, ולכן תמצא לפעמים, כשאדם בעת שינתו כשידו מונחת על לבו והוא מצטער, והצער שלו הוא צועק בשינתו, ורוצה לקום ואינו יכול לקום מאליו, והסיבה היא כי הנפש יכולה לדפוק על ידי הדם בשאר האברים, כי אם על ידי הלב, ולזה היא מתכנסת בתוך הלב. והטעם כי שם אין שליטה לחיצוניות, מה שאין כן בשאר גידין, ואז בתוך הלב עושה דפיקות, וכשידו מונחת על לבו הוא מונע הדפיקו שעושה הלב, כי ידו מונחת שם ומונעת. ולזה צריך שיבוא **הקול של אדם אחר ויעורר אותו**, והטעם כי **הקול הוא סוד הרוח** כנודע, כמו שכתוב לעיל, וכמו שאמר הכתוב הקול קול יעקב, **והרוח הוא מעורר הנפש תמיד**, וכמו שכתוב אני ישנה ולבי ער, קול דודי דופק פתחי לי וכו', וכמו התיקונים המובא לעיל בפרקין, וזה לשוננו, וכד ייתי רוח לגבי לבא, דתמן נפשא אתמר ביה קול דודי דופק. וזה מה שכתב הרב ז"ל כאן – ואז יכול להתפשט באבריו בכח חוזק הקריאה, ופשוט.
261

זהר פנחס, רעיא מהימנא דרכ"ב ע"א תרגום והסבר – **אמר רעיא מהימנא** אמר הרועה הנאמן, שהוא משה רבינו, **ווי לון לבני נשא דאינון אטימין לבא סתימין עיינין** אוי להם לבני האדם שלבם אטום, ועיניהם סתומות, כאשר האדם הולך לישון **דלא ידעין דכד אתי ליליא תרעין דגיהנם אתפתחו** ולא יודעים כי כאשר בא הלילה שערי גהינם, שהם היכלי הטומאה שבגוף האדם נפתחים, **דאיהי מרה** שהם המרה, שממנה מתפשטים כוחות יצר הרע, הגורמים לאדם לעבור על מצות הבורא, **ועשנין דילה סלקין עד מוחא** והעשן שבמרה, שהוא ההבל היוצא מהמרה, ועולים עד המוח, **וכמה חيילין דיצר הרע מתפשטין בכל אברין דגופא** וכמה כוחות של היצר הרע מתפשטים באברים שבגוף. **ותרעין דאיהו לבא דגן עדן מסתתמין ולא מתפתחין** ושערי גן עדן, שהם העינים, והם בחינת החכמה, אשר היא הרוח המתפשטת בלב, נסתמים ונסגרים בשעת השינה, **דכל נהורין דעיינין מלבא נפקין** וכל האורות, שהם בחינת הרוח יוצאים מן הלב, **ותרעין דלבא אינון עיינין מסתתמין** ושערי הלב נסתמים, **בגין דלא מסתכלין באלין מזיקין דשלטין בלילא** כדי שלא יסתכלו בהם המזיקים השולטים בלילה, ר"ל שלא תהיה יניקה לקליפות מנפש הנשארת בגוף בעת השינה, **ונהורין דלבא** ואורות הלב, שהם כוחות הנפש, **דאינון מלאכים דמתפשטין בכל אברים כענפין דאילנא לכל סטרא** הם המלאכים, רמז לורידים שבגוף האדם, המתפשטים בכל האברים שבגוף, כמו הענפים של האילן המתפשטים לכל צד, **בההוא זמנא אינון כלהו נהורין סתימין בלבא ומתכנשין לגביה** באותו הזמן של השינה, כל הכוחות של הנפש שהתפשטו במשך היום באברי הגוף, מתקבצים בתוך הלב, ומשמרים ונסתמים בלב מפחד יניקת החיצונים, **כיונים אל ארבותיהם** כמו היונים הממהרים לעוף בחזרה אל החלונות שבשובך שלהם, **כנח ואתתיה וכל מין ומין** כמו נח ואשתו, וכל מין ומין מהבהמה, החיה, והעוף, **דעאלו עמיה בתיבה** נכנסו עם נח לתיבה הרומזת ללב, להסתתר מפני המבול הרומז למזיקים, בלילה כאשר האדם יושן, ורוחו מסתלקת ממנו, ונשר גופו עם נפשו המקובצת בלב **ומזיקין דמתגברין על כל אברים דגופא** ואז המזיקים מתגברים על האברים שבגוף, **כמי טופנא** והם כמו מי המבול.
262

כְּגַוְונָא דְתֵיבַת נֹחַ כמו תיבת נח, ותיבת נח היא משל ללב, **דְּכָל נְהוֹרִין סְתִימִין בְּגַוָּוהּ** כל האורות השפע סתומים בתוכה, כמו שבתוך הלב מתקבצים כל אורות הנפש, **וְאִינּוּן מַלְאָכִין** והם השליחים[263], שהם הגידין המוליכים את הדם **דְּמִתְפַּשְּׁטִין בְּכָל אֵיבְרֵי דְּגוּפָא** המתפשטים בכל הגוף, ובתוכם הדם שהוא הנפש, בזמן השינה **כּוּלְּהוּ סְתִימִין בְּלִבָּא** כולם סתומים בלב, ר"ל כל בחינת הנפש מקובצת בלב.

וכל זה **כִּי הַנָּפֶשׁ** שהיא המלכות **יֵשׁ בָּהּ אֲחִיזָה** ויניקה **לְהַקְּלִיפּוֹת**, וכל זה **בִּהְיוֹתָן** הגוף והנפש **בְּלִי רוּחַ**, בְּסוֹד הפסוק[264] **גַּם בְּלֹא דַעַת נֶפֶשׁ לֹא טוֹב** שהוא כינוי לבחינת הרוח[265] ר"ל כי כאשר אין את בחינת הרוח, לנפש לא טוב[266], מפני שיש לקליפות יניקה מהנפש, אשר היא בחינת שמות אלהי"ם

בחינת העינים הם חכמה, והחכמה בסוגיה זאת היא בחינת הרוח הנמצאת בלב, לכן הזהר הקדוש רומז על בחינת הרוח שהם הנקודות הנמצאת בלב, וקורא לה עינים. ובלילה שהאדם יושן בחינת הרוח מסתלקת ממנו, וזאת בחינת נעילת השערים.

תרשים ה – ל"ג.
במדבר י' ל"א – ויאמר אל נא תעזב אתנו כי על כן ידעת חנתנו במדבר והיית לנו לעינים.
263

שיחת מלאכי השרת פ"א – מלאך. הוראת השם הזה בלשון הקודש על השליח הנשתלח לעשות שליחות המשלח, כמו שנאמר ותשלח איזבל מלאך.
264

משלי י"ט ב' – גם בלא דעת נפש לא טוב ואץ ברגלים חוטא.
265

ספר הליקוטים, ריש פרשת בראשית – אבל אם ההעלאה הזאת היא בלא **דעת שהוא הרוח**, שהיא התורה.
ישעיהו י"א ב' – ונחה עליו רוח הוי"ה רוח חכמה ובינה רוח עצה וגבורה **רוח דעת** ויראת הוי"ה.
266

הרב ז"ל מבאר כי הנפש היא הקרובה ביותר לקליפות, וביאור זה מובא בסוד האכילה. ופירושו כי על ידי האכילה צריך לברר את המאכל בשלש מדרגות, שהם נפש רוח ונשמה. על ידי מעשה האכילה מתבררת בחינת הנפש. על ידי דברי תורה הנאמרים בשעת הסעודה מתבררת בחינת הרוח. על ידי המחשבה שהיא כוונת האכילה ליודעים לבוא בסוד הכוונות, מבררים את בחינת הנשמה. לכן צריך לפחות לעסוק בתורה בשעת האכילה, כי אם לא יעסוק האדם בדברי תורה הנפש עצמה תחזור לקליפות ותתקלקל.

ספר הליקוטים, ריש פרשת בראשית – וכשירדה הה' הזאת מלמעלה להאציל הכלים, ירדה בבחינת יו"ד, שהיא נקודה אחת. והוא, כי אלו הי' אורות היו מלובשים זה בתוך זה, **בתוך המלכות האחרונה לכולם חופפת עליהם. ועליה הקליפה,** שהיא הנקראת קו ירוק דאסחר עלמא, והיא נקראת תהו, והיא הקליפה הקודמת, שזהו הבירור שהקדושה שהקדושה תהיה הולכת ומתבררת. וזהו שצריך האדם לכוין בעת אכילתו, שהוא מברר כל ניצוצות הקדושה אשר בתוכו. וזה שאמר הכתוב כי על כל מוצא פי הוי"ה יחיה האדם. ופירושו, כי מה שהוא בחינת אדם, שהוא הרוחניות שבו, אינו מתפרנס מן העשב והלחם והבשר, כי אם מן הקדושה שבתוכו, וזהו מוצא פי הוי"ה, כשאמר יהי כך. כי באותו ההבל שאמר יהי כך, שהם בחינת חסדים וגבורות, וקול שהוא רוח. וזה שאמר הכתוב ראו קרא הוי"ה בשם בצלאל, ובאותה קריאה לבד שהוא ההבל, מילא אותו חכמה, ובינה, ודעת, שהם אש, מים, קול, ומזה יחיה האדם, וזו היא הכוונה האמיתית שבאכילה. וזה שאמר הכתוב צדי"ק אוכל לשובע נפשו, שאינו אוכל לתועלת הגוף, כי אם לתועלת נפשו שמברר אותם הניצוצות. ולזה, כל שלחן שלא אמרו עליו דברי תורה כאילו אכלו מזבחי מתים, לפי כי מה שירד למטה הוא בחינת נפש רוח ונשמה מעשיה, שכולו בחינת נפש, וכל זה הוא בבחינת הגבורות, כי בחסד אין צריך בירור, כי הוא מברר מבחינת עצמו. וכן תמצא שהמים בעצמם הם מבוררים, אבל אם יפלו על העפר או כיוצא, אז יהיה שם עכירות, וזה העכירות אינו מצד עצמו, רק מהמקום שירדו בו. אבל היין הוא בעצמו יש בו שמרים, וצריך להתברר, ויש בו בחינת היין שלמעלה שהוא צלול לגמרי, ושעל השמרים יש בו עכירות, והשמרים מהם בעצמם מוציאים מים שרופים וכדומה, והשאר לא יצלח לכל. ועליו נאמר צא תאמר לו, והוא עבודה זרה ממש. ולזה כשהאדם אוכל, מעלה אותו מעשיה וזה קרוב להפסד, ואם לא יעלה אותו האדם בבחינת הרוח,

דקטנות, והרוח הוא בחינת גדלות, שהם שמות הוי"ה, ולקליפות אין אחיזה בשמות הוי"ה אלא רק בשמות אלהי"ם[267], **לכן נסגרת** הנפש **ונסתמת** ר"ל מתקבצת **היא וכזוותיה** שהוא הדם **תוך הלב** שהוא רמוז לתיבת נח, **מפני מי המבול** שהם **המזיקין** והם הקליפות. ועומק **הענין** הוא **כי בהיותה מתפשטת** הנפש **נאחזים בה** הקליפות, **ובהסגירה** בתוך הלב **אין מי שיוכל לינק** משם, בסוד בפסוק[268] **גן נעול אזוותי כלה גל נעול** מעין זוותם, והבן זה בסוד זוותם בתוך זוותם, **שצריך ליין** שהם הגבורות **כדי שלא יתנסך** ותהיה יניקה לחיצוניים[269]. **והבן איך קרא לכזוות** ד**נפש מלאכים** שהם שליחים, **שהם ווריד[י] הדם**, שהם **שלוחי הנפש להזויות הגוף**, והורידים ה**ם**[270] **בזוינת האותיות** מפני שהם חלק מהגוף, כי הורידים הם הכלים המוליכים את הדם לאברי הגוף, והם חלק מהגוף, **כנזכר בתיקונים**

שהיא התורה, תחזור הנפש הזאת ותתקלקל, ולזה הוא כאילו אכלו מזבחי מתים. ויש עלייה אחרת, והוא אם יעלה אותו האדם בסוד המחשבה, שהיא העלייה האמיתית, וזה שאמר הכתוב גם בלא דעת נפש לא טוב, כי יש לשאול מה מרבה גם זה, ופירושו הוא, גם צריך נשמה להעלות הנפש הזאת שתהיה טובה, אבל אם תחסר, אפשר לתקן על ידי הרוח. אבל אם ההעלאה הזאת היא בלא **דעת שהוא הרוח**, שהיא התורה שפירוש נפש לא טוב, אז הנפש אינה טובה, וחוזרת ומתקלקלת. לזה צריך לומר דברי תורה על השלחן, לקיים הבירור ההוא.
267

ע"ח ח"ב של"ט דרוש א' מ"ק דכ"ו ע"א - טעם לזה למה שכתבנו שהיתה תחלה אחור באחור שלא יתאחזו החיצונים, הענין כי האחוריים הם סוד אלהי"ם, והם ק"ך צרופי אלהי"ם, והם עד סוף העשייה כמבואר. ושם אחריהן באים הקליפות, ונמשכין שם בסוף העשיה, ונקראים בסוד אלהים אחרים, בערך אלו הק"ך אלהי"ם, שהם אלהי"ם חיים דקדושה, כמו שכתוב כי אלהי"ם קדושים הוא. והנה כשיש ח"ו חטאים ועונות, אלו אלהים אחרים נכללין בשרשם, בסוד אלהי"ם הקדושים שבאחוריים, ועל ידי כללותם בשרשן הם **יונקין מן השכינה**, וזה סוד כל אחיזת החיצונים בקדושה, כי אינם אוחזין רק על ידי כללותן בשרשם, ולא ח"ו שנכנסין הם עצמן. וזה סוד ערו ערו עד היסוד. וזה סוד כי אלו אלהי"ם שרשם הם ממ"ן ביסוד הנוקבא, כי הם ה' גבורות, ה' אותיות אלהי"ם, וכאשר רוצה המלכות להעלות מ"ן נכללין כל אלהי"ם דקדושה שם ביסוד שבה, וכשיש ח"ו פגם אז אוחזין אלהים אחרים בשרשן ונכללין עמהם, אף על פי שהם אינם נכנסים ח"ו, עם כל זה הם יונקים בסוד כללות. וזה סוד ושפחה כי תירש גבירתה, שצדיק עליון מזדווג עם השפחה כביכול ביסוד הנ"ל. וזה שכתוב ערו ערו עד היסוד בה, כי שם מגיע הפגם כנסת ישראל. גם זה סוד אלהי"ם באו גוים בנחלתיך, פירוש כי החצונים הנקראים אלהים אחרים הם נאחזין באלהי"ם דקדושה, ועל ידי כך באו גוים בנחלתך, נחלת הקדש, **ולזה אמר אלהי"ם ולא אמר הוי"ה.**
268

שיר השירים ד' י"ב – גן נעול אחותי כלה גל נעול מעין חתום.
269

ע"ח ח"ב של"ה פ"ג דנ"ב ע"ב – שזה סוד שאמרז"ל כדי לשמור החבית של יין צריך חותם בתוך חותם, וזהו ראשי תיבות חבי"ת, שהוא הסימנים שצריכין חותם בתוך חותם, והם חלב, בשר, יין, תכלת. והענין כי היסוד חותם אחד, והמלכות חותם שני, כנ"ל. וביאור הדברים, כי יין **משומר הוא סוד הגבורות** הניתנין אל המלכות, וצריך להיותן שמורים מן החצונים, שלא יתאחזו בהם, כי יניקתן מגבורות, ולכן היין צריך לשומרו שהם הגבורות, לא כן החסדים שהם המים. ואמנם החצונים הם יושבין תחת המלכות, וקרובים אליה בסוד רגליה יורדת מות, ואינן נאחזין בה אלא בסופה בתחתיה כנודע, ובמה שיוצא מן היסוד שלה, משם יונקים ולפעמים אותן גבורות נעשין דם, שהם דינין גמורים, ואז הוא דם נדות שיונקים החצונים, אך בהיותן שמורים הם יין, **כי יין מורה על גבורה**, המתמתקת בסוד ויין ישמח.
270

בית לחם יהודה ש"ה פ"ה – והם בחינת האותיות כנזכר בתיקונים דכ"ג. הוא בדף ח' ריש ע"א.

דכ"ג צ"ל ד"ח ע"א[271] **אית מלאכין** שהם האותיות **דמשמשין לאילין נקודין** המשמשים את הנקודות **ואינון אתוון**[272] והמלאכים האלו הם האותיות • הרב מבאר שעשר ספירות נחלקים לשבע היכלות[273]

271

הקדמת תיקוני הזהר הזהר ד"ח ע"א תרגום והסבר – **מלאכין** שהם חיצונים, והם בחינת האותיות, **אית דמשמשין לאלין נקודין** הם משמשים את הנקודות, **ואינון אתוון** ר"ל שהמלאכים שהם האותיות משמשים את הנקודות, **דאינון כסוסון לנקודי** והאותיות הם כמו סוס לנקודות הרוכבים עליהם, **וטעמי מנהיגי לון** ובחינת הטעמים מנהיגים את האותיות והנקודות.

272

בית לחם יהודה ש"ה פ"ה – ואינון אתוון. כי מלאכים הנזכרים הם ורידי הדם, והוורידין הם בכלל הגוף, שהוא האותיות.

273

י' ספירות מתחלקים לשבע היכלות. כאשר כח"ב נקראים היכל קודש הקודשים, חסד היכל האהבה, גבורה היכל הזכות, תפארת היכל הרצון, נצח היכל נוגה, הוד היכל עצם השמים, יסוד מלכות הם היכל לבנת הספיר. **תרשים ה – ל"ד**.

זהר שמות ד"י ע"ב תרגום והסבר – **אבל יש הבל, שלמה מלכא עבד ספרא** שלמה המלך כתב ספר, שנקרא קהלת, **דא ואוקים ליה על שבעה הבלים** ויסד אותו על שבעה הבלים, **דעלמא קיימא עלייהו** שהעולם עומד ומתקיים בהם, **ואינון שבעה עמודין סמכין דעלמא** שהם שבעה עמודים שהעולם סומך עליהם, והם סוד שבע ספירות דז"א, שבכוחם נברא העולם, **לקבל שבעה רקיעים** כנגדם יש את שבע רקיעים, שהם סוד העגולים, **ואלין אינון** ואלא הם, **וילו"ן** שהוא כנגד עארת היסוד, **רקי"ע** כנגד יסוד, **שחקי"ם** הם כנגד נצח הוד, **זבו"ל** כנגד התפארת, **מעו"ן** חסד, **מכו"ן** גבורה, **ערבו"ת** הוא סוד היכל קודש הקודשים שהם כחב"ד, **ולקבלייהו** וכנגדם שלמה המלך כתב בספר קהלת – **הבל, הבלים ,אמר קהלת, הבל, הבלים, הכל הבל**, ויש בפסוק הזה שבע פעמים הבל, כי מיעוט רבים שתים, שהוא לשון רבים, המיעוט שלהם הוא שתים, **כמה דאינון שבעה רקיעין** כמו שהם שבע רקיעים.

גמרא חגיגה ע"יב ד"ב – א"ר יהודה שני רקיעים הן שנאמר)**דברים י יד**(הן לה' אלהיך השמים ושמי השמים, ריש לקיש אמר שבעה ואלו הן: וילון, רקיע, שחקים, זבול, מעון, מכון, ערבות,

וילון-)**עטרת היסוד**(אינו משמש כלום אלא נכנס שחרית ויוצא ערבית, ומחדש בכל יום מעשה בראשית, שנאמר **ישעיהו מ כב** הנוטה כדוק שמים וימתחם כאהל לשבת.

רקיע –)**יסוד**(שבו חמה ולבנה כוכבים ומזלות קבועין, שנאמר **בראשית א יז** ויתן אותם אלהים ברקיע השמים.

שחקים –)**נצח הוד**(שבו רחיים עומדות וטוחנות מן לצדיקים, שנאמר **תהלים עח כג** ויצו שחקים ממעל ודלתי שמים פתח וימטר עליהם מן לאכול וגו'.

זבול –)**תפארת**(שבו ירושלים ובית המקדש ומזבח בנוי ומיכאל השר הגדול עומד ומקריב עליו קרבן, שנאמר **מלכים א ח יג** בנה בניתי בית זבול לך מכון לשבתך עולמים, ומנלן דאיקרי שמים דכתיב **ישעיהו סג טו** הבט משמים וראה מזבול קדשך ותפארתך

מעון -)**חסד**(שבו כיתות של מלאכי השרת שאומרות שירה בלילה וחשות ביום מפני כבודן של ישראל, שנאמר **תהלים מב ט** יומם יצוה ה' חסדו ובלילה שירה עמי,

מכון –)**גבורה**(דכתיב **מלכים א ח לט** ואתה תשמע השמים מכון שבתך.

ערבות –)**קודש קודשים כחב"ד**(אתה כוננתה שם אופנים ושרפים וחיות הקדש ומלאכי השרת וכסא הכבוד מלך אל חי רם ונשא שוכן עליהם בערבות שנאמר **תהלים סח ה** סולו לרוכב בערבות ביה שמו.

ע"ח ח"ב שמ"ח פ"ב דק"ט ע"א – וכבר נתבאר בדרושים הקודמים שבכל ד' עולמות אבי"ע דקדושה יש בו ה' פרצופים, וכל פרצוף ופרצוף יש בו ז' היכלות, שבהם י' ספירות דפרצוף ההוא.

נהר שלום די"ב ע"ב - אמנם מה שכתב בשער הכסא והיכלות, כי בכל עולם ועולם מאבי"ע ה' ספירות הכוללים דאותו עולם, הם נחלקים לז' היכלות, וכסא. באופן זה כי כחב"ד שהם עתיק ונוק', ואריך ונוק', ואו"א, וישסו"ת, הם היכל השביעי העליון, הנקרא קדש קדשים, ר"ל קדש כתר, קדשים חו"ב, ואלו הכחב"ד

וְהִנֵּה כְּמוֹ שֶׁהָעֶשֶׂר סְפִירוֹת נַעֲשִׂין בסוגיה הנקראת סוגית ההיכלות **ז' הֵיכָלוֹת, כִּי הֵיכָל הָרִאשׁוֹן הוּא נִקְרָא קֹדֶשׁ קָדָשִׁים, כּוֹלֵל** את **ג'** הספירות **הָ**ראשונים שהם כתר, חכמה, בינה[274], והיכל זה נקרא קודש הקדשים כי קודש – הוא הכתר, קדשים – הם ב', והם חו"ב, **כָּךְ אֵלּוּ הֵי' סְפִירוֹת שֶׁל הָרוּזז, (שֶׁהֵן הֲוָיוֹ"ת) הֵן י' הֲוָיוֹ"ת בַּנְּקוּדוֹת מִזְוָלֹפִין**[275] שהם קמ"ץ, פתח, צירי, וכו'[276], **כַּנִּזְכָּר בַּתִּיקוּנִים דַּף קכ"זז** קכ"ט ע"א[277]. ואפילו שהם י' ספירות **וְלִפְעָמִים** הם **נִקְרָא**ים **ז' הֲוָיוֹ"ת, עַל דֶּרֶךְ ז' הֵיכָלִין, וְהֵן הֵן ז' הֲוָיוֹ"ת,** שהם ז' **קוֹלוֹת דְּנַפְקֵי מֵלִבָּא** היוצאים מהלב, בסוד קול דודי דופק, **הַנִּזְכַּר** בספר תהלים פרק כ"ט[278] **בַּמִּזְמוֹר הָבוּ לַהֲוָי"ה בְּנֵי אֵלִים וְכוּ'** כאשר במזמור זה מוזכרים ז' פעמים קול הוי"ה[279], והם י' ספירות, וכל אחד

הם הנקראים כסא. והז' תחתונות שהם הזו"ן, ויעקב ורחל, הם השש היכלות התחתונים, כי היכל לבנת הספיר כולל יסוד ומלכות, והוא היכל התחתון. למעלה ממנו הוא עצם השמים, שהוא ההוד. למעלה ממנו הוא היכל נגה, שהוא הנצח. למעלה ממנו הוא היכל הזכות, שהוא הגבורה. למעלה ממנו הוא היכל אהבה, שהוא החסד. למעלה ממנו הוא היכל הרצון, שהוא התפארת. ואלו הו' היכלות הם השש מעלות לכסא, שהוא הכחב"ד הנז"ל, שהוא ההיכל השביעי קודש הקודשים. וכן על דרך זה נחלקים הי' ספירות דכל פרצוף ופרצוף, דכל פרצופי עולמות אבי"ע, וכן הוא בפרטי פרטות. וכל זה הוא בין בפנימיות, בין בחיצוניות.
274

יש סוגיות שהיכל קודש הקודשים הוא בעל ד' ספירות כחב"ד.
275

בית לחם יהודה ש"ה פ"ה – מחולפין כנזכר בתקונים דקכ"ח. הוא בדף קכ"ט סוף ע"א.
276

תרשים ה – ל'"ה.
277

תיקוני הזהר, תיקון ע' דקכ"ט ע"א תרגום והסבר – **תא חזי בא** וראה, **תשע זמנין הוי"ה** תשע פעמים יש שם הוי"ה מנוקד בפרצוף ז"א, כלומר **בכל ספירה וספירה נקודה דיליה** לכל ספירה וספירה יש את הניקוד הפרטי שלה, **ואיהו הוי"ה במלכות בלא נקודה** ושם הוי"ה שבמלכות בלא ניקוד, **ואלין אינון נקודין דמחייבין כל ספירה וספירה** ואלו הם הנקודות שמחייבים כל ספירה וספירה, כי כל ניקוד פועל פעולה שונה מניקוד אחר. **תשע נקודין אינון** יש תשע סוגי ניקוד, **חד** הראשון **הוי"ה בקמ"ץ,** והוי"ה זאת בספירת הכתר. **תניינא** השני **הוי"ה בפת"ח,** והוי"ה זאת בספירת החכמה. **תליתאה** השלישי **הוי"ה בציר"י,** והוי"ה זאת בספירת הבינה. **רביעאה** הרביעי **הוי"ה בסגו"ל,** והוי"ה זאת בספירת החסד. **חמישאה** החמישי **הוי"ה בשב"א,** והוי"ה זאת בספירת הגבורה. **שתיתאה** השישי **הוי"ה בחל"ם,** והוי"ה זאת בספירת התפארת. **שביעאה** השביעי **הוי"ה בחיר"ק,** והוי"ה זאת בספירת הנצח, **תמינאה** השמיני **הוי"ה בשלש נקודות** שהוא ניקוד קובוץ, והוי"ה זאת בספירת ההוד. **תשיעאה** התשיעי **הוי"ה בשור"ק,** והוי"ה זאת בספירת היסוד. ובספירת **מלכות יש הוי"ה כלילא מכלהו** הכלולה מכולם, והיא מקבלת מכל הספירות.
278

תהילים כ"ט – מזמור לדוד הבו להוי"ה בני אלים הבו להוי"ה כבוד ועז. הבו להוי"ה כבוד שמו השתחוו להוי"ה בהדרת קדש. **קול יְהֹוָה עַל הַמַּים** אל הכבוד הרעים הוי"ה על מים רבים. **קול יְהֹוָה בַּכח, קול יהֹוָה בֶּהָדָר. קול יְהֹוָה שֹׁבֵר אֲרָזִים** וישבר הוי"ה את ארזי הלבנון. וירקידם כמו עגל לבנון ושריון כמו בן ראמים. **קול יְהֹוָה חֹצֵב לַהֲבוֹת אֵשׁ. קול** יְהֹוָה **יָחִיל** הוא יחיל יחיל הוי"ה מדבר קדש. **קול יְהֹוָה יְחוֹלֵל אַיָּלוֹת** ויחשׂף יערות ובהיכלו כלו אמר כבוד י' הוי"ה למבול ישב וישב יהוה מלך לעולם יא יהוה עז לעמו יתן יהוה יברך את עמו בשלום
279

83

מהקולות כנגד אחד מההיכלות, והם ז' **הבלים דנפקי מלבא** ז' הבלים היוצאים מהלב, **והם בזיעת עשר אמירן** שבהם נברא העולם, שהם עשר ספירות דרוח, **כי הנפש** היא בזיעת דיבור²⁸⁰, **והרוח** היא בזיעת אמירה, לכן נקראים אלו י' ספירות דבזיעת רוח בזיעת עשר²⁸¹ אמירן, הנזכר בתיקוני הזהר דס"ג צ"ל דס"ב ע"א²⁸² בסוד אומר

להבין מאמר זה, שם הוי"ה דאלפין הוא יו"ד ה"א וא"ו ה"א, כאשר המילוי שלו בלבד הוא **ודאאו"א, יו_ד הא_ וא_ו הא_.**

שער הכוונות, דרושי קבלת שבת, דרוש א', ענין הבו לה' - ועתה נבאר כל אלו הכוונות על הסדר קול ה' על המים, תכוין כי זה הוא ההבל הראשון הנמשך מן החסד, הנקרא מים. והבל זה הוא אות הראשונה ממילוי אלפין, שהוא ו' שבאותיות ודאאו"א כנ"ל, גם תכוין כי השם הזה ביצירה, הוא אבגית"ץ. גם תכוין בפנימיותו שהיא זו ההוי"ה הנרמזת באומרו קול ה' על המים, **ולכן תכוין שהוא ההוי"ה מנוקדת כולה בסגול**, גם תכוין כי ההבל הזה הוא בחינת חסד המתפשט בספירת החסד דז"א, ותכוין כי בכח ההארות האלו עולה ספירת החסד דעשיה בחכמה דעשיה. קול ה' בכח, כח הוא הגבורה דעשיה, העולה עתה בבינה דעשיה, ותכוין בהבל הב' והוא החסד המתפשט בגבורה שבז"א, והיא אות ד' שהוא אות ב' דמילוי שם מ"ה, שהוא ודאאו"א, ותכוין לשם קר"ע שט"ן, **ותכוין בהוי"ה זו הנזכר כאן שהיא מנוקדת כולה בשבא.** קול ה' בהדר, הדר היא התפארת דעשיה, העולה עתה בדעת דעשיה, ותכוין להאיר מחסד המתפשט בתפארת דז"א דאצילות, והוא הבל הג', והיא אות א', אות ג' דמילוי ודאאו"א, ותכוין לשם נגדיכ"ש, **והוי"ה זו כולה מנוקדת בחולם.** קול ה' שובר ארזים הוא הנצח דעשיה, העולה בחסד דעשיה, ותכוין להאיר בו הבל הד', והוא מן החסד המתפשט מן הנצח דז"א דאצילות, והיא אות א' אות ד' דמילוי ודאאו"א, ותכוין לשם בטרצת"ג, **והוי"ה זו כולה מנוקדת בחירק.** קול ה' חוצב להבות אש, הוא ההוד דעשיה, העולה בגבורה דעשיה, ותכוין להמשיך הארה מן הבל הה', והוא מן החסד המתפשט בהוד דז"א דאצילות, והוא אות ו', אות ה' ממילוי ודאאו"א, ותכוין לשם חק"ב טנ"ע, **והוי"ה זו כולה מנוקדת בקיבוץ.** קול ה' יחיל מדבר, הוא היסוד דעשיה העולה בת"ת דעשיה, ותכוין להמשיך הארה מן הבל הו', והוא מן החסד המתפשט מיסוד דז"א דאצילות, והיא אות א', אות ו' ממילוי ודאאו"א, ותכוין לשם יג"ל פז"ק, **והוי"ה זו כולה מנוקדת בשורק ואו.** קול ה' יחולל אילות, הוא המלכות דעשיה העולה בנה"י דעשיה, ותכוין לכללות קיבוץ ה' חסדים אשר בעטרת היסוד דז"א דאצילות, והוא הבל הז' והוא כללות כל ו' אותיות דמילוי ודאאו"א והוא שם שקוצי"ת, **והוי"ה זו מנוקדת בניקוד צבאות כזה יְהֹו"ה.**
²⁸⁰

יש קשר בין הנפש לדיבור, בסוד נפשי יצאה בדברו. גם דיבור הוא בחינת גבורות בערך לאמירה. לפי זה אפשר להבין את פסוקי התורה, כי לפעמים נאמר וידבר ה' אל משה, שהוא בחינת גבורות. ולפעמים ויאמר ה' אל משה, שהוא בחינת רחמים.

שיר השירים ה' ו' – פתחתי אני לדודי ודודי חמק עבר **נפשי יצאה בדברו** בקשתיהו ולא מצאתיהו קראתיו ולא ענני.

ילקוט שמעוני, בראשית מ"ב קמ"ט – דבר האיש אדוני הארץ איתנו קשות, למימר **דכל דבור לשון קשה.** **ילקוט שמעוני, במדבר ו' תש"י** – ותדבר מרים והארץ במשה. **אין דיבור בכל מקום אלא לשון קשה,** וכן הוא אומר דבר האיש אדוני הארץ אתנו קשות, וידבר העם באלהי"ם ובמשה. **ואין אמירה בכל מקום אלא לשון תחנה.**
²⁸¹

בית לחם יהודה ש"ה פ"ה – עשר אמירן הנזכרים דס"ג. הוא בדף ס"ב ריש ע"א.
²⁸²

תיקוני הזהר, תיקון כ"א דס"ב ע"א תרגום והסבר – **ורזא דמלה** וסוד המילה **בראשית,** הוא אות ב' ותיבת **ראשית, האי נקודה** זאת הנקודה שבתוך אות ב' דבראשית, שהיא הדגש, היא כעין אות י', הרומזת לעשר הספירות דחכמה, **עלה אתמר** עליה נאמר **בעשרה מאמרות נברא העולם** שהוא ז"א.

וְעוֹשֶׂה. ר"ל אומר הוא **אבא**, בסוד **הֲוָיו"ת** רוח. **וְעוֹשֶׂה**[283] היא **אמא**, בסוד **אלהי"ם** נפש. **הַנִזְכַּר**[284] בתיקוני הזהר **בְּדַף קפ"ד** צ"ל דף ה' ע"ב[285] **וְדַף ק"ד** ע"א[286] **עַיֵן**[287] **שָׁם בב' נוֹסחָאוֹת** ר"ל בב' המקומות בזהר, **וְתִמצָא כִּי שֵׁם מ"ב** שהוא נברא העולם **הוא ל"ב אלהי"ם** דקטנות, שהם כ"ב האותיות, והנפש המחיה אותם, שהם התגין, **ו' אֲמִירָן שֶׁהֵם הֲוָיו"ת** דגדלות, והם בחינת הרוח.

<hr>

[283]

בית לחם יהודה ש"ה פ"ה – ועושה אימא בסוד אלהי"ם הנזכר בדף קפ"ד ודף ק"ד ע"א. הוא בדף ק"ד ע"ב, ודף ק"ו סוף ע"א.

[284]

הגהות וביאורים)ח(– בכמה מקומות בב' נוסחאות ל"ג.

[285]

תיקוני הזהר, תיקון ס"ט דק"ח ע"ב תרגום והסבר – **ודא איהו** וזהו הענין של **אומר ועושה, מסטרא דימינא** מצד ימין, אבא, שהוא בחינת החסד **אמירה, מסטרא דשמאלא** ומצד שמאל, אימא, שהיא גבורה **עשיה, עמודא דאמצעיתא כליל תרווייהו** העמוד האמצעי שהוא הדעת כולל את ב' הבחינות, שהם **אומר ועושה, ובמאי** ובמה הענין של **אומר ועושה** של אבא ואימא, בשם **בהוי"ה** שבדעת.

[286]

תיקוני הזהר, תיקון ס"ט דק"ד ע"א תרגום והסבר – **דאינון אתוון דבהון אתבריאו שמיא וארעא** אלו האותיות, שהם שם מ"ב שבהם נבראו השמים והארץ, והם ל"ב אלהי"ם, וי' הוי"ה, **דאלין תליין באמירה** אלו תלויים באמירה, שהוא פרצוף אבא, בחינת הרוח, **ואילין בעשיה** ואלו תלויים בעשיה, שהיא פרצוף אימא, בחינת הנפש, **ברזא** בסוד **דאומר ועושה מיד.**

[287]

בית לחם יהודה ש"ה פ"ה – ע"ש בשתי הנוסחאות. ר"ל בשני המקומות.

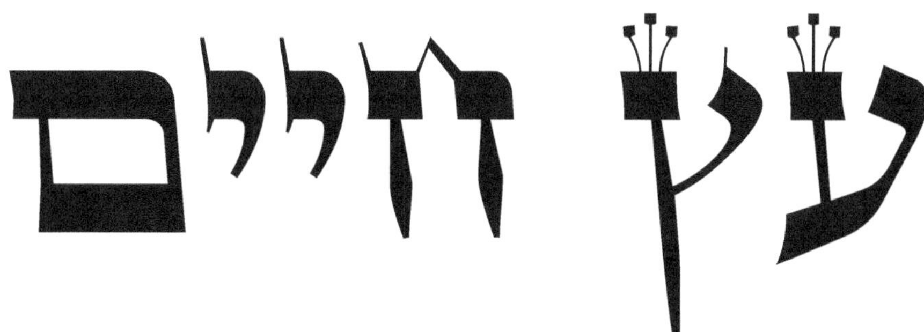

עץ חיים

לרבינו חיים ויטאל

שקיבל ממרן האר"י זלה"ה

שער ה'

שער טנת"א

פרק ה'

חלק התרשימים טבלאות וציורים

שמות חיים

הקדמה קצרה

דע כי כל התרשימים הציורים והטבלאות, הם אך ורק לשכך את האוזן, ולשבר את העין. וכל הציורים הם לא שלמים.

כתב הרי"ח הטוב ברב פעלים ח"ב בסוד ישרים ה' - אך דע לך כי סדר התלבשות המחצבים שכתב מהרח"ו בשערי קדושה עד עולם הזה שאנחנו עומדים בו. וכן סדר התלבשות הפרצופים אשר בכל מחצב ומחצב, וסדר התלבשות העולמות זה בזה, והיושר והעיגולים, לא אית אינש דכיל למנלע רזא דנא, איך היא עשוי, איך הוא עומד, ולא אפשר לשכל אנושי לצייר כל הנזכר על אמתיתם, ועל בורין מפני כי שכל האנושי בהיותו עצור ומונח בגוף גשמיי, אי אפשר לי להשיג דבר רוחני, והוא זה דומה לאדם סומא מן הבטן שלא ראה מאורות מימיו, דודאי אי אפשר לו לצייר מראות השמש והירח הנראין לעיני הבריות, וכל שכן מה שיש למעלה למעלה.

וכן כתב ברב פעלים ח"א בסוד ישרים א' - סוף דבר הכל נשמע, ה' אחד ושמו אחד, ואין לו גוף ולא דמות הגוף, ואין לו שום ציור, ותמונה ודמיון כלל ועיקר, וגם כל העולמות וספירות הקדושים למעלה אין להם ציור ודמיון של גופים האלה כלל, ואין מי שיוכל לידע איך הוא עמידתם וסדרם, ואיך עומדים עולמות היושר ועולמות העיגולים, ואיך מתחברים זה עם זה, ואיך נמשך השפע מזה לזה, ואיך הוא תוארם ומראיהם, ואיך הוא מהות השפע המחיה אותם, ומקיים אותם, וכמה הוא שיעור אורכם וגובהן ורחבם, ואיך הם נכללים זה בזה, ומלבישים זה לזה, כי בכל זאת אין שום שכל אנושי יוכל לדעת, ולהבין, ולהשיג, כלל ועיקר.

הרב ז"ל כתב בשער אח"פ תחילת פ"א וז"ל - כבר ידעת כי אין בנו כח לעסוק קודם אצילות עשר ספירות, ולא לדמות שום דמיון וצורה כלל ח"ו, אך לשכך האזן, אנו צריכים לדבר דרך משל ודמיון, לכן אף אם נדבר במציאות ציור שם למעלה, אין הדבר רק לשכך האזן. אמנם דע כי עשר ספירות דאצילות הם שתי עניינים. האחד הוא התפשטות הרוחניות, והשני הוא כלים ואברים אשר העצמות מתפשט בהם. והנה צריך שיהיה לכל זה שורש למעלה לשתי בחינות אלו, ולכן צריכין אנו לדבר בסדר המדרגות מראש עד סוף, והנה נתחיל ונאמר כי הלא הא"ס ב"ה אין בו שום ציור כלל ח"ו כמבואר.

הרב ז"ל כתב בשער טנת"א פ"א - והנה אף על פי שאנו מכנים וקוראים כאן כנויים אלו כגון אדם ראש אזנים וכיוצא אינו רק לשכך האזן לשיובנו הדברים לכן אנו מכנים כנויים אלו במקום גבוה, עד כאן לשונו.

וכן הרמ"ק בפרדס רימונים ש"ו פ"א - וציירו להם המקובלים צורות ביריעות גדולות וקראום אילן. הרב ז"ל כתב בסוף ש"ה פ"ד וז"ל - ואמנם דבר גלוי הוא כי אין למעלה גוף ולא כח גוף חלילה. וכל הדמיונות והציורים אלו לא מפני שהם כך חס ושלום. אמנם לשכך את האוזן לכשיוכל האדם להבין הדברים העליונים הרוחניים בלתי נתפסים ונרשמים בשכל האנושי, לכן ניתן רשות לדבר בבחינת ציורים ודמיונים, כאשר הוא פשוט בכל ספרי הזוהר. וגם בפסוקי התורה עצמה כולם כאחד עונים ואומרים בדבר הזה כמו שאמר הכתוב עיני ה' המה משוטטים בכל הארץ. עיני ה' אל צדיקים. וישמע ה'. וירח ה'. וידבר ה'. וכאלה רבות וגדולה מכולם מה שאמר הכתוב ויברא אלהים את האדם בצלמו בצלם אלהים ברא אותו זכר ונקבה וגו'. ואם התורה עצמה דברה כך גם אנחנו נוכל לדבר כלשון הזה, עם היות שפשוט הוא שאין שם למעלה אלא אורות דקים, בתכלית הרוחניות, בלתי נתפסים שם כלל, וכמו שאמר הכתוב כי לא ראיתם כל תמונה, וכאלה רבות.

ואמנם יש עוד דרך אחרת כדי להמשיך ולצייר בה הדברים העליונים, והם בחינת כתיבת צורת אותיות, כי כל אות ואות מורה על אור פרטי עליון, וגם תמונת זו דבר פשוט הוא כי אין למעלה לא אות, ולא נקודה, וגם זה דרך משל וציור לשכך את האוזן כנזכר. ולכן נבאר עתה הקדמה הנזכר על דרך ציור האותיות גם כן ובבחינת ציורים אלו, הן ציור האדם, והן ציור אותיות, שתיהן מוכרחים להבין ענין האורות העליונים, כאשר תראה ספרי הזוהר בנויים על שתי בחינות הציורים האלה, עד כאן לא.

ולכן גם אנחנו הרשינו לעצמינו לצייר ציורים, תרשימים וטבלאות, אך ורק כדי לשכך את האוזן, ולשבר את העין, כדי להבין את הסוגייה.

אח"י

תרשימים שער ה' פרק ה'

סדר שמות שמות ההיכלות והשערים בעץ חיים

שם היכל	שער	שם השער	א	ב	ג	ד	ה	ו	ז	ח	ט	י	יא	יב	יג	יד	טו
אדם קדמון	א	עיגולים ויושר	א	ב	ג	ד	ה										
	ב	השתלשלות י"ס דרך עגו'	א	ב	ג												
	ג	סדר אצילות למהרח"ו	א	ב	ג												
	ד	אח"פ	א	ב	ג	ד	ה										
	ה	טנת"א	א	ב	ג	ד	ה	ו	ז								
	ו	עקודים	א	ב	ג	ד	ה	ו	ז	ח							
	ז	מטי ולא מטי	א	ב	ג	ד	ה										
נקודים	ח	דרושי נקודות	א	ב	ג	ד	ה	ו									
	ט	שבירת הכלים	א	ב	ג	ד	ה	ו	ז	ח							
	י	תיקון	א	ב	ג	ד	ה										
	יא	מלכים	א	ב	ג	ד	ה	ו	ז	ח	ט	י					
הכתרים	יב	עתיק	א	ב	ג	ד	ה										
	יג	א"א	א	ב	ג	ד	ה	ו	ז	ח	ט	י	יא	יב	יג	יד	
או"א	יד	או"א	א	ב	ג	ד	ה	ו	ז	ח	ט	י					
	טו	זווגים	א	ב	ג	ד	ה	ו									
	טז	הולדת או"א וזו"ן	א	ב	ג	ד	ה	ו	ז								
ז"א	יז	ז"א	א	ב	ג	ד											
	יח	רפ"ח נצוצין	א	ב	ג	ד	ה	ו									
	יט	אנ"ך	א	ב	ג	ד	ה	ו	ז	ח	ט	י					
	כ	המוחין	א	ב	ג	ד	ה	ו	ז	ח	ט	י	יא	יב			
	כא	לידת המוחין	א	ב	ג												
	כב	מוחין דקטנות	א	ב	ג												
	כג	מוחין דצלם	א	ב	ג	ד	ה	ו	ז	ח							
	כד	פרקי הצלם	א	ב	ג	ד	ה	ו	ז								
	כה	דרושי הצלם	א	ב	ג	ד	ה	ו	ז	ח							
	כו	צלם	א	ב	ג	ד											
	כז	פרטי עי"מ	א	ב	ג	ד											
	כח	עיבורים	א	ב	ג	ד	ה										
	כט	נסירה	א	ב	ג	ד	ה	ו	ז	ח	ט						
	ל	פרצופים	א	ב	ג	ד	ה	ו	ז								
	לא	פרצופי זו"ן	א	ב	ג	ד	ה										
	לב	הארת המוחין	א	ב	ג	ד	ה	ו	ז	ח	ט						
	לג	אונאה	א	ב	ג	ד	ה										
נוק' דז"א	לד	תיקון הנוקבא	א	ב	ג	ד	ה	ו	ז								
	לה	הירח	א	ב	ג	ד	ה										
	לו	מעוט הירח	א	ב	ג	ד											
	לז	יעקב ולאה	א	ב	ג	ד	ה										
	לח	לאה ורחל	א	ב	ג	ד	ה	ו	ז	ח	ט						
	לט	מ"ן ומ"ד	א	ב	ג	ד	ה	ו	ז	ח	ט	י	יא	יב	יג	יד	טו
	מ	פנימיות וחצוניות	א	ב	ג	ד	ה	ו	ז	ח	ט	י	יא	יב	יג	יד	טו
	מא	חשמל	א	ב	ג												
אבי"ע	מב-א	דרושי אבי"ע	א	ב	ג	ד	ה	ו	ז	ח	ט	י	יא	יב			
	מב-ב	כללות אבי"ע	א	ב	ג	ד											
	מג	ציור עולמות אבי"ע	א	ב	ג	ד											
	מד	שמות	א	ב	ג	ד	ה	ו	ז								
	מה	מקיפין	א	ב	ג	ד											
	מו	כסא הכבוד	א	ב	ג	ד	ה	ו									
	מז	סדר אבי"ע	א	ב	ג	ד	ה	ו									
	מח	קליפות	א	ב	ג	ד											
	מט	קליפת נוגה	א	ב	ג	ד	ה	ו	ז	ח	ט						
	נ	קיצור אבי"ע	א	ב	ג	ד	ה	ו	ז	ח	ט	י					

<u>טבלת ערכים</u>

עולמות	אדם קדמון	אצילות	בריאה	יצירה	עשיה
פרצופים	ע'י רא'א	אבא	אמא	ז'א	נוקבא
ספירות	כתר	חכמה	בינה	חג'ת נה'י	מלכות
הוי'ה	קוץ של י'	י	ה	ו	ה
אורות	יחידה	חיה	נשמה	רוח	נפש
מלוי	שורש הוי'ה	ע'ב - יוד הי ויו הי	ס'ג - יוד הי ואו הי	מ'ה - יוד הא ואו הא	ב'ן - יוד הה ור הה
טנת'א	שורשים	טעמים	נקודות	תגין	אותיות
נקודות	קמץ	פתח	צרי	סגול, שוה, חולם חיריק, קבוץ, שורוק	אין ניקוד
אדם	גולגולתא	מוח ימין	מוח שמאל	גוף ובברית	עטרת היסוד
מל'צ	מ - מקיף, יחידה	ל - מקיף, חיה	מוח	לב	כבד
שנגל'ה	שורש	נשמה	גוף	לבוש	היכל
י'ב פרצופים	עו'נ ואו'נ	או'א עלאין	ישסו'ת	זו'נ	יער'ר
כל צמא	אורות	מוחין	צלמים	לבושים	כלים
אברים	מוח	עצמות	גידין	בשר	עור
חושים	מוח	ראיה	שמיעה	ריח	דיבור
מחצבים	א'ס	ספירות	נשמות	מלאכים	חושך
צלם	מ' מקיף ב'	ל' מקיף א'	צ' מוח	צ' לב	צ' כבד
דהצ'מ	אלוקות	מדבר	חי	צומח	דומם
יסודות	יולי	מים	אש	רוח	עפר
רקיעים	ערבות	ערבות	ערבות	מכון, מעון, זבול שחקים, רקיע	וילון
גלגלים	גלגל השכל	גלגל היומי	מזלות	ככבים	לבנה
היכלות	קודש קודשים	קודש קודשים	קודש קודשים	אהבה, זכות, רצון, עצם השמים, לבנת הספיר	לבנת הספיר
מלוי הוי'ה		מו - וד י יו י	לז - וד י או י	יט - וד א או א	כו - וד ה ו ה
אהי'ה		קס'א - אלף הי יוד הי	קס'א - אלף הי יוד הי	קמ'ג - אלף הא יוד הא	קנ'א - אלף הה יוד הה

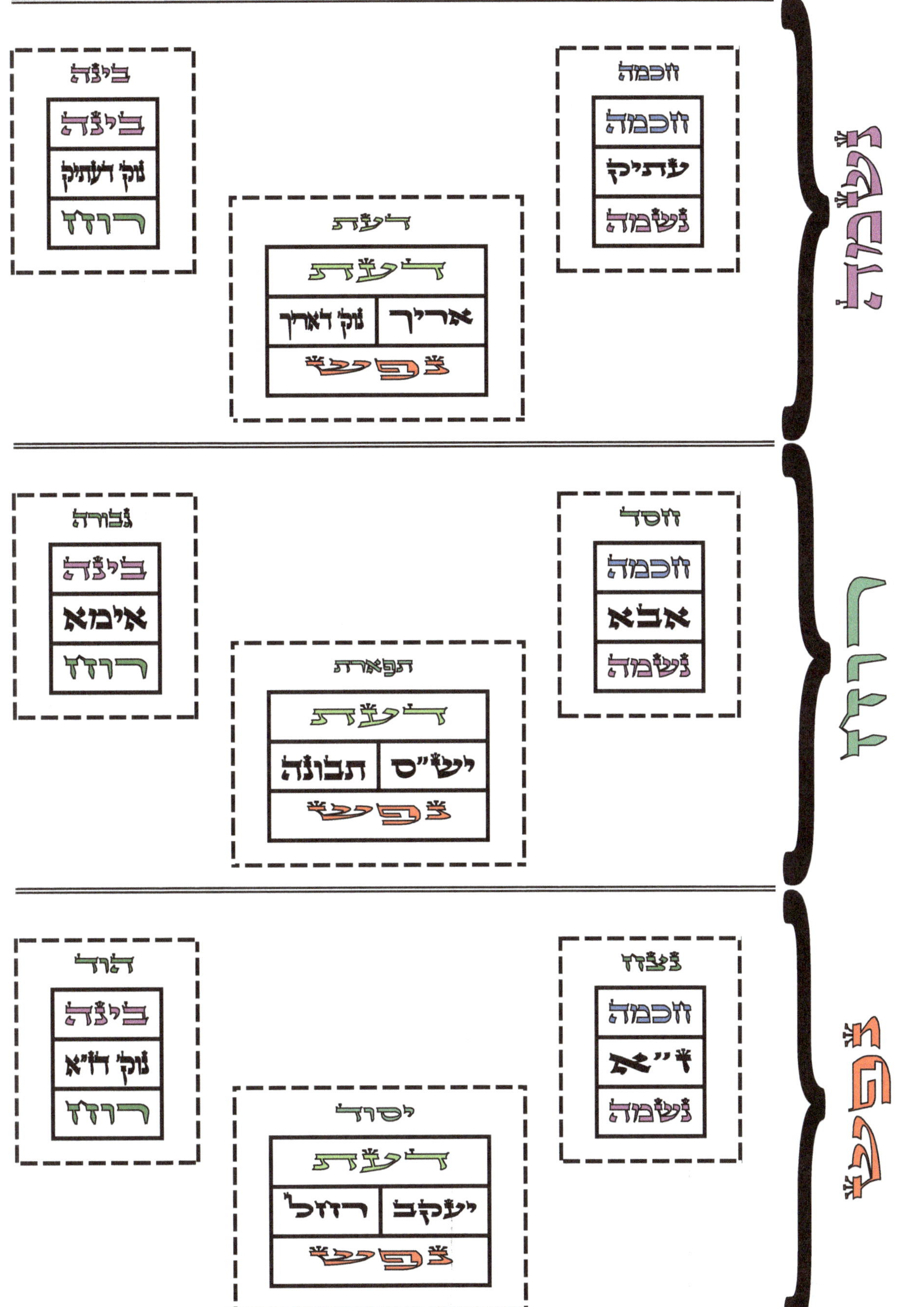
נשמה
חכמה
חכמה
עתיק
נשמה
בינה
בינה
נוק' דעתיק
רוזא
דעת
דעת
אריך
נוק' דאריך
נפשׁ
רוּחַ
גבורה
חסד
גבורה
בינה
חכמה
אימא
אבא
רוזא
נשמה
תפארת
דעת
ליש"ס
תבונה
נפשׁ
נפשׁ
הוד
יסוד
בינה
חכמה
נוק' דז"א
ז"א
רוזא
נשמה
דעת
יעקב
רחל
נפשׁ

תרשים ה - ב:

תרשים ה - ג:

טנת"א	עסמ"ב	ספירות	קמץ
טעמים		כתר	קמץ פ
טעמים	ע"ב	חכמה	ל
נקודות	ס"ג	בינה	ה
תגין	מ"ה	חג"ת נה"י	ר
אותיות	ב"ן	מלכות	ה

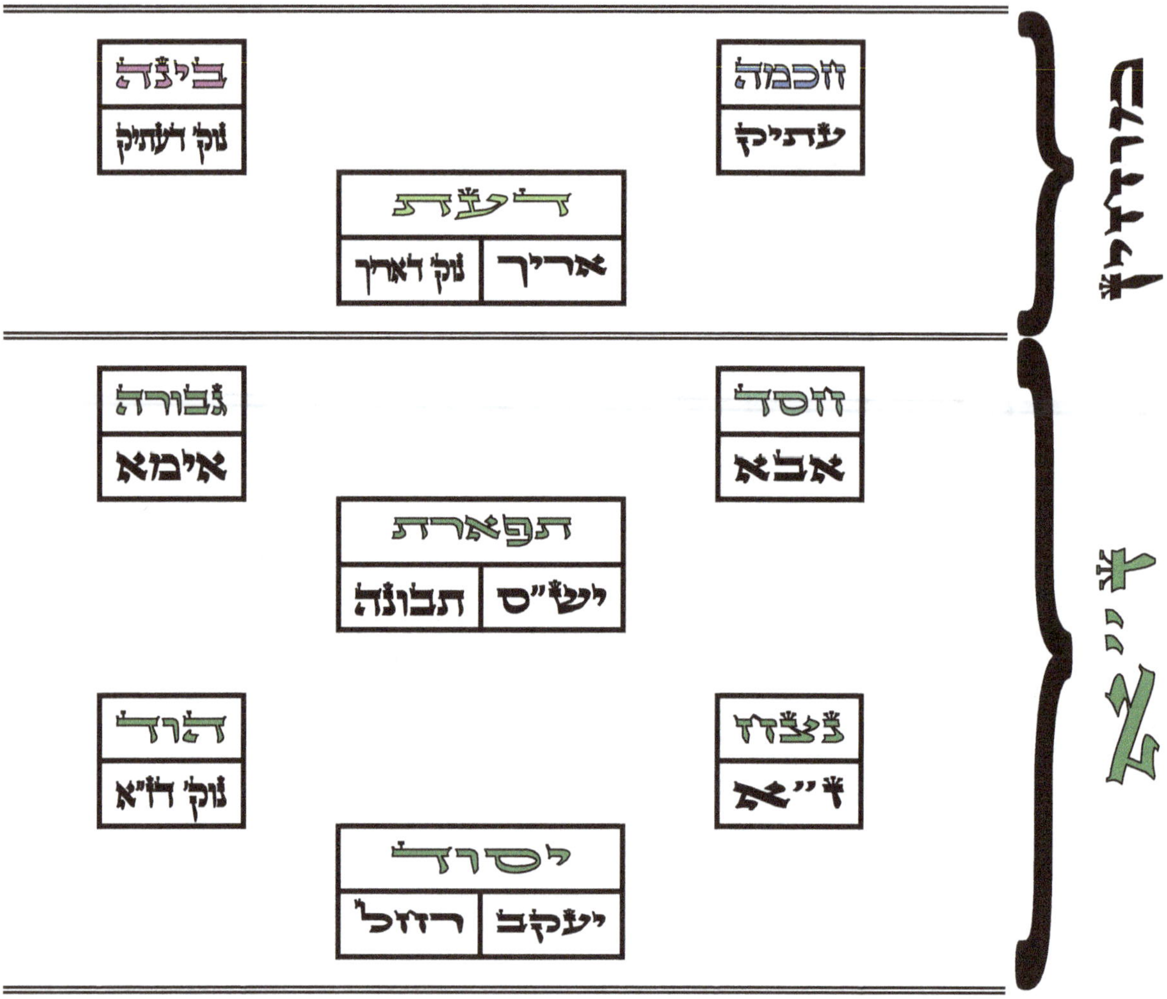

תרשים ה - ד

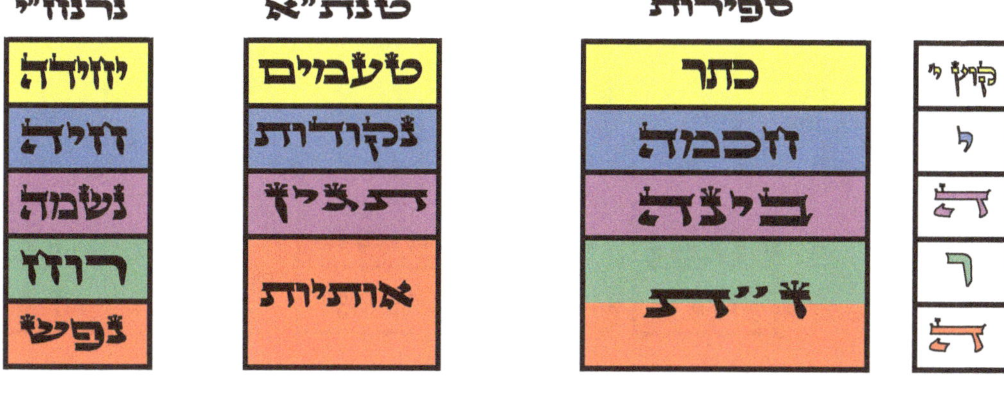

תרשים ה - ה

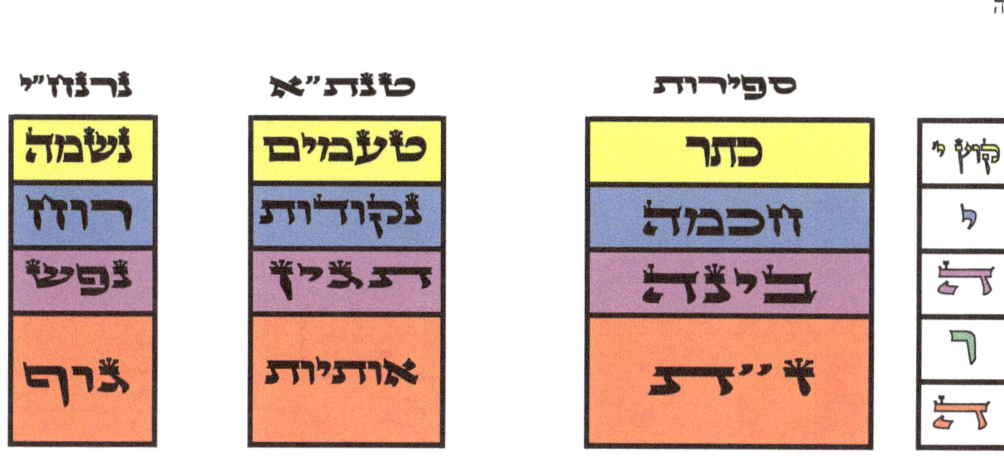

תרשים ה - ו

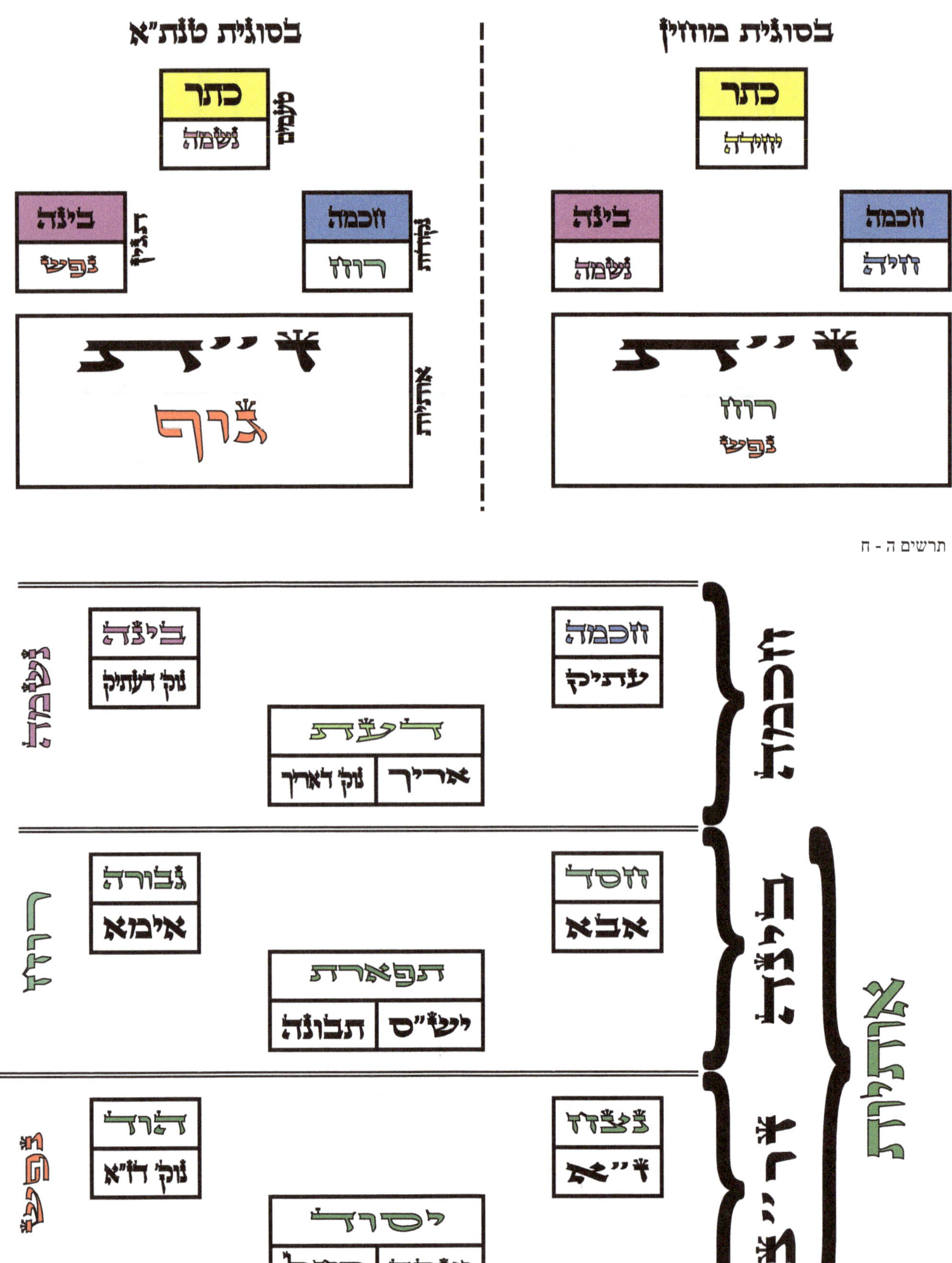
תרשים ה - ז
בסוגית טנת"א
בסוגית מוזין
כתר
נשמה
כתר
יחידה
בינה
נפש
חכמה
רוח
בינה
נשמה
חכמה
חיה
אי"ק
גוף
אי"ק
רוח
נפש
תרשים ה - ח
בינה
טנק דעתיק
חכמה
עתיק
דעת
אריר
טנק דארך
גבורה
אימא
חסד
אבא
תפארת
יש"ס
תבונה
הוד
מוק דו"א
נצח
זו"א
יסוד
יעקב
רחל

נה   סידור תפלה להרש"ש

ונמשם לחב"ד חג"ת דחכמה דכתר דבינה או דחכמה דבינה דרמל דאחור דאחור
אות ה אחרונה דהויה שורש הב' של הנוק' הטומדת כאחורי סיסוד דז"א (א)

אֶהְיֶה   אֶהֹיֶה   אֶהֹיֶה   אֶהְיֶה
יְהֹוֶה   יְהֹוֹה   יְהֹוֹה   יְהֹוֶה
אֶהְיֶה   אוהיויהו   אוהיויהו   אֶהְיֶה
יְהֹוֶה   יההווהו   יההוווהו   יְהֹוֶה
    יוד הי   דקס"א

י"כ דמומין עם ו"ס ססס סו"מ

יה   ה   יוד הי
וה   י   וה י י

ג' מ"ו
להמשיך מילוי דפ"ב זה מאבא
ומתחכמס דז"א לנוקבא

ג' כלי חכמה דז"א

יוד הי ואו הא
ית יהי יהוה
יוד הא ואו הא

ועי' באלה זו יכוין להמשיך

אבגדהוזחטיכל
מנסעפצקרשת
מנצפך

יהוה   ס"ג   יהוה

האלת כ"ב אתוון מיסוד דאימא
שבחב"ד דז"א.

להמשיך לאות' לנוק'

להמשיך האלת ס"ג מהאלת יסוד דאימא
שבחב"ד דז"א ליסוד דז"א.
ושם נעשים הויה ה'. (ב)

יהוה   יהוה
יהוה גי' כ"ו

ג' כלי יסוד דז"א

יאהדונהי
שין דלת,שין דלת יוד
שין דלת יוד

סידור תפלה להרש"ש

להמשיך מילוי דקס"א מאימא ומבינה   אלף יוד י
דז"א. לנוק'

ג' כלי בינה דז"א

אלף אלף הא   אלף הא יוד   אלף הא יוד הא
אלף הא יוד הא
א ה י ה   לנוק':

ועי' האלה זו יכוין להמשיך
לנוקבא כ"ב אתוון עלמס
מג"ר דמומין הכו' הרמוזים בא"ת
של אתה.

אבגדהוזחטיכל
מנסעפצקרשת
מנצפך

וס"ג עלמס הרמוזים בה' של אתה

יהוה   ס"ג   יהוה
יהוה   יהוה
יהוה   ס"ח   יהוה
יהוה
יהוה   יהוה   והאלת ס"ח

מ"ו דכריעה א' וק"ס דכריעה ב'
וד י יו י לף יודי   ג"י מקו"ס.

להמשיך לנוקבא הויה בהכאה
יייייייייי ההההה   ג"י מקו"ס.
וווווו ההההה

להמלות ולמתכר המלכיות דתח"ן בג"ה שלה בתח"ן בג"ה דשורשי פרלופס כנגד
אחורי כו"ה דפרלוף חכמה דכתר דז"א דאל"י דניקוד הכו'.

במעש"ק להמשיך לכתב"ד דאל"י שפע מהתמאיל ט"י אלף הי דקס"א
כני לכלול לכתב"ד דבריאה.

תרשׁימים שׁער ה' פרק ה'

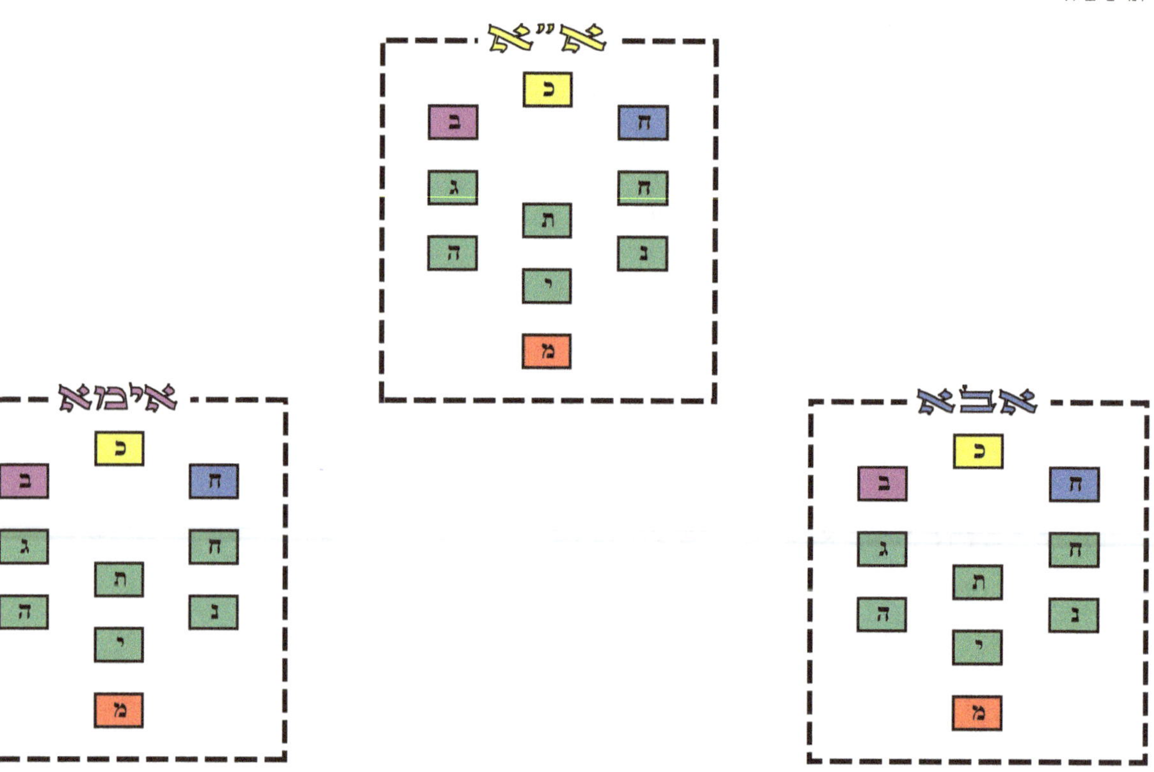

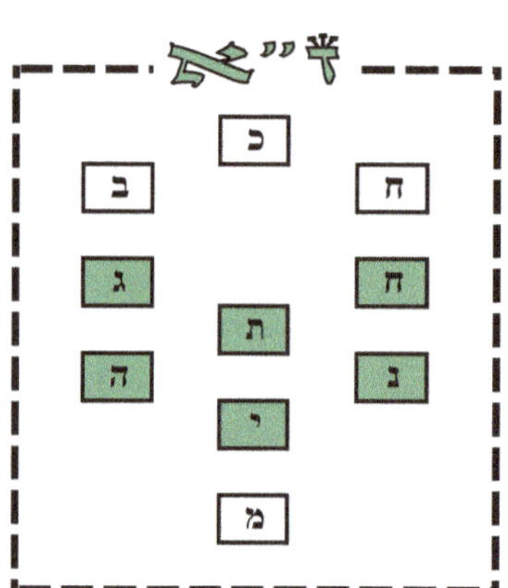

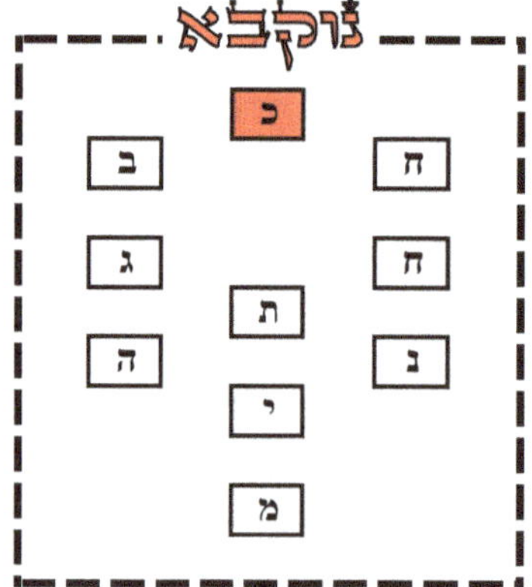

<u>**הערה**</u> - יש ב' שמועות
בדברי הרב, **שמועה אחת**
הכתר דנוקבה היא הנקודה
שמועה שניה המלכות דנוקבא
הנקודה

תרשים ה - י"א

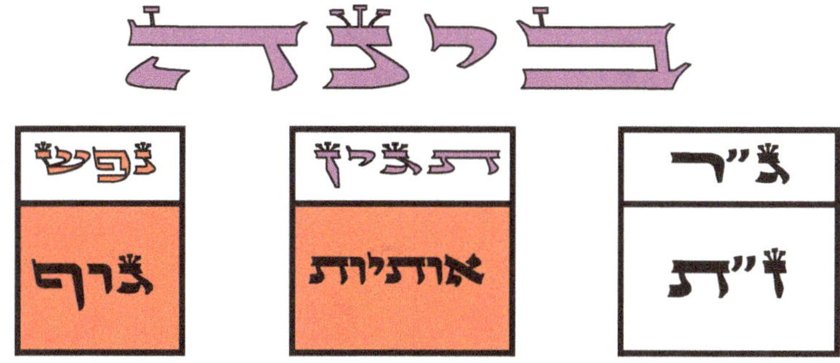

תרשים ה - י"ב

סוגית מוחזין

נְשָׁמָה	כתר
רוּחַ	חכמה
נֶפֶשׁ	בינה
גּוּף	ר"ך
	מלכות

סוגית נרנח"י

יְחִידָה	כתר
חַיָּה	חכמה
נְשָׁמָה	בינה
רוּחַ	ר"ך
נֶפֶשׁ	מלכות

תרשים ה - י"ג

תפילת שחרית ומוסף דש"ק

יִתְּנוּ לְךָ יְהֹוָה ‏יאהדונהי‏ אֱלֹהֵינוּ﹕
ז"א ונוק' מַלְאָכִים הֲמוֹנֵי מַעְלָה﹕
או"א, ר"ל שעולים זו"ן לכתר או"א עִם עַמְּךָ
יִשְׂרָאֵל קְבוּצֵי מַטָּה ע"י הצדיקים﹕
יַחַד כֻּלָּם קְדֻשָּׁה לְךָ יְשַׁלֵּשׁוּ
כַּדָּבָר הָאָמוּר עַל יַד נְבִיאֶךָ
וְקָרָא זֶה אֶל זֶה וְאָמַר﹕

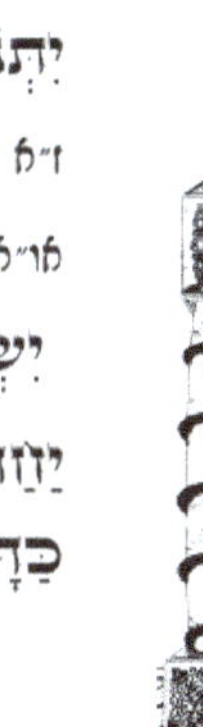

*)קָדוֹשׁ
חח"ן דחכמה דיעקו"ר
עולים בחח"ן דחסד דחכמה
דז"א שהוא בחסד דאו"א
עילאין.

קָדוֹשׁ
דת"י דדעת דיעקו"ר
עולים בדת"י דת"ת
דחכמה דז"א שהוא
בת"ת דאו"א עילאין.

קָדוֹשׁ
בג"ה דבינה דיעקו"ר עולים
בנג"ה דגבורה דחכמה דז"א
שהוא בגבורה דאו"א עילאין.

יְהֹוָה ‏יאהדונהי‏ ♦ צְבָאוֹת מְלֹא כָל הָאָרֶץ כְּבוֹדוֹ﹕

יכוין להמשיך הארת הנשיקין מי"ם דחכמות דכתרים דה"פ נה"י (ובחזרה מג"ת)
דפני' דחכמה דז"א, לי"ם דחכמות דכתרים דה"פ נה"י (ובחזרה דמג"ם) דפני' דחכמה
דיעקב ורחל.

אֶהְיֶה

יְהֹוָה

אהיה	אהיה אהיה	אהיה	
יהוה	יהוה יהוה	יהוה	
אהיה	אהיה אהיה	אהיה	
יהוה	יהוה יהוה	יהוה	
אהיה	אוהויוהו אוהויוהו	אהיה	
יהוה	יוהוווהו יוהוווהו	יהוה	

ג' כלי כתר דנוק'

יוד הא ואו הה

יוד, יוד הא, יוד הא ואו, יוד הא ואו הה

י יה יהו יהוה

ג' כלי חכמה דנוק'
יוד הא וו הה
יוד, יוד הא, יוד הא וו,
יוד הא וו הה
י יה יהו יהוה

ג' כלי דעת דנוק'
יוד הה וו הה
יוד, יוד הה, יוד הה וו,
יוד הה וו הה
יוד, יוד הא, יוד הא ואו,
יוד הא ואו הא

ג' כלי בינה דנוק'
אלף הה יוד הה
אהיה
א אה אהי אהיה

ג' כלי חסד דנוק'
אלף למד
אלף אלף למד
אל

ג' כלי ת"ת דנוק'
אלף למד הי יוד מם
צבאות
השתפא

ג' כלי גבורה דנוק'
יְהֹוָה
אלהים
אכדטם

ג' כלי נצח דנוק'
אל
א אל
בם

ג' כלי יסוד דנוק'
שין דלת יוד
שדי
ש שד שדי

ג' כלי הוד דנוק'
אלהים
א, אל, אלה, אלהי,
אלהים
במוכן

מְקַדֵּשׁ הַשַּׁבָּת:

ניקוד חולם, צרי, קמץ, צרי

אין ניקוד

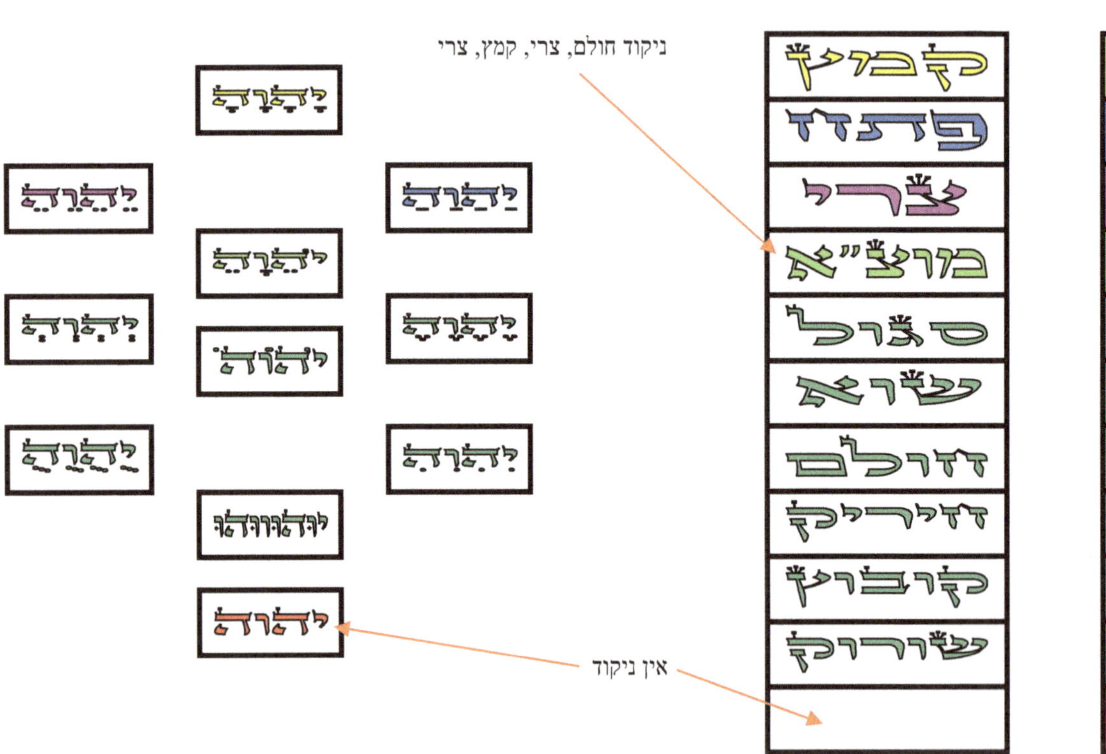

תרשים ה - ט"ז

אֶהְיֶה
יְהֹוָה

אֶהְיֶה   אֶהְיֶה   אֶהְיֶה   אֶהְיֶה
יְהֹוָה   יְהֹוָה   יְהֹוָה   יַהֲוַה

אֶהְיֶה   אֶהְיֶה   אֶהְיֶה   אֶהְיֶה
יְהֹוָה   יְהֹוָה   יְהֹוָה   יֶהֱיֶה

אֶהְיֶה   אוהויודהו   אוהויודהו   אֶהְיֶה
יְהֹוָה   יודהוווהו   יודהוווהו   יְהֹוָה

יוד הי ויו הי
אלף הי יוד הא

יוד הי ואו הי
אלף הא יוד הא

ס"ג   ס"מ
יֶהֱוֶה יְהֹוֶה   יְהֹוֶה יְהֹוֶה
יֱהֹוֶה   יֱהֹוֶה
יְהֹוֶה יֶהֱוֶה   יְהֹוֶה יֶהֱוֶה

יוד הא ואו הא   יוד הה וו הה
אלף הה יוד הה

תרשים ה - י"ז

יְהֹוָה יְהֹוָה   יְהֹוָה יְהֹוָה
יְהֹוָה   יְהֹוָה
יְהֹוָה יְהֹוָה   יְהֹוָה יְהֹוָה

יוד הא ואו הא   יוד הא ואו הא
יוד הא ואו הא
יוד הא ואו הא   יוד הא ואו הא

יוד ואו דלת, הא אלף, ואו אלף ואו, הא אלף
יוד ואו דלת, הא אלף, ואו אלף ואו, הא אלף
יוד ואו דלת, הא אלף, ואו אלף ואו, הא אלף
יוד ואו דלת, הא אלף, ואו אלף ואו, הא אלף
יוד ואו דלת, הא אלף, ואו אלף ואו, הא אלף

תרשים ה - י"ח

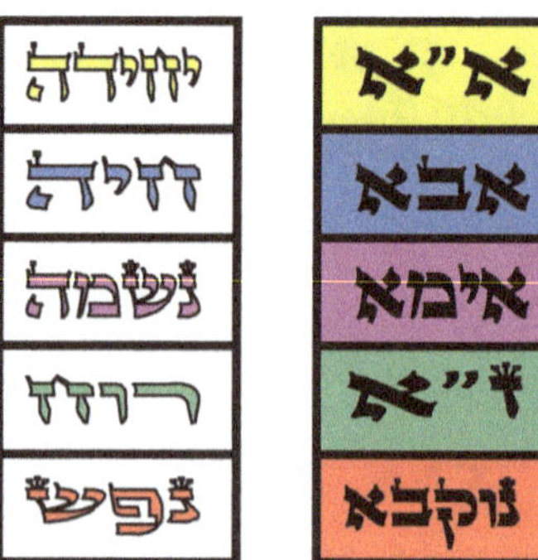

תרשים ה - י"ט

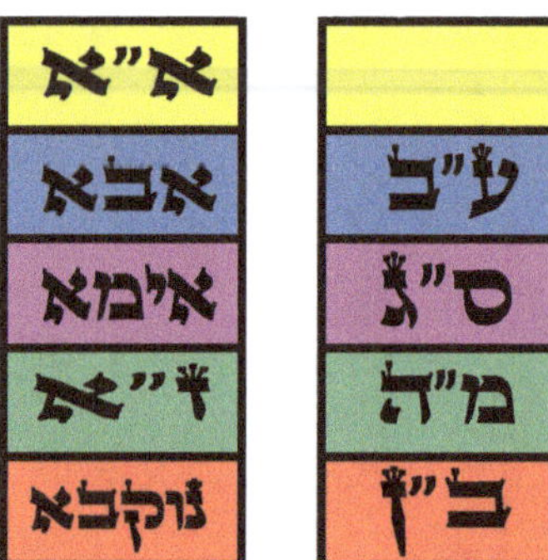

תרשים ה - כ

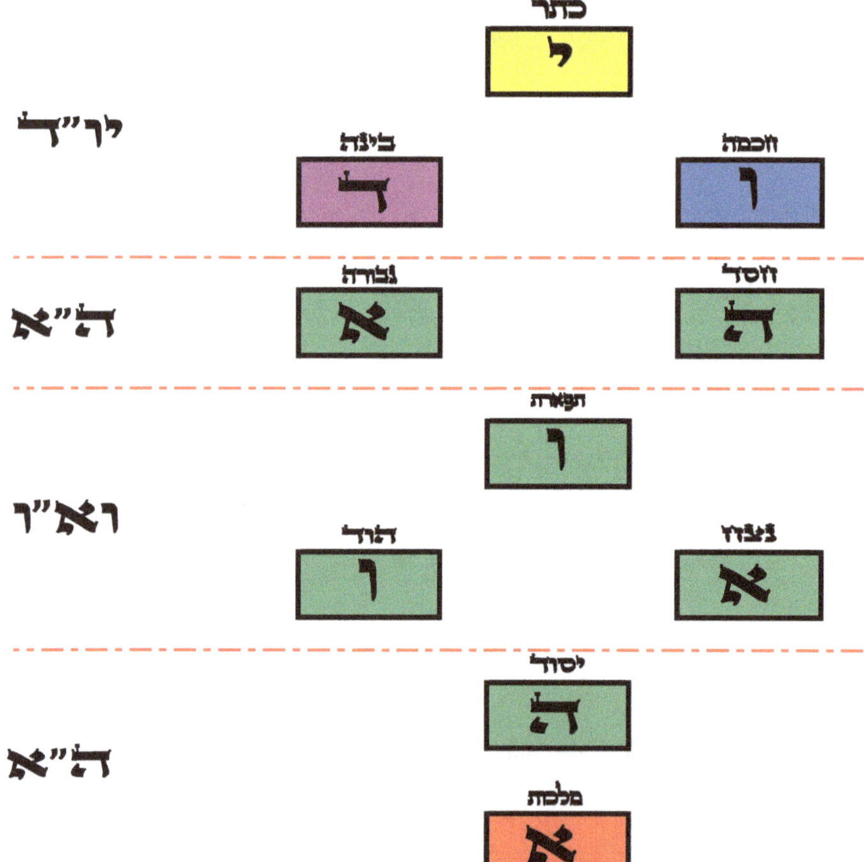

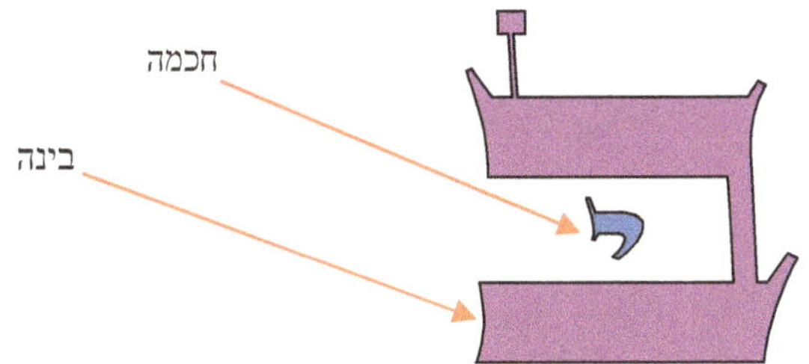

	פנימי	אמצעי	חיצון
חכמה	א	ל	ק
בינה	ב	כ	ר
דעת	ג	ל	ש
חסד	ד	מ	ת
גבורה	ה	נ	ך
תפארת	ו	ס	ם
נצח	ז	ע	ן
הוד	ח	פ	ף
יסוד	ט	צ	ץ

תרשים ה - כ"ד

מנצפ"ך פשוטות, הבאות בסוף תיבה

מנצפ"ך סתומות, הבאות באמצע תיבה

תרשים ה - כ"ה

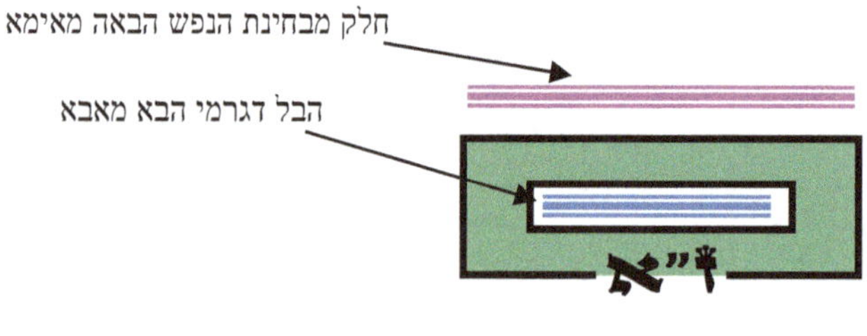

תרשים ה - כ"ו

תרשים ה - כ"ז

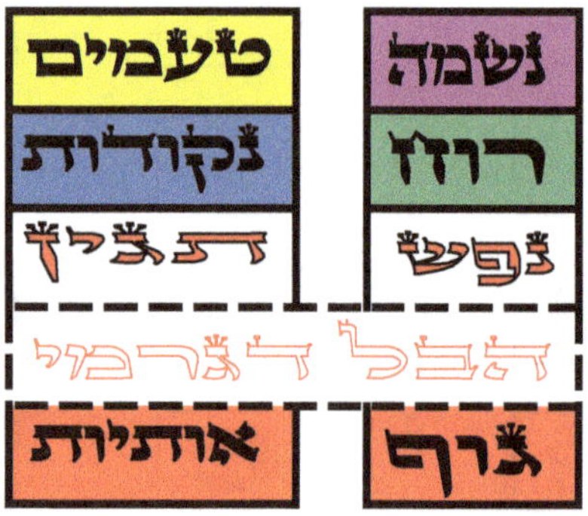

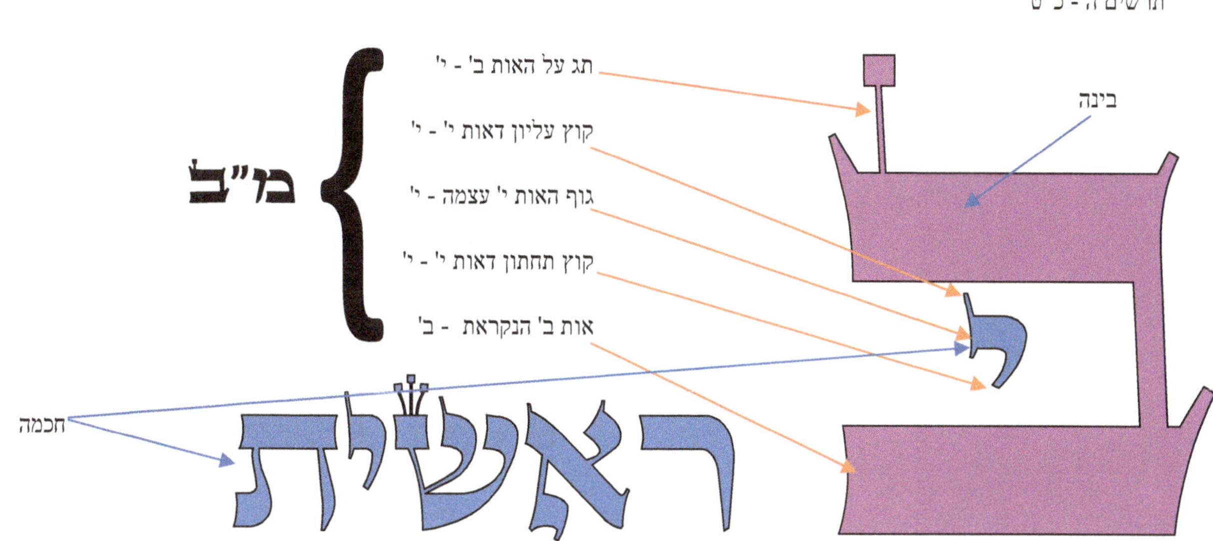

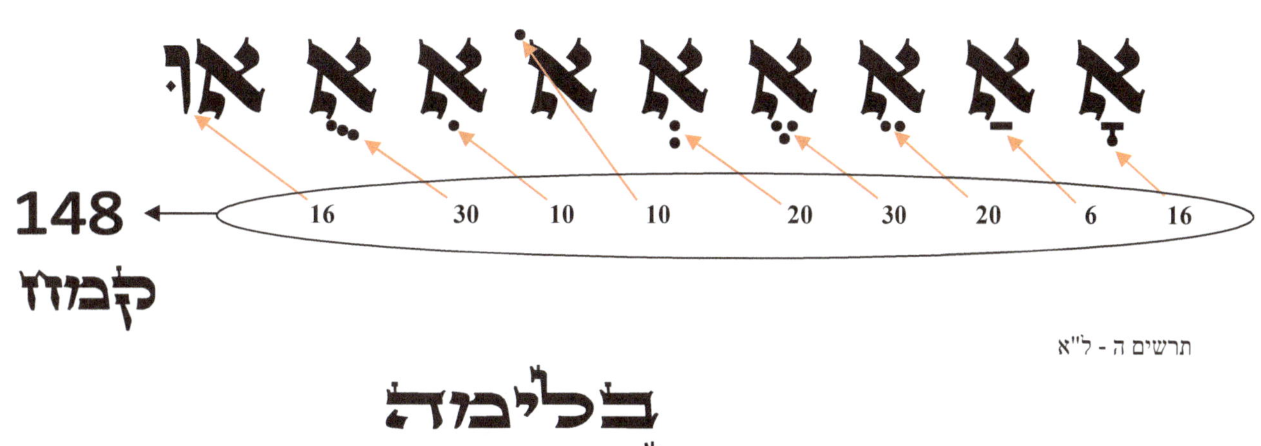

בלימה

בלי — מדה
מי"ב מ"ה
רווז – שם מ"ה

נפש – י' ספירות
גוף – כ"ב אותיות

תרשימים שער ה' פרק ה'

ספירות | **הוי"ה**

ספירות	הוי"ה
כתר	קוץ י'
חכמה	י
בינה	ה
חג"ת נה"י	ו
מלכות	ה

ספירות

	ספירות
מצח	כתר
עין	חכמה
אוזן	בינה
חוטם	חג"ת נה"י
פה	מלכות

ספירות		
כתר		היכל קודש הקודשים
חכמה	ערבות	
בינה		
דעת		
חסד	מכון	היכל האהבה
גבורה	מעון	היכל הזכות
תפארת	זבול	היכל הרצון
נצח	שחקים	היכל נגה
הוד		היכל עצם השמים
יסוד	רקיע	היכל לבנת הספיר
מלכות	וילון	

עטרת היסוד

יְהֹוָה	כתר
יְהֹוָה	חכמה
יְהֹוָה	בינה
יְהֹוָה	דעת
יְהֹוָה	חסד
יְהֹוָה	גבורה
יְהֹוָה	תפארת
יְהֹוָה	נצח
יְהֹוָה	הוד
יהווהו	יסוד
יְהֹוָה	מלכות

הויו"ת מנוקדות בסידור מרן הרש"ש

אֱהֶיֶה
יְהֹוָה

אֲהֶיֶה	אֱהֶיֶה	אֲהֶיֶה	אֲהֶיֶה
יְהֹוָה	יְהֹוָה	יְהֹוָה	יַהֲוֶה
אֶהֱיֶה	אֲהֶיֶה	אֲהֶיֶה	אֱהֱיֶה
יֱהֱוֶה	יְהֹוָה	יֲהֲוֶה	יֱהֱוֶה
אֱהֶיֶה	אוהויוהו	אוהויוהו	אֱהֶיֶה
יֱהֱוֶה	יהוווהו	יהוווהו	יֱהֶוֶה